高等职业教育铁道机车专业“十四五”规划教材

机车检测和监测技术

主　编　王　磊　贺亚楠
副主编　谢汝树　郑　军

西南交通大学出版社
·成　都·

内容简介

本书是铁道机车专业机车检测和监测技术课程教材，全书共分 7 个项目，包括机车检测和监测技术概述；无损检测技术；中国机车远程监测与诊断系统；机车车载安全防护系统；机车综合检测棚；机车车号识别系统和联网平台技术。书中采用项目任务驱动教学方式，把知识点分散为若干个任务，学生根据工作任务进行分组讨论来掌握知识，从而提高学生自主学习能力。

本书可作为高等职业学校铁道机车、铁道车辆和车辆工程专业教材，也可作为成人教育、机务段机车运用与检修人员和有关工程技术人员的岗位培训参考用书。

图书在版编目（CIP）数据

机车检测和监测技术 / 王磊，贺亚楠主编. 一成都：西南交通大学出版社，2022.2
ISBN 978-7-5643-8614-6

Ⅰ. ①机… Ⅱ. ①王… ②贺… Ⅲ. ①机车－检验－高等职业教育－教材②机车－监测－高等职业教育－教材 Ⅳ. ①U260.7

中国版本图书馆 CIP 数据核字（2022）第 033860 号

Jiche Jiance he Jiance Jishu
机车检测和监测技术

主编 王 磊 贺亚楠

责任编辑 李华宇
封面设计 吴 兵

出版发行 西南交通大学出版社
（四川省成都市金牛区二环路北一段 111 号
西南交通大学创新大厦 21 楼）
邮政编码 610031
发行部电话 028-87600564 028-87600533
网址 http://www.xnjdcbs.com
印刷 四川森林印务有限责任公司

成品尺寸 185 mm × 260 mm
印张 13.25
字数 298 千
版次 2022 年 2 月第 1 版
印次 2022 年 2 月第 1 次
定价 35.00 元
书号 ISBN 978-7-5643-8614-6

课件咨询电话：028-81435775

前　言
PREFACE

我国铁路里程的增长、轨道车辆的增多、列车运行速度的提升，对轨道车辆和车载设备的可靠性、可用性、可维护性和安全性的要求也越来越高。在科技飞速发展的今天，铁路机车及其系统和设备的复杂性、综合化及智能化程度不断提高，运用大数据、云计算等新技术手段，通过可靠的数据和精准的决策方法，可以提高铁路运营管理水平，保障铁路运输的安全。

本书依据普通高等职业学校铁道机车专业人才培养目标要求而编写，重点阐述机车无损检测技术和机车监测技术。本书的编写注重理论与实践的融合，从铁路运用现场出发，精选相关知识，与铁道机车专业其他课程相辅相成，全面构建适应岗位要求的知识体系。引入学习机车检测和监测的新方法、新技术和新装备相关知识，突出教学内容的实用性，使之更贴近现场实际，以适应铁路发展需求。

通过学习，使学生具备从事机车运用和检修岗位所必需的基本知识和专业技能，具有解决生产实际问题的能力，培养学生爱岗敬业、忠于职守、与人合作的精神，为提高综合素质和职业能力打下基础。

本书由南京铁道职业技术学院王磊、贺亚楠担任主编，中国铁路上海局集团有限公司南京东机辆段谢汝树和中国铁路兰州局集团有限公司武威工务段郑军担任副主编，其中项目一、项目三和项目七由王磊编写，项目四和项目六由贺亚楠编写，项目五由谢汝树编写，项目二由郑军编写，全书由南京铁道职业技术学院华亮主审。本书在编写过程中得到了南京铁道职业技术学院机车车辆学院和中国铁路上海局集团有限公司的大力支持，在此表示衷心的感谢。

由于编者水平有限，本书不足和疏漏之处在所难免，敬请读者批评指正。我们将虚心听取大家的意见和建议，不断完善和深化本书中的相关内容。

编　者

2022 年 1 月

目 录

CONTENTS

项目一 PART ONE

机车检测与监测技术概述

机车检测和监测技术是识别机车运行状态的一门科学，其研究内容是通过采取一定的手段（如安装各类传感器），获取机车各个主要部件和系统工作状态的信息，通过检测和监测装备对机车的运行状态进行分析和判断，并对机车运行状态发展趋势进行预测。机车发生故障会带来严重的后果，因此必须在事故发生以前，利用先进的检测和监测装备，借助通信网络技术在铁路运营网络系统中共享故障信息，通过专家系统对故障进行分析、预判和处理，实现机车运行的实时动态监控。机车检测和监测技术对于保障机车的安全、可靠运行起着重要的作用。

任务　机车检测与监测的意义和内容

教学目标

1. 能力目标

掌握机车检测和监测技术意义和内容。

2. 知识目标

理解机车检测和监测技术的功能和构成。

3. 素质目标

掌握机车检测和监测技术对机车运用安全的重要性。

工作任务

任务名称	任务布置
机车检测与监测的意义和内容	掌握机车检测和监测技术意义和内容。 理解机车检测和监测技术的功能和构成。 掌握机车检测和监测技术对机车运用安全的重要性
小组讨论	
1. 问题导入 （1）机车检测和监测技术的意义是什么？ （2）机车检测和监测技术主要功能有哪些？ （3）机车检测和故障诊断系统包括哪些子系统？	

（4）机车检测和故障诊断系统研究的内容是什么？		
序号	机车检测与故障诊断系统构成	功能和作用
1		
2		
3		
2. 归纳总结 机车检测和故障诊断系统研究的内容包括哪些？		

相关知识

一、机车检测和监测技术的意义

（一）提高机车运行的可靠性和安全性

现代机车是一种技术先进、结构复杂的铁路技术装备。它采用了大量的现代电子元件和装备，来进行复杂的信息处理，因此要求这些装备具有较高的可靠性。这种可靠性一方面通过电子装备的可靠性来保证，另一方面则由检测和监测系统来提供。检测与监测技术可以迅速识别和提示运行中发生的故障，使其能采取措施及时排除故障，从而保障机车安全、可靠地运行。

（二）为机车维修提供重要的依据

现代机车的检测和监测技术不但能够在运行中为机车乘务员提供机车的运行状况、故障级别，提出排除故障措施的建议，而且还能在运行中将机车的运行状况及时地向铁路运营管理部门和机车检修基地传送、记录和存储，可在机车进入检修基地以前做好机车检修计划，提早制订检修方案并准备好需要更换的配件，从而大大缩短了机车检修停时，提高了机车的利用率和铁路管理运营水平。

（三）可检测、显示、记录、存储和分析数据

检测和监测技术能在机车例行检修和运行中检测出故障、并将故障状况、故障等级以及应该采取的措施建议传递给机车乘务员，帮助机车乘务员及时关注和处理故障；同时，及时将故障发生的时间、位置、故障发生时有关参数的变化情况等信息记录并存储下来，供地面专家系统进一步分析。

二、机车检测和监测技术的功能

机车检测和监测技术的目的是提高机车运行的安全性和可用性，为此，检测和监测技术具有如下的主要功能。

（一）故障检测

故障检测是通过采取一定的手段（如安装各类传感器），获取各个主要部件和系统工作状态的信息，从而确认它们工作是否正常，能否完成应有的功能。检测功能的完成主要依赖各类传感器的工作。对于已有的机车来说，检测的效能主要取决于传感器本身的可靠性和测点的布置；而对于新造的机车来说，应该在设计时充分考虑装备的测试性，使其满足前述的测试性要求。

（二）故障识别

故障识别是根据检测信息，判断出所测部件和系统是否存在故障以及故障的严重程度。一般来说，故障按照严重程度可以分为两类：普通故障和紧急故障。普通故障是局部的、不至于影响机车运行安全的故障或通过采取措施（如切除某一功能）后仍能维持正常运行的故障；紧急故障则是机车不能维持正常运行，必须立即停止运行或者必须采取降级措施后方能继续运行的故障。

（三）故障定位

故障定位即确定故障发生的部位。理想的情况是确定故障发生在哪些元器件上，但是由于机车的元器件数量极大，因此将任一故障都定位到元器件级有相当的困难。一般将故障定位到可更换单元或相应模块上，以利于维修。

（四）故障显示

在故障检测、故障识别和故障定位以后，还需要将故障显示在显示屏上，应尽量显示出发生了什么样的故障、严重程度如何、发生在什么部位、其功能范围包括哪些，给机车乘务员以提示，提示在这种故障情况下的运行方式，并为检修作业人员提出排除故障的维修措施建议。特别是在紧急情况下，指示机车乘务员应采取的紧急措施。

（五）故障记录、存储与传输

在故障检测、故障识别和故障定位以后，除了显示故障以外，还需将故障数据记录和存储起来，以便利用存储的故障数据库进行分析处理，对机车的检修做出决策或者为机车的改进与发展提供依据。

现代机车采用专家系统诊断检修时，必须将机车运行中发生的故障信息实时传输给机务段，使机务段提前做好准备。机车入库后，立即按照制订好的检修计划和方案进行检修，极大地缩短了检修停时，提高了机车利用率。

（六）整备作业和定期检修中的检验

检测和监测技术还担负着机车自动化整备和定期检修作业中的检验任务。例如，进出库检查，即在机车入库和发车前的状态检测，包括车载微机的自诊断，关键部件的检测和试验，以检验其功能是否良好。在检修基地进行机车定期检修时，将车载装备与其他设备相连，以进行机车检测诊断。

三、机车检测与故障诊断系统的构成

机车的检测和故障诊断系统包括三部分，分别为车载故障诊断系统、地面故障诊断系统和数据传输系统。

（一）车载故障诊断系统

机车故障诊断系统主要是指车载故障诊断系统。车载故障诊断系统是一套安装在机车的实时运行诊断系统，实质上是一个分布式计算机测控系统。

机车车载故障诊断系统的检测诊断项目主要包括供电诊断、牵引传动装置诊断、制动装置故障诊断、转向架故障诊断、防滑装置故障诊断、轴箱温度检测等。

（二）地面故障诊断系统

由于车载故障诊断系统一方面受空间的限制，不可能配置大型计算机系统；另一方面受实时条件的限制，不可能进行大量的逻辑推理和运算。因此，需要在地面上设置故障诊断系统，以弥补车载系统的不足，从而能够较好地完成机车故障诊断系统的各项任务。

地面故障诊断系统往往和维修信息系统合并为一个系统，它实质上是一个完善的大型计算机系统。它的主要功能如下：

（1）通过与机车的信息传输与交换，直接得知机车的运行状态，并通过自身的软件系统对信息进行处理与分析，对故障进行实时诊断，给机车乘务员以警示和指令。

（2）通过数据转储设备，将机车运行中记录下来的数据转储到地面系统，可进一步处理和分析，从而做出机车设计、制造、运用和维修方面的重要决策。

（3）外部诊断项目，主要有轮对故障诊断、轴温红外线检测、润滑油的光谱和铁谱诊断等。

（4）机车进入机务段期间，所有的检测数据都输入该系统，由计算机系统做出诊断，以便对机车进行经济、有效的维修。

（三）数据传输系统

数据传输系统包括机车在途数据传输和入段数据传输两部分。机车在途运行时，把车载故障诊断系统采集的机车状态信息、机车安全信息、机车监测信息及视频数据等实时信息通过 GSM GPRS/3G/4G/5G、GSM-R GPRS 传输到地面故障诊断系统服务器；地面服务器把指令信息通过 GSM GPRS/3G/4G/5G、GSM-R GPRS 发往车载子系统。机车入段后，通过 WLAN 实现车地非实时信息双向传输。可以利用 WLAN 将 LDP 记录数据、6A 数据、LKJ 数据、TCMS 数据等车载设备的记录数据、机车电子履历等大容量信息发送到无线转储服务器，同时把转储结果信息写入段数据服务器。

四、机车检测与故障诊断系统的研究内容

电力机车是由机械部分、电气部分和空气管路部分三大部分组成。

（一）机械部分检测与故障诊断

1. 机械部分的构成

机械部分是机车的骨架与身躯，是机车能够正常运行的基础。机械部分包括车体、转向架、车体与转向架的连接装置和牵引缓冲装置。

车体是机车的主要机械部件之一，车体通过牵引杆装置和支承装置与转向架连接，通过车体传递垂直载荷和机车的牵引力与制动力，同时车体也要承受各个方向的动态冲击载荷。转向架是机车的走行部分，通常由轮对、构架，一系弹簧支承装置（轴箱悬挂装置）、二系弹簧支承装置（车体支承装置）、牵引装置、电机悬挂装置、基础制动装置等部件组成。轮对是机车机械部分中最重要的部件之一。根据机车轴式的不同，每台转向架上组装有相应个数的轮对装置。轮对是机车机械故障多发的部位，故在机车的检修、维护中，轮对的维护保养尤为重要。

2. 故障诊断的内容

（1）车体、转向架、轮对变形和裂纹的检测与诊断。

（2）轴承温度的自动检测、自动定位和故障预报。

（3）轴承状态的声学检测和振动检测。

（二）电气部分故障诊断

1. 电气部分的构成

电气部分包括牵引电动机、牵引变压器、整流硅机组、各类电器等。通过它们把来自接触网的电能转变为机械能，同时实现对机车的控制。机车上的主要电气部件包括受电弓、主变压器、牵引变流器、牵引电机、辅助电机系统、电气控制系统、微机及电子控制系统、控制电源和辅助电源等。所以电力机车故障诊断系统的建立是一个十分复杂的系统工程。

2. 检测与故障诊断的内容

（1）电机、电器的绝缘检测。

（2）电机、电器的温度检测。

（3）电机、电器的状态检测与故障诊断。

（4）控制系统的状态检测和故障诊断。

（三）空气管路部分故障诊断

1. 空气管路部分组成

空气管路系统包括风源系统、制动机管路系统、控制管路系统和辅助管路系统。

2. 检测与故障诊断的内容

（1）列车管压力检测。

（2）停放缸压力检测。

（3）均衡风缸压力检测。

（4）折角塞门的状态检测。

拓展知识

利用现代技术手段开展设备的状态检测和故障诊断，始于20世纪60年代。最早开展诊断技术研究的是美国，英国和日本紧随其后。故障诊断的方法、手段和内容不断丰富，至20世纪90年代初趋于完善，成为多种学科的重要应用领域，正在发展成为一门新的综合性交叉学科。

作为保障机车运行安全的基本措施之一，检测与故障诊断技术可以对早期故障做出预报，提出对策或建议，避免或减少事故的发生，在机车的安全性、可靠性、维修经济性和运行效果等方面发挥了极大的作用。20世纪80年代以来，随着现代测试技术、计算机技术和信号处理技术的迅速发展，机车检测和故障诊断技术也得到了很大的发展，各国铁路部门都在积极地开展工作，故障诊断技术在机车中的应用也越来越广泛。

一、机车检测与故障诊断技术在国外铁路上的应用和发展

1965年美国Servo公司推出了第一套安装在轨道旁的红外热轴探测系统，将轴承温度信号记录在记录纸上，由有经验的人员来辨别轴温情况。现在，轴温探测普遍采用了计算机和网络技术，可自动测量轴承温度，自动定位和预报轴承故障，因此得到了广泛的应用。

近年来，GM公司电力驱动分部（EMD）又开发了基于商业无线通信网络的机车远程检测诊断系统，利用车载检测装置测量记录机车的状态信息，通过无线网络将数据发送到EMD的机车管理中心，那里的专家可对数据进行分析并对机车状态做出判断，发现故障可及时通知检修基地做好相应准备。这一系统使机车的运行和状态数据实时性更强，能及时发现并排除故障，提高了运输安全性，此外可以缩短检修停时，提高机车的可用性和实际利用率，效益非常显著。

日本于20世纪60年代修建并开通了第一条新干线高速铁路，率先开始了铁路高速化进程。为保证安全和降低维修成本，日本很早就开展了机车、车辆和动车组的故障诊断研究，如利用通用仪器进行了振动和铁谱分析技术的应用研究，特别是通过测量和分析电力机车上一些旋转机械的振动加速度O/A值，对判断标准的设定做了探讨。

为提高高速机车运行的安全性和舒适性，日本研究开发了车载检测诊断系统，如在200系新干线高速动车组上装设仪器，可同时检测8个被测部位的垂向和横向振动，并根据有关舒适性指标对机车运行状态进行判断，推测不良部位，以实现有效的检修，数据可显示和打印输出。700系动车组采用了智能化检测系统，可对主要电气装置的动作和控制状态进行直接检测，并可传送到操纵台的中央检测装置，还可以为维修提供数据，简化维修作业。

德国铁路从1975年开始研究故障诊断技术，20世纪80年代随着微电子技术广泛应用于机车，诊断技术也受到了重视，现在它已经成为机车运营和维修的重要辅助工具，具有代表性的是ICE系列机车。

ICE高速机车装设了计算机辅助故障管理系统，它具有从故障产生到故障排除及统计分析的全面管理功能，覆盖了车上的大部分主要部件或系统。其综合控制装置包含100多个由计算机控制的分系统，控制计算机同时承担诊断任务。分系统的诊断结果以代码的形式向上传输，采用串行通信方式，在车辆及机车上集中和显示，节省了分系统的显示装置。诊断任务包括故障通报、故障定位、采集故障出现的频率及环境条件、显示诊断结果、存储履历、集中查询、补救程序、接收人工输入故障、测试运行、显示过程值、统计数据等。

ICE2有很多与ICE的相似之处，但在转换器、存储器、故障输入、供电装置等方面做了较大改进。

ICE3和ICET机车已分别于2000年和1999年交付使用，为提高机车可用性和减少维修费用，采用了新一代基于机车通信网络（TCN）的检测和控制系统。诊断系统的功能是处理所有诊断子系统记录的所有事件，并将有关信息显示给机车乘务员、机车长（运转车长）和随车技术人员，也可以直接通过无线网络将数据传输到基地。

俄罗斯自20世纪80年代起，铁路运输科学院、高等院校、铁路局和机务段在内的许多单位和部门都投入了力量，在电气、轴承、柴油机、轮对等很多方面开展了诊断技术的研究、开发和应用工作。

二、机车检测与故障诊断技术在我国铁路上的应用和发展

我国铁路自20世纪80年代起，积极开展了诊断技术在机车上的应用工作，进行了内容广泛的诊断技术研究、开发和应用，技术上取得了很大进展，并获得了明显的经济效益。所采用的故障诊断方法主要有温度探测、光铁谱分析、电气参数检测、动态压力检测及振动诊断等，一些新的理论、方法和技术（如模式识别、灰色系统、模糊数学、专家系统、小波变换神经网络、遗传算法等）也进入探索与应用阶段。

20世纪90年代初开发的机车轴承诊断仪，可提取峭度系数、均方根值等多个特征参数，并具有共振解调分析功能，已有近400台服务于全铁路的机务段、电机厂、机车制造厂和大修厂等。随后开发的机车轴承动态检测系统采用了多参数灰色关联分析方法，用于中修机务段和轴承厂，对单件轴承的动态品质进行检测和自动判别，保证品质良好的轴承才能装车使用。机车走行部顶轮诊断系统，可用于各机务段在机车不解体条件下，诊断机车的轴箱轴承、牵引电机轴承、抱轴承、空心轴轴承及牵引齿轮等的状态，保障运用机车走行部的安全。为提高货车的运行安全、减少不必要的拆卸，开发了货车轴承诊断系统，安装在车辆段轮对检修流水线上，对未到期的轴承进行诊断。该系统经多次改进已成为机电一体化装备，轴承故障可自动识别，取得了比较好的效果。此外，还研究了小波变换、神经网络及遗传算法等在轴承诊断中的应用，并进行了大量的现场实践和技术推广，基本解决了机车旋转机械部件的故障诊断问题，促进了故障诊断技术在机

车上的应用和发展。特别是在机车轴承诊断方面，不仅做了大量的技术开发和推广工作，而且从管理的角度制定了相关的规范，使轴承诊断工作制度化和规范化。目前，全铁路绝大多数中修机务段都建立了机车轴承检测站，有些机务段还对传统的检修管理模式做了相应的改革，将诊断与维修分离，前者负责机车入段维修前的测试诊断，提出修理、更换内容，并进行维修后的检验，后者根据诊断结果进行有针对性的修理或更换，对未达到质量要求的部分进行返工修复。这样，既保证了机车的检修质量和运行安全，又节约了维修成本，经济和社会效益十分显著。

20 世纪 90 年代中后期以来，我国开发的新一代准高速、高速机车和动车大都安装了具有控制和故障诊断功能的车载计算机，如 SS_6 型电力机车、神州号内燃动车组动力车等，其车载微机控制系统均具有某些部件诊断功能。

随着机车交路的不断延长，列车运行速度的不断提高及牵引重量的不断加大，机车在运用现场的安全事故也时有发生，直接和间接损失巨大，严重影响了运用安全和运营秩序。2011 年 2 月，中国铁道科学研究院牵头研发机车车载安全防护系统（6A 系统），6A 系统是针对机车的制动系统、防火、高压绝缘、列车供电、走行部等危及安全的重要事项、重点部件和部位，采用实时检测、监视、报警并可实现网络传输、统一固态存储和智能人机界面，整体研究设计而形成平台化的安全防护装置。2011 年 10 月 25 日，6A 系统总体暂行技术条件发布。2012 年 9 月 26 日，6A 系统中央处理平台及六个子系统暂行技术条件正式发布。2012 年 10 月 29 日，在中铁认证中心主持下，召开关于 6A 系统产品 CRCC 认证规则讨论会，确定了 6A 系统认证的基本规则。2012 年 11 月底，6A 系统首批供应商通过 CRCC 认证。2012 年 12 月，在 HXD3C 和 HXD1 型机车上批量安装 6A 系统。2013 年 4 月，HXD3C 型机车 97 台，HXD1 型八轴机车 50 台批量生产投入运用。2013 年 5 月，铁路总公司下发运机技验函〔2013〕179 号文《机车车载安全防护系统（6A 系统）运用维护管理规则（试行）》自 2013 年 7 月 1 日起施行。

三、不同国家机车检测诊断技术的主要特点

（1）美国、加拿大、澳大利亚铁路以重载运输为主，重点发展了道旁检测诊断技术。不同企业及研究机构充分合作，共同研发了内容广泛的道旁检测网络系统，对运输安全起了积极的保障作用。它们在滚动轴承的检测和诊断方面做了大量的工作，其成果值得我们借鉴。此外，美国在机车状态检测与诊断方面也做了大量的工作，开发了机车车载检测装置及基于无线通信网络的机车远程检测诊断系统，提高了机车利用率。

（2）欧洲铁路以高速客运为主，主要发展了车载检测诊断技术，机车上的控制计算机同时具备诊断功能，可对多种机车部件或子系统进行诊断。其发展趋势是网络化，应用各种现场总线技术将不同位置、不同功能的诊断装置连接成网，实现信息共享和集中管理。

（3）日本铁路也是以高速为主，但与欧洲不同的是除开发车载检测装置外还开发了很多面向机车检修方面的仪器和装备，应用在检修基地。研究、开发工作的有组织进行，诊断技术研究会（联络会）起了很大的作用，诊断方法、种类呈现多样性，包括振动、

电气、油液分析等，现场应用效果良好。

（4）俄罗斯铁路在电气、轴承、柴油机、轮对等很多方面开展了诊断工作，采用各种方法与计算机技术结合开发了多种仪器，并在机务段和车辆段进行了推广应用，取得了较好的效果。在高速动车组上，利用控制计算机进行某些部件的诊断，以保证机车的运行安全。

（5）中国铁路在铁谱、电气性能、振动等方面进行了广泛的应用研究和开发，研制的仪器、装备已在全铁路范围内获得了应用，正在改变着机车检修模式。同时，我国也开发了一些如 6A 系统的车载检测诊断装置，对机车的提速起了安全保障作用。

四、机车检测诊断技术的发展趋势

（一）多传感器信息融合技术的应用

简单零部件的诊断，采用单一信号一般可以获得有效的结果。但对于复杂的部件或系统，采用单一的物理信号通常很难得到准确的结果，如机车柴油机的故障诊断问题，应利用多种信号及先进的数据融合方法进行综合诊断，才会取得有效的诊断结论。

（二）新的智能诊断方法和模式识别方法的应用

近年来出现和蓬勃发展的各种新方法如人工神经网络、模糊逻辑、遗传算法等，均可在机车故障诊断中应用。将几种方法结合起来，特别是数据库和数据挖掘技术的应用，将进一步提高诊断的准确性和可靠性。

（三）网络化检测及远程诊断技术的开发和应用

通信和计算机网络技术的发展，使现代机车可以利用各种有线和无线网络，增强通信能力，提高检测诊断的有效性和实时性，提高数据集成和管理的效率。道旁检测系统可利用互联网及各种专用网络，车载检测装置可利用的有线网络包括各种现场总线（如 CAN、LonWorks、Worldfip、MVB 等）及工业以太网，无线网络包括 GPS、GSM、GSM-R、GPRS、CDMA 等。智能化技术、网络化技术和信息化技术的应用，也是我国铁路安全技术装备的近期发展方向。

铁路小故事

“毛泽东号”机车组：红色基因，在他们手中一代代薪火传承

1946 年的哈尔滨刚刚解放，为了支援辽沈战役，缓解铁路运输运力不足的困难，哈尔滨机务段的工人们经过 27 个昼夜的奋战，抢修出了一台蒸汽机车。中共中央东北局按照工人们的要求，将这台机车命名为“毛泽东号”，赋予它“机车领袖”的使命。在“毛泽东号”诞生之初，曾流传着一句响亮的口号：“解放军打到哪里，铁路修到哪里，‘毛泽东号’机车就开到哪里。”“毛泽东号”机车冒着敌机的轮番轰炸和枪林弹雨，勇打头阵，为辽沈战役前线的人民子弟兵运送弹药给养。

“毛泽东号”机车先后跨越蒸汽、内燃、电力 3 个动力时代，历经 5 次换型、6 台机车，截至 2021 年 3 月底，“毛泽东号”机车已安全行驶 1 155 万千米，相当于绕地球 288 圈，见证了中国铁路由小变大、从弱到强的发展历程。“毛泽东号”成为中华人民共和国成立以来全路机车组组建时间最早、涌现劳模最多、安全成绩最好、完成任务量最大的先进机车组，被誉为“机车领袖”“火车头中的火车头”。12 任司机长和 179 名乘务员在长期实践中创造了“责任心 + 责任制 + 基本功 = 安全”的基本经验，形成了“开领袖车，做领军人”的核心价值观，塑造了“报效祖国，忠于职守，艰苦奋斗，永当先锋”的“毛泽东号”精神。而今，经历了建设时期、改革开放、新时代的“毛泽东号”依然奔驰在祖国的广阔大地上。时代在前进，“毛泽东号”的车轮一刻也没有停留，风雨无阻，全力前行，担当着“交通强国、铁路先行”的历史使命。

复习思考题

1. 机车检测和监测技术的意义是什么？
2. 机车检测和监测技术主要功能有哪些？
3. 机车检测和故障诊断系统包括哪些子系统？
4. 机车检测和故障诊断系统研究的内容是什么？
5. 机车检测诊断技术的发展趋势是什么？

无损检测技术

无损检测（Nondestructive Testing，NDT）技术是在不损伤工件的条件下，检查工件宏观缺陷或测量工件特征的各种技术方法的统称。无损检测的意义在于保障零件、组件的安全使用，节约材料，在零件无损的条件下检测零件、部件、组件、设备、材料和大型工程项目，能使之安全有效地生产、工作。

科学技术发展至今，无损检测的方法已经很多，可分为 6 大类约 70 余种，但在实际应用中比较常见的有以下几种：超声波检测、电磁检测、射线检测、渗透检测、涡流检测、声发射、泄漏检测、光全息照相、红外热成像、微波检测等。无损检测技术在铁路运输部门用以对重要的钢制零部件（如轮对、转向架构架、钩舌等）进行定期检查，以发现使用中所产生的疲劳裂纹等缺陷，防止设备在继续使用中发生灾害性事故，其中以电磁探伤和超声波探伤应用最为广泛，本项目主要对这两种无损探伤方式进行讲解。

任务一　无损检测概述

教学目标

1. 能力目标

掌握无损检测技术概念、特点及意义。

2. 知识目标

掌握常用的 5 种无损检测技术及其基本原理。

3. 素质目标

掌握不同无损检测技术的优缺点及适用范围。

工作任务

任务名称	任务布置
无损检测概述	掌握无损检测技术的概念、特点及意义。 掌握常用无损检测技术的基本原理、优缺点及适用范围
小组讨论	
1. 问题导入 （1）有哪些方法可以检测轮对、转向架以及钩舌等刚性零部件的疲劳裂纹等缺陷？	

<table>
<tr><td colspan="3">（2）你认为无损检测应该具有哪些特点？应该具有哪些基本要素？</td></tr>
<tr><td>序号</td><td>无损检测技术的特点</td><td>无损检测技术的基本要素</td></tr>
<tr><td>1</td><td></td><td></td></tr>
<tr><td>2</td><td></td><td></td></tr>
<tr><td>3</td><td></td><td></td></tr>
<tr><td colspan="3">2. 归纳总结
（1）无损检测技术的作用是什么？无损检测有什么特点？
（2）常用的无损检测技术有哪些？分别有什么优缺点？适用范围是什么？</td></tr>
</table>

相关知识

一、无损检测概念

（一）无损检测的定义

无损检测（NDT）是一门综合性的应用科学技术，它是在不改变或不影响被检对象使用性能的前提下，借助物理手段对其进行宏观与微观缺陷检测，几何特性度量，化学成分、组织结构和力学性能变化的评定，进而就其使用性能做出评价的一门学科。日常生活中无损检测方法也会经常被使用，如买西瓜用手轻轻拍打西瓜外皮，听声响或凭手感，判断西瓜的生熟。这种并不损坏西瓜而知西瓜生熟的检测方式就是生活中的“无损检测”。不过，需要指出的是，类似“拍皮猜瓜”这些古老而简单的无损检测方法尽管至今仍在沿用，但因它们对缺陷的位置和大小做不出“基本相符”的判断，而不被视为无损检测的技术方法。真正的技术方法必须确保无损检测结果的准确性和可重复性。

（二）无损检测的作用

随着现代工业的发展，无损检测已经广泛深入产品的设计、制造、使用等各个方面，它在产品质量控制中所起的不可取代的重要作用已为日益众多的科技人员和企业家所认同。在设计阶段，设计单位要充分考虑无损检测的实际能力，以保证结构设计要求与无损检测的灵敏度、分辨率和可靠性相一致；在制造阶段，为确保产品质量达到设计要求，同样要运用无损检测技术，根据一定标准对原料的缺陷以及非均质性进行鉴定和评价；在使用阶段，为保证使用的可靠性，使用部门必须根据设计部门规定的周期和方法及制造部门所提交的检测细则对指定零部件进行可靠的无损检测甚至实时监控。事实上，就是用户订货，也常常通过无损检测技术进行验收检查。有人说，现代工业是建立在无损检测基础之上的，这并非言过其实。现代无损检测技术不仅形式多样，技术手段也日臻成熟，在铸件、锻件、棒材、粉末冶金制件、焊接件、非金属材料、陶瓷制件、复合材料、锅炉、压力容器、核电设备等许多领域都有较好的应用，对于改进产品的设计制造工艺、降低制造成本以及提高设备运行的可靠性等具有十分重要的意义。其作用主要如下：

（1）无损探伤：对产品质量做出评价。无论是铸件、锻件、焊接件、钣金件或机加工件以及非金属结构都能应用无损检测技术探测其表面或内部缺陷，并进行定位定量分析。

（2）材料检测：用无损检测技术测定材料的物理性能和组织结构，能判断材料的品种和热处理状态，进行材料分选。

（3）几何度量：产品的几何尺寸、涂层和镀层厚度、表面腐蚀状态、硬化层深度和应力密度都能用无损检测技术测定。根据测定结果利用断裂理论确定是否进行修补和报废处理，对产品进行寿命评定。

（4）现场监视：对在役设备或生产中的产品进行现场或动态检测，将产品中的缺陷变化信息连续地提供给运行和生产部门实行监视。在高温、高压、高速或高负载的运行条件下尤其需要无损检测，如压力容器和钢轨的探伤等。

（三）无损检测的特点

（1）不破坏被检对象。

（2）可实现 100%的检验。

（3）发现缺陷并做出评价，从而评定被检对象的质量。

（4）可对缺陷形成原因及发展规律做出判断，以促进有关部门改进生产工艺和产品质量。

（5）对关键部件和关键部位在运行中做定期检查，甚至长期监控以保证运行安全，防止事故发生。

（四）无损检测的基本要素

任何一种无损检测方法都包括以下 5 个基本要素：

（1）源，它能提供适当的探测介质或激励被检测物体产生某种特殊的运动。

（2）探测介质或特殊运动方式会受到被检测物体的结构异常（不连续或某种变异）的影响而引起变化。

（3）探测器，它能检测出探测介质或特殊运动方式的变化。

（4）记录和显示装置能指示或记录由探测器发出的信号。

（5）解释这些信号的方法。

以上 5 个基本要素是所有无损检测方法所共有的。由源所提供的检测介质与被检测物体相互作用形成多种物理场，如声场、热场、电场、磁场和电磁辐射场等。目前，对这些信号中所包含的信息只有少部分被利用和认识,这不仅是由于使用的仪器不够完善，而且在很大程度上是由于理论的缺乏和对信号本身带有的信息认识不足所致，进一步充分利用这些信息正是今后无损检测技术发展和努力的方向。

（五）无损检测的发展

无损检测技术是工业发展必不可少的有效工具，它必将随着工业生产的进步而发展。早期的无损检测称为无损探伤（NDI），它的作用是在不损坏产品的前提下发现人眼无法看到的缺陷，以满足工程设计中的强度要求。第二阶段称为无损检测（NDT），这个阶段始于20世纪70年代，它不但检测最终产品，而且要测量各种工艺参数，制成工件后，还需知道它的组织结构、晶粒大小和残余应力等。第三阶段称为无损评价（NDE），尤其对航空、航天、核电、能源、交通、石油和化工等方面的机械产品，在加强检测同时注重产品质量的评价，确保每一件产品都是合格的。工业发达国家已从一般无损评价发展到自动无损评价，采用计算机来进行检测和评价，尽可能减少人为因素的影响，这在超声检测的发展中成效突出，如钢轨探伤车。这种发展趋势促使无损检测人员应具有更广的知识面，更深厚的基础理论和更高的综合分析能力。

二、常用无损探伤方法

无损探伤是无损检测（包括探伤、测量、评价）的一个重要组成部分，它是对材料、工件或组件进行非破坏性检测和分析，以发现材料和构件中非连续性宏观缺陷（如裂纹、夹渣、气孔等）为主要目的的检验。无损探伤的方法较多，可分为6大类约70余种，但在实际应用中较普遍的为超声探伤、射线探伤、磁粉探伤、渗透探伤、涡流探伤 5 种常规方法。鉴于超声波探伤和磁粉探伤在目前占有举足轻重的地位，本书将在后面予以重点介绍，以下针对其他几种常规探伤简要介绍其基本原理、主要特点和适用场合。

（一）射线探伤（RT）

射线通常指X射线、γ射线、α射线、β射线和中子射线等，其中，X射线、γ射线和中子射线因易于穿透物质而在产品质量检测中获得了广泛应用。工业应用中的射线探伤技术大体上可以分为射线照相探伤技术、射线实时成像探伤技术、射线层析（CT）探伤技术等，常规的射线探伤技术一般指射线照相探伤技术（以下均以此技术介绍），其基本原理（图2-1）为：射线在穿过物质的过程中，会受到物质的散射和吸收作用，因物体材料、缺陷和穿透距离的不同，射线强度将产生不同程度的衰减。当把强度均匀的射线照射到物体的一侧，使透过的射线在物体另一侧的胶片上感光，胶片显影后，得到与材料内部结构和缺陷相对应的黑度不同的图像，即射线底片。通过对图像的观察分析，最终确定物体缺陷的种类、大小和分布情况。

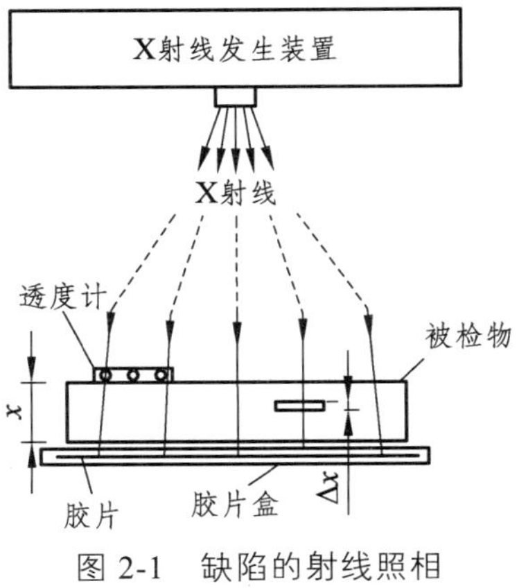

图2-1　缺陷的射线照相

射线探伤适用于体积形缺陷探测，如气孔、夹渣、缩孔、疏松等，对片形缺陷检测较难。

（二）磁粉探伤（MT）

磁粉探伤是指把钢铁等铁磁性材料磁化后，利用缺陷部位所发生的磁极吸附磁粉的特性显示缺陷位置的方法。把一根中间有横向裂纹的强磁性材料试件进行磁化后（图 2-2），可以认为磁化的材料是许多小磁铁的集合体。在没有缺陷的连续部分，由于小磁铁的 N、S 磁极互相抵消，而不呈现出磁极，但在裂纹等缺陷处，由于磁性的不连续将呈现磁极，在缺陷附近的磁力线绕过空间出现在外面，即缺陷漏磁。缺陷附近所产生的称为缺陷的漏磁场，其强度取决于缺陷的尺寸、位置及试件的磁化强度等。当把磁粉散落在试件上时，在裂纹处就会吸附磁粉，称为缺陷磁粉迹痕，由此可以发现缺陷的部位。

磁粉探伤仅适用于铁磁材料的表面或近表面缺陷的检测，其探伤灵敏度受试件表面光洁度、缺陷形状和取向、磁化方法和范围等影响。磁粉探伤能确定缺陷的位置、大小和形状，但对缺陷深度确定较难。磁粉探伤的方法可分为连续法和剩磁法两种。

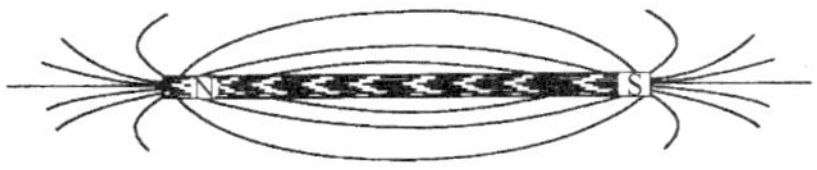

（a）磁棒磁力线分布

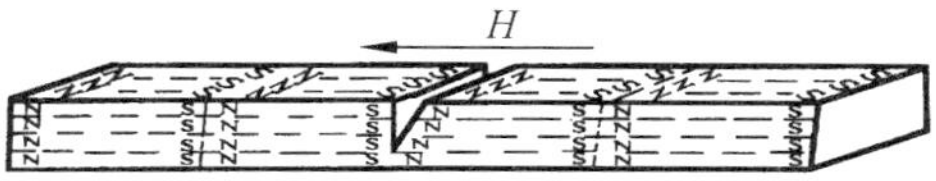

（b）磁棒的磁极

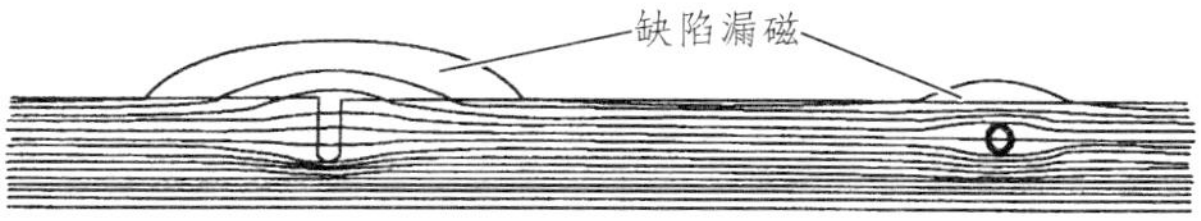

（c）缺陷漏磁

图 2-2　磁场的形成

（三）渗透探伤（PT）

渗透探伤是指将溶有荧光染料（荧光探伤）或着色染料（着色探伤）的渗透液施加在试件表面，渗透液由于毛细作用能渗入各种形状开口于表面的细小缺陷中。此时，清除附着在表面的多余渗透液，把工件表面多余的渗透液清洗干净，但不得把已渗入缺陷内的渗透液清洗掉，然后经干燥和施加显像剂后，在黑光或白光下观察，缺陷处可分别发出黄绿色的荧光或呈现红色，从而能够用肉眼检查出试件表面的开口缺陷。渗透探伤的基本步骤如图 2-3 所示。渗透探伤除荧光渗透探伤和着色渗透探伤方法外，还有滤出粒子探伤法、气体渗透成像等。渗透探伤适用于检测金属和非金属材料表面开口的裂纹、折叠、疏松、针孔等缺陷。它能确定缺陷的位置、大小和形状，但难于确定其深度，不适用于探测多孔性材料及材料内部缺陷。

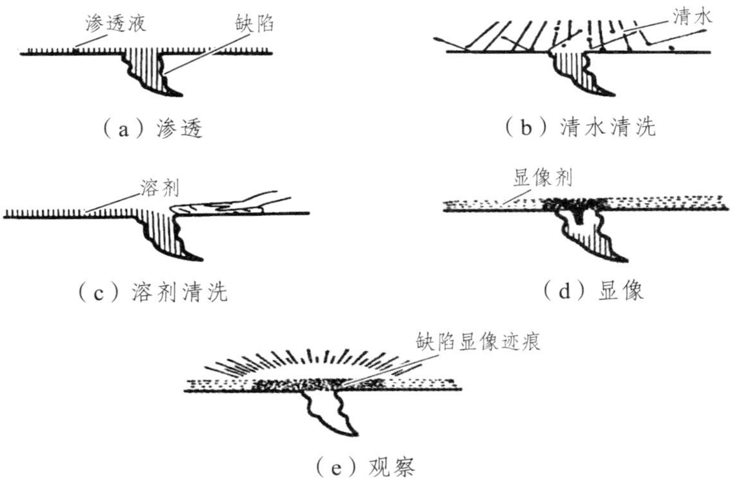

图 2-3　渗透探伤步骤

（四）涡流探伤（ET）

涡流探伤是将通有交流电的激励线圈靠近某一导电试件（图 2-4），由于电磁感应作用进入试件的交变磁场可在试件中感生出方向与激励磁场相垂直的、呈旋涡状流动的电流（涡流）。此涡流产生磁场会影响原磁场的变化，从而引起线圈阻抗的变化，通过对线圈阻抗变化的测量，就可得知试件中产生的涡流状况，从而获悉与试件有关的一些参量。当试件内有缺陷时，涡流因流动途径的变化，使涡流磁场也相应变化，经试验线圈检出异常磁场的变化量，可获得缺陷的信息。

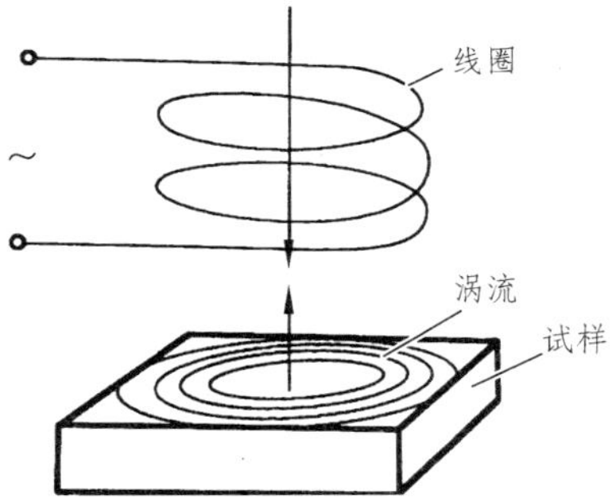

图 2-4　涡流的产生

由于涡流是交流电，具有集肤效应，在导电试件的表面较多，随着涡流向试件内部的深入，电流呈指数级减少。因此，涡流探伤主要适用于探查金属和石墨等导电材料的表面和近表面缺陷，通常能够确定缺陷的位置和相对尺寸，不适用于非导电材料的缺陷检测。

（五）超声波探伤（UT）

超声波探伤是利用超声能透入金属材料的深处，并由一截面进入另一截面时，在界面边缘发生反射的特点来检查零件缺陷的一种方法。当超声波束自零件表面由探头通至金属内部，遇到缺陷与零件底面时就分别发生反射波，在荧光屏上形成脉冲波型，根据这些脉冲波形来判断缺陷位置和大小。

超声波在介质中传播时有多种波型，检验中最常用的为纵波、横波、表面波和板波。用纵波可探测金属铸锭、坯料、中厚板、大型锻件和形状比较简单的制件中所存在的夹杂物、裂缝、缩管、白点、分层等缺陷；用横波可探测管材中的周向和轴向裂缝、划伤、焊缝中的气孔、夹渣、裂缝、未焊透等缺陷；用表面波可探测形状简单的铸件上的表面缺陷；用板波可探测薄板中的缺陷。

以上介绍的5种常用探伤方法在实际应用当中，射线探伤和超声波探伤适用于内部缺陷探测，而磁粉、渗透、涡流探伤则适用于表面缺陷探测，它们各有其优越性，选择哪一种探伤方法进行无损检测，必须结合缺陷具体情况合理配合使用，才会收到更好的效果。几种探伤方法的比较见表2-1。

表2-1　5种常用无损探伤方法比较

探伤方法	优　点	缺　点	适用范围
射线探伤	（1）适用于几乎所有材料； （2）探伤结果（底片）显示直观、便于分析； （3）探伤结果可以长期保存； （4）探伤技术和检验工作质量可以监测	（1）检验成本较高； （2）对裂纹类缺陷有方向性限制； （3）需考虑安全防护问题（如X、γ射线的传播）	检测件及焊接件等构件内部缺陷，特别是体积型缺陷（即具有一定空间分布的缺陷）
磁粉探伤	（1）直观显示缺陷的形状、位置、大小； （2）灵敏度高，可检缺陷最小宽度约为1 μm； （3）几乎不受试件大小和形状的限制； （4）检测速度快、工艺简单、费用低廉； （5）操作简便、仪器便于携带	（1）只能用于铁磁性材料； （2）只能发现表面和近表面缺陷； （3）对缺陷方向性敏感； （4）能知道缺陷的位置和表面长度，但不知道缺陷的深度	检测铸件、锻件、焊缝和机械加工零件等磁性材料的表面或表面缺陷（如裂纹）
渗透探伤	（1）设备简单，操作简便，投资小； （2）效率高（对复杂试件也只需一次检验）； （3）适用范围广（对表面缺陷，一般不受试件材料种类及其外形轮廓限制）	（1）只能检测开口于表面的缺陷，且不能显示缺陷深度及缺陷内部的形状和尺寸； （2）无法或难以检查多孔的材料，检测结果受试件表面粗糙度影响较大； （3）难以定量控制检验操作程序，多凭检验人员经验、认真程度和视力的敏锐程度	用于检验有色和黑色金属的铸件、锻件、粉末冶金件、焊接件以及各种陶瓷、塑料、玻璃制品的裂纹、气孔、分层、缩孔、疏松、折叠及其他开口于表面的缺陷

续表

探伤方法	优 点	缺 点	适用范围
涡流探伤	(1)适于自动化检测(可直接以电信号输出); (2)非接触式检测,无须耦合剂且速度快; (3)适用范围较广(既可检测缺陷也可检测材质、形状与尺寸的变化等)	(1)只限用于导电材料; (2)对形状复杂试件及表面下较深部位的缺陷检测有困难,检测结果尚不直观,尚难判断缺陷性质、大小及形状	用于钢铁、有色金属等导电材料所制成的试件,不适于玻璃、石头和合成树脂等非金属材料
超声波探伤	(1)适于内部缺陷检测,探测范围大、灵敏度高、效率高、操作简单; (2)适用广泛、使用灵活、费用低廉	(1)探伤结果显示不直观,难以对缺陷做精确定性和定量; (2)一般需用耦合剂,对试件形状的复杂性有一定限制	可用于金属、非金属及复合材料的铸、锻、焊件与板材

任务二　超声波无损检测

教学目标

1. 能力目标

能对超声波探伤设备进行基本的操作。

2. 知识目标

掌握超声波类型、超声波探伤原理、探头作用、探头的种类及其结构;了解超声波探伤车轴具体部位及其探测方式、探头位置等;掌握超声波探伤技术的原理,了解其工作流程以及探伤设备。

3. 素质目标

掌握超声波探伤技术的应用,能够规范操作超声波探伤设备。

工作任务

任务名称	任务布置
超声波无损检测	掌握超声波类型、超声波探伤原理、探头作用、探头的种类及其结构; 了解超声波探伤车轴具体部位及其探测方式、探头位置等; 掌握超声波探伤技术的原理; 了解超声波探伤工作流程以及探伤设备; 掌握超声波探伤技术的应用

小组讨论		
1. 问题导入 （1）什么是超声波？ （2）超声波按照质点的运动方向分为哪些类型？超声波探伤有哪些优缺点？		
序号	超声波的类型	特点
1		
2		
3		
4		
2. 归纳总结 （1）超声波探伤是什么？超声波探伤有什么特点？ （2）超声波探伤技术的原理是什么？探伤过程是怎样的？ （3）超声波探伤技术在铁路运输方面有哪些应用？		

相关知识

一、超声波无损检测基础知识

（一）初识超声波

超声波探伤是依据定向辐射超声波束在缺陷界面上产生反射或使透过声能下降等原理通过测量回波信息和透过声波强度变化来指示伤损的一种方法。

人们日常所听到的各种声音，是由于各种声源（如演奏小提琴时，声源即为被擦动的琴弦）的振动通过空气等弹性介质传播到耳膜引起的耳膜振动，牵动听觉神经，产生听觉。声源的振动有快有慢，通常用每秒内的振动次数即“频率”来衡量，单位为赫兹（Hz）。必须指出，只有当频率在一定范围内的振动才能引起听觉。人们把能引起听觉的机械振动称为声波，频率在 20 Hz ~ 20 kHz（即 20 000 Hz，1 kHz = 1 000 Hz）。频率低于 20 Hz 的机械波称为次声波，频率高于 20 kHz 的机械波称为超声波（用于探伤的超声波频率范围为 0.2 ~ 25 MHz，其中最常用的频段为 0.5 ~ 10 MHz）。人耳听不见超声波，但蝙蝠、秋虫和海豚等却能听见并可用超声波传递信息，尤其是蝙蝠，它能发射超声脉冲，并能接收和识别从电线等障碍物或昆虫等反射回来的波。超声波探伤大多采用的就是像蝙蝠这样的脉冲反射形式，这种反射波又叫回波。

超声波探伤可检查金属材料、部分非金属材料的表面和内部缺陷，如检查锻件中的白点、裂纹、夹渣、分层；非金属材料中的气泡、分层和黏合层中的黏合不良；焊缝中裂纹，未焊透、夹渣、气孔以及管棒和锻件中与表面成一定角度的缺陷。因此，它被广泛地应用于无损探伤。

（二）超声波的产生

人们把声源振动在介质（如空气等）中的传播过程，称为波动，简称波。波是物质的一种运动形式，可分为电磁波和机械波两类。电磁波是交变电磁场在空间的传播过程，如无线电波、红外线等，而机械波是指机械振动在弹性介质中的传播过程，如水波、超声波等。产生机械波需要两个必要条件：一是要有做机械振动的振源；二是要有能传递机械振动的弹性介质。探伤作业中，超声探头就是产生超声波的振源，原则上凡是能将其他形式的能量转换成超声振动方式能量的方法都可以产生超声波，如机械方法、热效应法、磁伸缩法和电磁声法，在超声波探伤中应用最广的是利用某些压电材料（石英、锆钛酸铅等）的压电效应，来实现超声波的发生和接收。必须注意的是，超声波在传播过程中，实际上只是振动能量的传播，并没有产生物质的迁移，介质质点本身仅限于平衡位置附近振动。

（三）超声波的类型

根据超声波传播时介质质点的振动方向相对于波的传播方向的不同，可将超声波分为纵波、横波、表面波和板波 4 种。

1. 纵波（L 波）

介质中质点的振动方向与波的传播方向互相平行的波，称为纵波，用 L 表示。当介质质点受到交变拉压应力作用时，质点之间产生相应的伸缩形变，从而形成纵波。凡能承受拉伸或压缩应力的介质都能传播纵波。固体介质能承受拉伸或压缩应力；液体和气体虽不能承受拉伸应力，但能承受压应力产生容积变化。因此固体、液体和气体都能传播纵波。纵波一般应用于钢板、锻件等探伤。

2. 横波（S 或 T 波）

介质中质点的振动方向与波的传播方向互相垂直的波，称为横波，用 S 或 T 表示。当介质质点受到交变的剪切应力作用时，产生剪切形变，从而形成横波。只有固体介质才能承受剪切应力，液体和气体介质不能承受剪切应力，因此横波只能在固体介质中传播，不能在液体和气体介质中传播。横波一般应用于焊缝、钢管等探伤。

3. 表面波（R）

当介质表面受到交变应力作用时，产生沿介质表面传播的波，称为表面波，常用 R 表示。又称瑞利波。表面波在介质表面传播时，介质表面质点做椭圆运动，椭圆长轴垂直于波的传播方向，短轴平行于波的传播方向。椭圆运动可视为纵向振动与横向振动的合成，即纵波与横波的合成，因此表面波只能在固体介质中传播，不能在液体和气体介质中传播。表面波的能量随深度增加而迅速减弱，当传播深度超过两倍波长时，质点的振幅就已经很小了，因此，一般认为表面波探伤只能发现距工件表面两倍波长深度内的缺陷。表面波一般应用于钢管探伤。

4. 板　波

板波是板材特有的一种波形，它在板材厚度小于入射波波长时产生。在一个给定的板材中可以存在 3 种不同偏振的板波：第一种是纯横波，它的偏振方向与板表面平行；第二种是对称型的拉姆（Lamb）波，在板材中心面上的质点的偏振方向与传播方向平行，如同波的偏振，而其他位置的质点的偏振轨迹为椭圆；第三种为非对称型（或弯曲型）的拉姆（Lamb）波，板材中心面上质点的偏振方向与传播方向相垂直，其他位置的质点的偏振迹也为椭圆。板波一般应用于薄板、薄壁钢管探伤。

（四）超声波探伤的优缺点

1. 超声波探伤的优点

（1）指向性好。超声波波长很短，像光波一样，可以定向发射，因而能方便、准确地对缺陷定位。

（2）穿透力强。超声波能量高，在大多数介质中传播时能量损失小，在一些金属材料中传播时，其穿透能力可达数米。

（3）灵敏度高。一个存在于钢中的空气分层厚度为 10^{-6} mm，反射率可超过 21%，当分层厚度在 10^{-5} mm 以上时，反射率可超过 94%。

（4）适用面广。可检测金属、非金属、复合材料等多种材料制件的检测，采用多种波形以及各种探头作不同方向的探测，能探出工件内部和表面各种取向的缺陷。

（5）高效低价。检测速度快，在较短的时间内就可完成对工件的检测，仅耗损少量电能和耦合剂。

2. 超声波探伤的缺点

（1）检测结果受人为影响。对试件中缺陷的发现与评价，主要取决于探伤人员对仪器的调节和判断。

（2）探测面状态影响检测结果。探测表面要求制备，不良的探测面影响伤损检测灵敏度。

（3）工件状态影响检测结果。工件形状过于复杂，材料晶粒和组织不均匀对探伤结果均有一定的影响。

（4）定量精度差。探测出缺陷的当量或延伸度与实际缺陷大小均有一定的误差。

（五）超声波的基本参数

（1）振幅 A：振动质点偏离平衡位置的最大距离。

（2）频率 f：振动质点单位时间（通常指 1 s，以下同）内围绕平衡位置完成全振动的次数称为振动频率，其数值与波动频率相等。波动频率是指波动过程中任一给定质点在单位时间内通过完整波的个数。

在实际探伤中往往会遇到工作频率和重复频率两个概念。工作频率是指探头发射的超声波频率，重复频率是指探头每秒钟向试件发射超声波的次数。为了提高探伤速度，一般要求重复频率越高越好，但过高的重复频率会导致发射和接收间的干扰，产生幻象回波。因此，重复频率应根据被检工件的大小，一次声程所需要的时间，仪器接收和发射超声波的能力，以及探伤速度等多方面因素决定。

（3）周期 T：振动质点完成一次全振动所需要的时间，单位为秒（s）。周期与频率的关系为 $T=1/f$。

（4）波长 λ：同一波线上相邻两振动相位相同的质点间的距离称为波长。波源或介质中任意质点完成一次全振动，波正好前进一个波长的距离，单位为毫米（mm）或米（m）。

（5）声速 c：声波在弹性介质中，单位时间内所传播的距离，也可称为波速，单位为米/秒（m/s）或千米/秒（km/s）。波长、声速和频率之间的关系为 $\lambda=c/f$。

声速 c 与介质的弹性模量和介质的密度有关，对于一定的介质，弹性模量和密度为常数，故声速也是常数。不同介质有不同的声速，介质的弹性模量愈大，密度愈小则声速愈大。对液体介质来说，当介质温度变化时，其容变弹性模量和密度会发生变化，因而声速也随着变化。另外，超声波波形不同时，介质弹性变形形式不同，声速也不一样。一般来说，在同一种固体材料中（由于液体和气体介质只能传播纵波，因而不存在各种波形的不同声速问题），纵波声速 c_L 大于横波声速 c_S，横波声速 c_S 又大于表面波声速 c_R。表 2-2 为一些常用材料中的声速和波长。

表 2-2　一些常用材料中的声速和波长

材料	声速/（km/s）		纵波波长/mm		横波波长/mm	
	纵波	横波	2 MHz	2.5 MHz	2 MHz	2.5 MHz
钢	5.9	3.23	2.95	2.36	1.615	1.292
有机玻璃	2.73	1.43	1.37	1.09	0.715	0.572
尼龙 1010	2.4	—	1.2	0.96	—	—
水	1.48	—	0.74	0.59	—	—
油	1.4	—	0.70	0.56	—	—
空气	0.34	—	0.17	0.14	—	—

（六）超声场的特征值

通常把充满超声波的空间部分或超声振动所波及的部分介质称为超声场。超声场具有一定的空间大小和形状，只有当缺陷位于超声场内时，才有可能被发现。

超声场圆盘声源（指一种圆平面状的振子）辐射的纵波声场轴线上的声压分布规律如图 2-5 所示。由图可知，波源附近的轴线上声压上下起伏变化，存在若干个极大极小值。距波源的距离愈近，声压极大极小值的点就愈密。声学上把由子波的干涉在波源附近的轴线上产生一系列声压极大极小值的区域称为超声场的近场区。

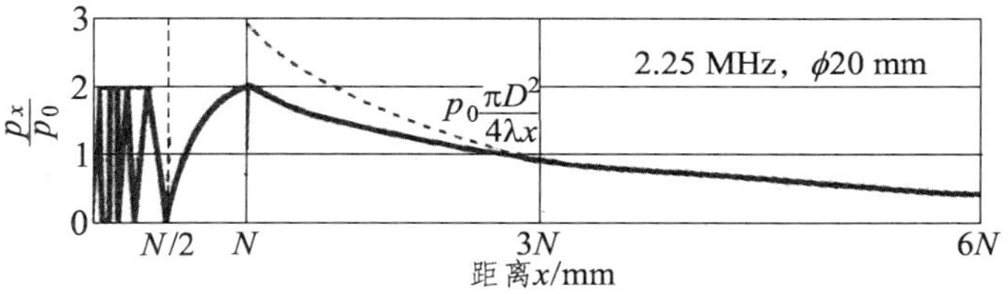

图 2-5　圆盘声源束轴线上的声压分布规律

描述超声场的特征值（即物理量）主要有声压、声强、声阻抗。

1. 声压 p

超声场中某一点在某一时刻所具有的压强 p_1 与没有超声波存在时的静态压强 p_0 之差，称为该点的声压，用 p 表示，即：$p = p_1 - p_0$。

超声场中某一点的声压的幅值与介质的密度、波速和频率成正比。在超声波探伤仪上，屏幕上显示的波高与声压成正比。

2. 声阻抗 Z

超声场中任一点的声压 p 与该处质点振动速度之比 v 称为声阻抗，常用 Z 表示，$Z = p / v = \rho c$。

由上式可知，声阻抗的大小等于介质的密度与波速的乘积。由 $v = p/Z$ 可知，在同一声压下，Z 增加，质点的振动速度下降。因此声阻抗 Z 可理解为介质对质点振动的阻碍作用。超声波在两种介质组成的界面上的反射和透射情况与两种介质的声阻抗密切相关。

3. 声　强

单位时间内垂直通过单位面积的声能称为声强，常用 I 表示。

当超声波传播到介质中某处时，该处原来静止不动的质点开始振动，因而具有动能；同时该处介质产生弹性变形，因而也具有弹性位能；声能为两者之和。

声波的声强与频率的平方成正比，而超声波的频率远大于可闻声波。因此超声波的声强也远大于可闻声波的声强。这是超声波能用于探伤的重要原因。

在同一介质中，超声波的声强与声压的平方成正比。

（七）超声波的衰减

超声波在介质中传播时，随着距离增加，超声波能量逐渐减弱的现象叫作超声波衰减。引起超声波衰减的主要原因是波束扩散、晶粒散射和介质吸收。

1. 扩散衰减

超声波在传播过程中，由于波束的扩散，使超声波的能量随距离增加而逐渐减弱的现象叫作扩散衰减。超声波的扩散衰减仅取决于波阵面的形状，与介质的性质无关。

2. 散射衰减

超声波在介质中传播时，遇到声阻抗不同的界面产生散乱反射引起衰减的现象，称为散射衰减。散射衰减与材质的晶粒密切相关，当材质晶粒粗大时，散射衰减严重，被散射的超声波沿着复杂的路径传播到探头，在屏上引起林状回波，使信噪比下降，严重时噪声会湮没缺陷波。

3. 吸收衰减

超声波在介质中传播时，由于介质中质点间内摩擦（即黏滞性）和热传导引起超声波的衰减，称为吸收衰减或黏滞衰减。

通常所说的介质衰减是指吸收衰减与散射衰减，不包括扩散衰减。

二、超声波探伤的原理及方法

当超声波在被检测材料中传播时，材料的声学特性和内部组织的变化对超声波的传播产生一定的影响，通过对超声波受影响程度和状况的探测，来了解材料的性能和结构的变化，这种技术称为超声波检测。

利用超声波检测技术形成的超声波探伤方法，按照工作原理分可以分为脉冲反射法、穿透法、衍射时差法；按照波形分类可以分为纵波法、横波法、表面波法、板波法和爬坡法；按照显示方式分类可分为 A 型显示探伤法和超声成像显示法；按照探头数目来分可分为单探头法、双探头法和多探头法；按照与工件的接触方法来分可分为接触法、液浸法和电磁耦合法。

直探法就是纵波探伤，主要用于探测与工件表面平行的缺陷。

斜探法就是横波探伤，主要用于探测与工件表面垂直或成某一角度的缺陷。

脉冲反射法探伤是利用由脉冲反射式的超声波探伤仪发射的超声波，在两种不同介质的表面上发生反射作用，并将反射回来的超声波接收放大，在荧光屏上以可见光的形式显示出来，来达到探伤的目的。

液浸法，利用此方法检测钢管、锻件的缺陷，如图 2-6 所示。单（双）探头检测焊缝的方法如图 2-7 所示。

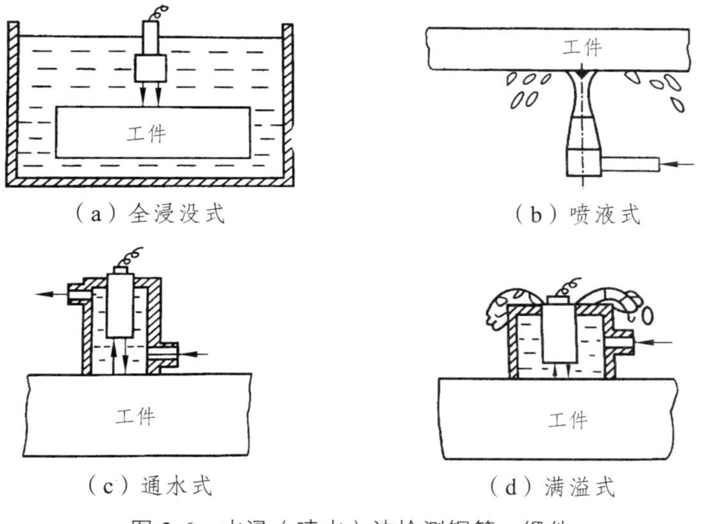

图 2-6　水浸（喷水）法检测钢管、锻件

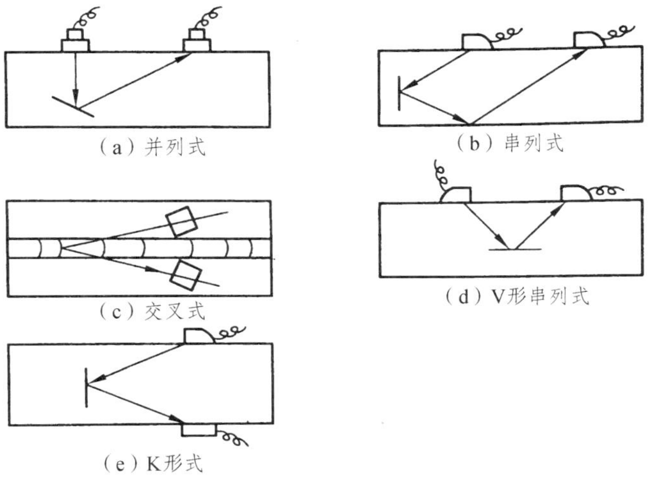

图 2-7　单（双）探头检测焊缝

根据超声波探伤的原理，常用的超声波探伤方法可分为 3 种，即穿透法、脉冲反射法、衍射时差法（TOFD）等。

（一）穿透法

穿透法是最早采用的超声波探伤法，也叫透射法，其基本原理是，先将两个探头分别置于被测工件的两个相对面，一个探头发射超声波，超声波即透射过被测工件而被另一面的探头所接收。若被测件内有缺陷存在，由于缺陷可引起超声波的衰减，因此透射过的超声波的能量减少，根据能量减少的程度可判断缺陷的大小。穿透法分为连续穿透法和脉冲穿透法两种。脉冲穿透法（图 2-8）的优点是，不存在探测盲区，判定缺陷方法简单，适用于连续的自动化探测较薄的工件；其缺点是，探伤灵敏度低，分辨率差，不能确定缺陷的深度位置，一般需要专用的探头夹持装置。

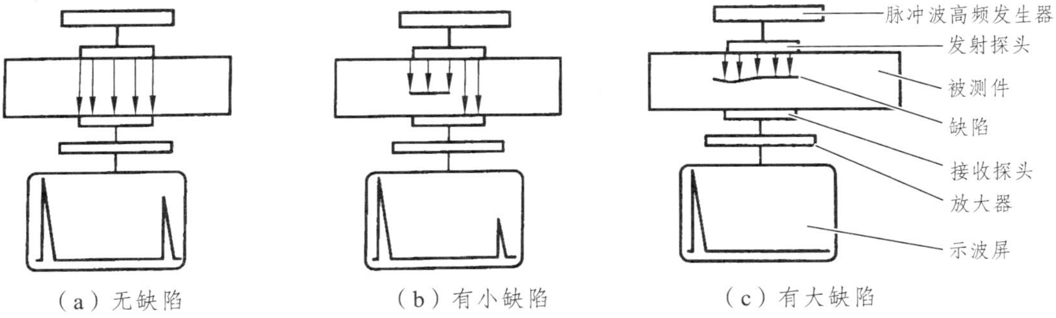

图 2-8　脉冲穿透法

（二）脉冲反射法

超声波以持续极短的时间发射脉冲到被检测工件内，当遇到缺陷和底面就会产生反射，根据反射波的情况来检测工件的方法称为脉冲反射法，它是目前应用最广泛的一种超声波探伤法。脉冲反射法可分为垂直探伤法和斜角探伤法两种。

根据探伤波形进行判断的探伤，称为缺陷回波法（也称为二次回波法），该方法是脉冲反射法的基本方法。当工件完好时，超声波可以顺利到达工件底面，在工件底面光滑且与探伤平面平行的条件下，探伤波形中只有发射脉冲 T 及底面回波 B 两个信号。若工件中存在缺陷，在探伤波形中，底面回波前面会出现表示缺陷的回波，如图 2-9 所示。

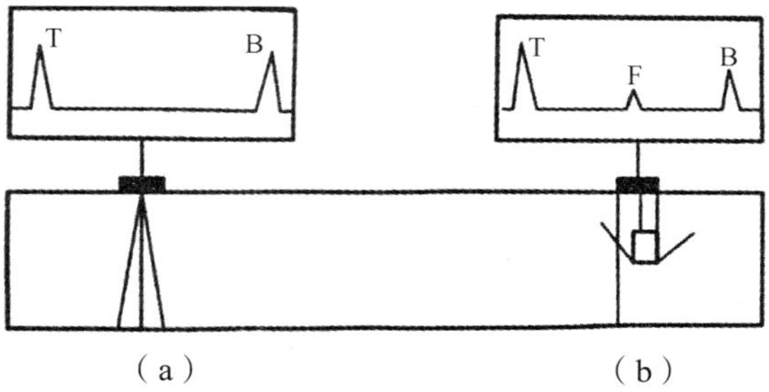

图 2-9 缺陷回波探伤的基本原理

1. 垂直探伤法

使超声波垂直进入工件进行探伤的方法称为垂直探伤法。当被测件无缺陷时（图 2-10），示波屏上只有始波 T 和底波 B，当被测件中有小缺陷时，示波屏上除始波和底波外，还有缺陷波 F，当被测件中的缺陷大于声束直径时，示波屏幕上只有始波和缺陷波，底波消失。

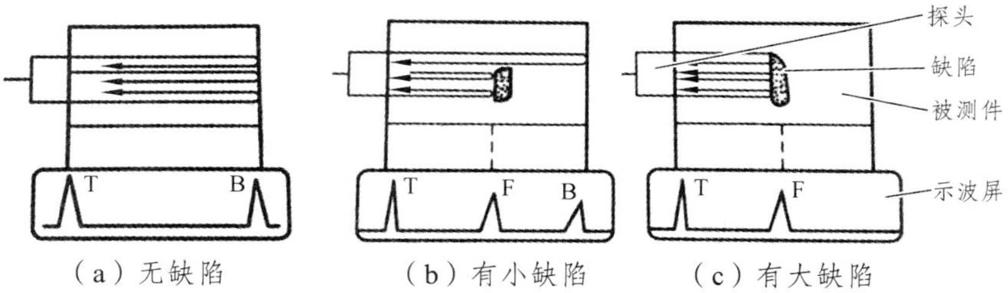

图 2-10 脉冲反射式垂直探伤法

2. 斜角探伤法

超声波以一定的角度（大于 0°）进入工件，超声波与探测面成一定的角度的传播方式进行探伤的方法称为斜角探伤法。当被测工件无缺陷时（图 2-11），示波屏上只有始波 T，被测工件有缺陷时，示波屏上除了有始波外，还有缺陷波 F。

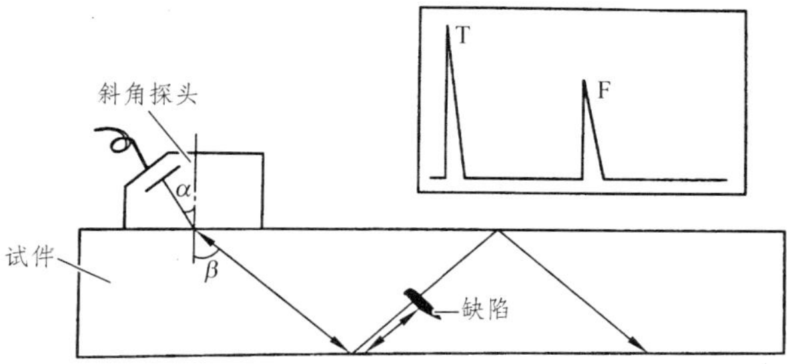

图 2-11 脉冲反射式斜角探伤法

（三）衍射时差法（TOFD）

衍射时差法（TOFD）是利用缺陷部位的衍射波信号来检测和测定缺陷尺寸的一种超声检测方法，通常使用纵波斜探头，采用一发一收模式。缺陷处的衍射现象如图 2-12 所示。

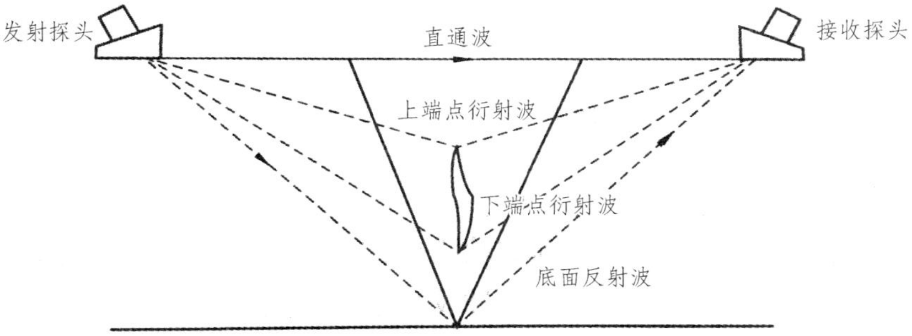

图 2-12　缺陷处的衍射现象

TOFD 方法一般将探头对称分布于焊缝两侧。在工件无缺陷部位，发射超声脉冲后，首先到达接收探头的是直通波，然后是底面反射波。有缺陷存在时，在直通波和底面反射波之间接收探头还会接收到缺陷处产生的衍射波（图 2-13）。除上述波外，还有缺陷部位和底面因波形转换产生的横波，因为速度小于纵波，因而一般会迟于底面反射波到达接收探头。

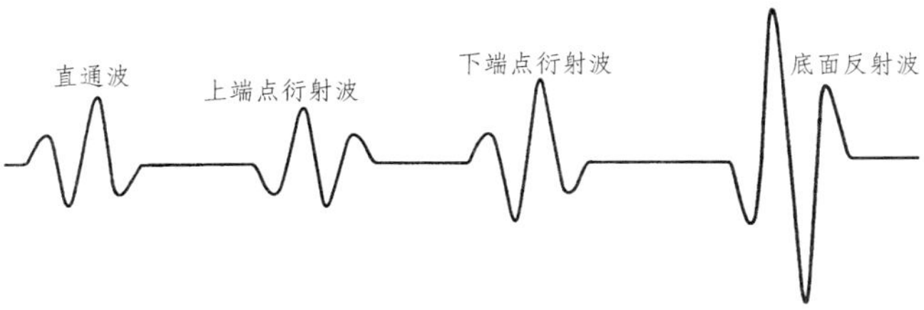

图 2-13　缺陷处 A 扫描信号

（1）主要优点：缺陷的衍射信号与缺陷的方向无关，缺陷检出率高；超声波束覆盖区域大；缺陷高度测量精确；实时成像，分析快速；缺陷的定量不依赖于缺陷的回波幅度；快速、安全、方便。

（2）局限性：由于 T0FD 的直通波和底面反射波均有一定的宽度，处于此范围的缺陷波难以被发现，因此在扫查面和底面存在几毫米的表面盲区；TOFD 信号较弱，易受噪声影响；倾向于“过分夸大”中下部缺陷和部分良性缺陷，如气孔、夹层等；TOFD 数据分析对检测人员要求高。

三、超声波探伤设备

超声波探伤仪是根据超声波的传播特性和电声转换原理，利用电子技术而制造的。超声波探伤仪的种类很多，有模拟式和数字式，有通用式和专用式，有固定式和便携式，有单通道和多通道等。

超声波探伤器（仪）是超声波探伤的重要设备，虽型号不一，但其基本结构均包括高频脉冲发生器、换能器（探头）、接收放大器和指示器 4 部分。超声波探伤仪是超声波探伤的主要设备，它的作用是产生电振荡并加于探头（或称为换能器），激励探头发射超声波，同时将探送回的电信号进行放大，通过一定方式显示出来，从面得到被探工件内有无缺陌及缺陷位置和大小等信息。

（一）模拟式超声波探伤仪

1. 工作原理

目前，超声波探伤中广泛使用的超声波探伤仪大多是 A 型显示脉冲反射式超声波探伤仪，A 型显示即波形显示，探伤仪显示荧光屏的横坐标代表声波的传播时间或距离，纵坐标代表反射波的幅度。由反射波的位置可以确定缺陷位置，由反射波的幅度可以估算缺陷的大小。A 型显示脉冲反射式超声波探伤仪的型号有 CTS-8C 型、CTS-21 型、CTS-22 型、JTS5 型、CRS-3 型。

A 型显示脉冲反射式模拟式超声波探伤仪的种类很多，功能不一，但基本电路和工作原理大致相同。它们一般都由同步、发射、扫描、接收、显示、电源、辅助单元（报警和深度补偿）和探头组成。A 型脉冲反射式超声波探伤仪的结构如图 2-14 所示。

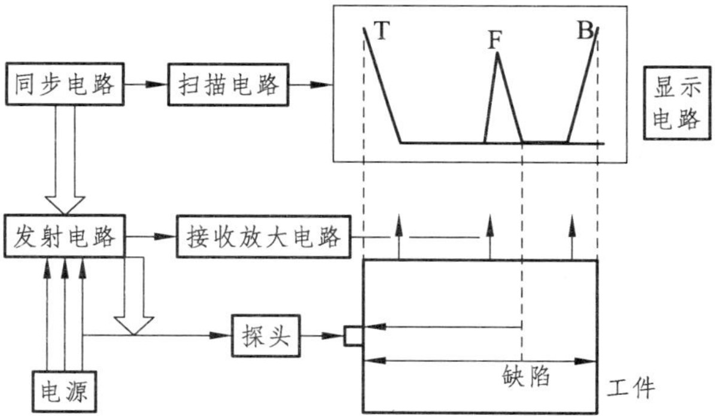

图 2-14　A 型脉冲反射式超声波探伤仪组成

同步电路又称为触发器，它每秒钟产生十至数千个触发脉冲，用来触发探伤仪的扫描电路和发射电路等，使之步调一致、有条不紊地工作。因此，同步电路是整个探伤仪的“中枢”。

扫描电路又称为时基电路，用来产生锯齿波扫描电压，加于示波管水平偏转板上，使示波管荧光屏上的点沿水平方向做等速移动，产生一条水平扫描线（即时基线）。

在发射电路中，利用闸流管或可控硅的开关特性，产生几百伏或几千伏的电脉冲，并加于发射头上，激发压电晶体片振动，使之发射超声波。

接收电路由衰减器、射频放大器、检波器和视频放大器等组成。它将来自探头的电信号进行放大、检波，最后加至示波管的垂直偏转板上，并在荧光屏上显示。

显示电路主要由示波管及外围电路组成，用来显示探伤图形。

电源的作用是给探伤仪各部分电路提供适当的电能，使整机电路工作。

A 型显示脉冲反射式超声波探伤仪的工作流程如下：同步电路产生的触发脉冲同时加至扫描电路和发射电路，扫描电路受触发开始工作，产生锯齿波扫描电压，加至示波管水平偏转板上，使电子束发生水平偏转，在荧光屏上产生一条水平扫描线。与此同时，发射电路受触发将高频窄脉冲加至探头上，激励压电晶片振动产生超声波。超声波在工件中传播，遇缺陷或底面发生反射，超声波返回探头时，又被压电晶片转换为电信号，经接收电路大和检波，加至示波管垂直偏转板上，使电子束发生垂直偏转，在水平扫描线的相应位置上产生缺陷波 F 和底波 B（T 为发射脉冲），根据缺陷波的位置可以确定缺陷埋藏的深度根据缺陷波的幅度可以估算出缺陷的当量大小。

2. 主要性能

水平线性：探伤仪荧光屏时间或距离轴上显示的信号与输入接收信号成正比关系的程度。

垂直线性：探伤仪荧光屏上显示的信号幅度与输入接收器的信号幅度成正比关系的程度。

动态范围：在增益调节不变时，探伤仪荧光屏上能分辨的最大与最小反射波高之比，即反射波高从 100%到消失所需要的衰减量。

灵敏度余量：超声探伤系统中，以一定电平表示的标准缺陷探测灵敏度与最大探测灵敏度之间的差值，其含义是仪器和探头组合检测最小缺陷的能力。

分辨力：有效辨别两个紧密相邻不连续的能力。

盲区：在一定探伤灵敏度下，从探测面到最近可探缺陷在被检工件中的深度。

电噪声电平：荧光屏上电噪声平均幅度在垂直刻度上的百分比。

（二）数字式超声波探伤仪

数字式超声波探伤仪是计算机技术和超声探伤仪技术相结合的产物。它是在模拟式超声探伤仪的基础上，采用计算机技术实现仪器功能的精确和自动控制、信号获取和处理的数字化和自动化、检测结果的可记录性和可再现性。因此，它具有模拟式超声探伤仪的基本功能，同时又增加了数字化带来的数据测量、显示、存储与输出功能。近年来，数字式仪器发展很快，有逐步取代模拟式探伤仪的趋势。

所谓数字式超声探伤仪，主要是指发射、接收电路的参数控制和接收信号的处理、显示均采用数字式方式的仪器。不同的制造商生产的数字式超声探伤仪，可能会采用不同的电路设置，保留的模拟电路部分也不相同。但最主要的一点是，探头接收的超声信号需经模-数转换、数字处理后显示出来。

1. 数字式与模拟式超声探伤仪的异同

（1）基本组成。

典型 A 型脉冲反射式数字式超声探伤仪的电路如图 2-15 所示。从它的基本构成来看，数字式仪器发射电路与模拟式仪器是相同的，接收放大电路的前半部分，包括衰减器和高频放大器等，与模拟式仪器也是相同的。但信号经放大到一定程度后，则由模-

数转换器将模拟信号变为数字信号，由微处理器进行处理后，在显示器上显示出来。对于模拟式超声波探伤仪上的检波、滤波、抑制等功能，数字式超声波探伤仪可以通过对数字信号进行数字处理完成，也可在模-数转换前采用模拟电路完成。数字式超声波探伤仪的显示是二维点阵式的，与模拟式仪器的显示方式有很大的不同，不再像模拟式仪器由单行扫描线经幅度调节显示波形，而是由微处理器通过程序来控制显示器实现逐点扫描。发射电路和模数转换器的同步控制不再需要同步电路，而是由微处理器通过程序来协调各部分的工作。

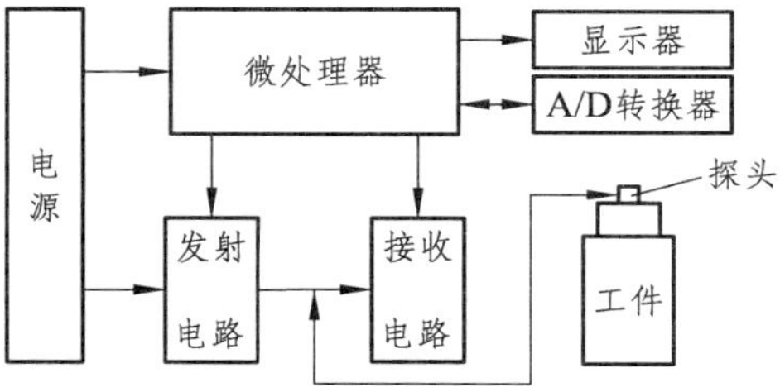

图 2-15　数字式超声波电路

（2）仪器的功能。

从基本功能来看，数字式仪器可提供模拟式仪器具有的所有功能，但各部分功能的控制方式是不同的。在模拟式仪器中，操作者直接拨动开关对仪器的电路进行调整，而在数字式仪器中，则要通过人机对话，用按键或菜单的方式，将控制数据输入给微处理器，然后由微处理器发出信号控制各电器的工作。微处理器还可以按照预先设定的程序，自动对仪器进行调整，这就给自动检测系统提供了极大的方便。

此外，数字化控制使得控制参数可以存储，可以自动按存储的参数重新对仪器进行调整从而方便检测过程的再现，检测波形的数字化使得仪器可进一步提供波形的记录与存储、波形参数的自动计算与显示（波高、距离等）、距离波幅曲线的自动生成、时基线比例的自动调整以及频谱分析等附加功能。

（3）仪器的性能。

从影响仪器性能的最基本的部分发射电路和接收电路来看，数字式仪器与模拟式仪器是相同的，仪器的灵敏度、分辨力、放大线性等差别不大，最主要的差别是数字式仪器中的模-数转换、信号处理和显示部分。这部分的性能决定着显示的信号是否失真。失真严重时，会影响缺陷的判定，造成漏检、误检。仪器这部分性能的主要影响参数有模-数转换器的模-数转换频率、字长和存储深度，以及显示器的刷新频率。

模-数转换（又称 A/D 转换）是通过对连续变化的模拟信号进行高速度、等间隔的采样，将其变换为一列大小变化的数字量的过程（图 2-16）。对这些数字量可以进行计算、处理显示。如果以数字的大小作为幅度，将这列数字仍按相同的间隔在直角坐标系中描绘出来，则重新构成了一个由分离的点组成的曲线，这就是数字化的波形。可见，若要重建的波形不失真，则需尽可能地增加采样密度，或者说，提高采样频率。模-数转换器的模-数转换频率，也就是每一秒钟脉冲的个数，是固定的。这个频率决定了可采集的超声波信号的最高频率。若模-数转换频率与超声波频率的比值不够大则可能采集不到最大峰值，严重时可引起漏检。

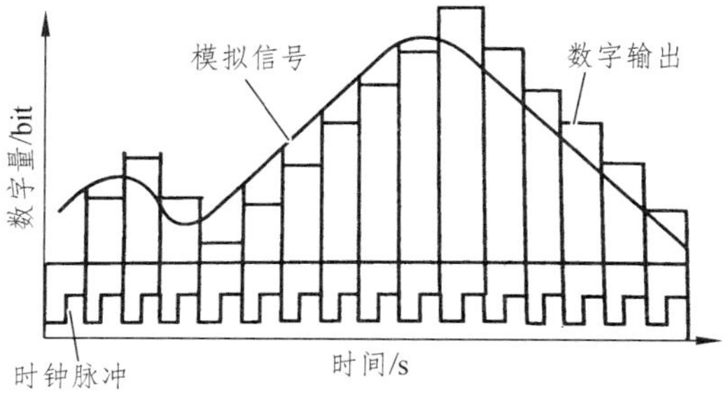

图 2-16　模-数转换示意图

模-数转换器的字长是指一个数字量用几位二进制数来表达，它决定幅度读数的精度一个 8 位的模-数转换器可表示的数字是 256，也就是说，可将幅度分为 256 个等级。采用数字检波后，半波幅度为 128 级，则理论精度约为 1%。但实际上，由于数字化过程的幅度误差实际精度要比这个数值要差一些。

模-数转换器的另一个参数是存储深度，即一个波形可存储的数据点的多少，或称数据长度。这个参数与采样频率有关联，决定着检测范围的大小。对于一定的检测范围，采样频率越高，则要求存储深度越大；对于一定的采样频率，存储深度越大，则检测范围也越大。

模-数转换后的数据，经计算处理后送到显示器显示，能否实时地把超声信号全部显示出来，与显示器的响应速度以及数据处理速度有关。显示器的刷新频率应与超声脉冲重复频相一致，这样才能保证所有信号得到显示，否则，也可能造成缺陷漏检。这个问题在早期的数字式仪器上表现得比较严重。

2. 数字式超声波探伤仪的优势与问题

数字式仪器与模拟式仪器相比的优势在于：接收信号的数字化使超声信号的存储、记录再现十分方便，改变了传统超声检测缺乏永久记录的缺点，同时，也方便了信号的分析与处理，从而可从接收的超声信号中得到更多的量化信息；显示器不需要传统的示波管，使得仪器可小型化；仪器参数的数字式控制使检测参数可以存储、检测过程的重现方便；还便于实现遥控等功能，为自动检测系统提供了更方便的条件。数字化使仪器功能可用软件不断扩展，可实现使一台仪器满足不同使用者的需求。

但是，数字式仪器也有一些不利因素，因其模-数转换器的采样频率、数据长度、显示器的分辨率、刷新速度等带来的信号失真，可能对检测信号的评价带来一定的影响。在使用数字式仪器时，必须对这些因素加以考虑，以免造成缺陷的漏检误检等问题。

四、超声波探伤仪的探头

（一）探头的作用

超声波的探伤中，超声波的发射和接收是通过探头来实现的。探头的作用是将电能装换为超声能（产生超声波）或将超声波转换成电能。将能量从一种形式转换为另一种形式的器件称为换能器，探头是一种电/声能量转换器件，因此，探头也称为超声换能器或电声换能器。探头的核心元件是薄片状压电晶体。压电晶体在受到拉伸或压缩时产生变形在晶体的界面上出现电荷的现象称为正压电效应。而在电场的作用下，晶体发生变形的现象，称为逆压电效应。正压电效应和逆压电效应统称为压电效应。能够产生压电效应的材料称为压电材料。压电材料多是非金属电介质晶体结构，故又称为压电晶体。压电晶体分为单晶体和多晶体。单晶体是各向异性体，其中有天然形成的单晶体材料，如石英（SiO_2）、电气石等；有人工培养拉制成的单晶体材料，如硫酸锂（$LiSO_4$）、碘酸锂（$LiIO_3$）、铌酸锂（$LNbO_3$）和酒石酸钾钠（KNT）等，单晶体的接收灵敏度较高。多晶体是各向同性的，它是人工烧制而成的，如钛酸钡（$BaTiO_3$）、钛酸铅（$PbTiO_3$）、锆钛酸铅（PZT）、偏铌酸铅（$PbNb_2O_2$）等，这些人工烧制的多晶体统称为压电陶瓷。

常用于制作超声探头的压电材料主要有石英、硫酸锂和锆钛酸铅。

超声波的产生与接收过程是：当探伤仪发射电路产生的高频脉冲加于探头时，激励压电晶片发生高频振动，产生超声波；相反，当超声波传至探头而使晶片发生高频振动时，晶片就产生高频电振荡，送至探伤仪接收电路，经放大与检波，在示波管上显示出波形，因此，探头是利用压电晶片的逆压电效应产生超声波，同时利用压电晶片的正压电效应接收超声波。

（二）探头的种类

1. 直探头

波束垂直于被探测工件表面入射的探头称为直探头。它用来发射和接收纵波，一般用于手工操作接触法探伤，这种探头既适合于单探头反射法，也适合于双探头穿透法。它由压电晶片、阻尼块、保护膜、壳体、高频接头、地线（电缆线）等基本元件组成，如图 2-17 所示。

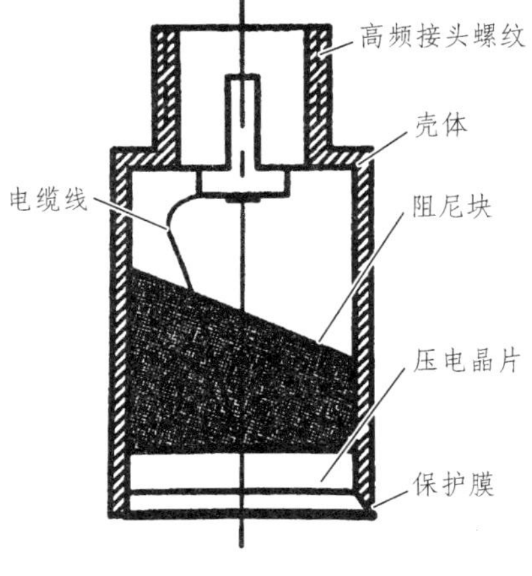

图 2-17　直探头的结构

压电晶片是探头的核心元件，用来发射与接收超声波。

阻尼块伏贴在压电晶片后面，用来吸收晶片的惯性振动与辐射声能。

保护膜用来保护压电晶片与电极，以防止其磨损与碰坏。

壳体一般由金属或塑料制成。

2. 斜探头

利用透声模块使声束倾斜于工件表面射入工件的探头，称为斜探头。以射入角的不同，可在工件中产生纵波、横波和表面波。通常所说的斜探头是指横波斜探头，斜探头主要由压电晶片、透声斜楔块、吸声材料、接头和壳体等组成，如图 2-18 所示。

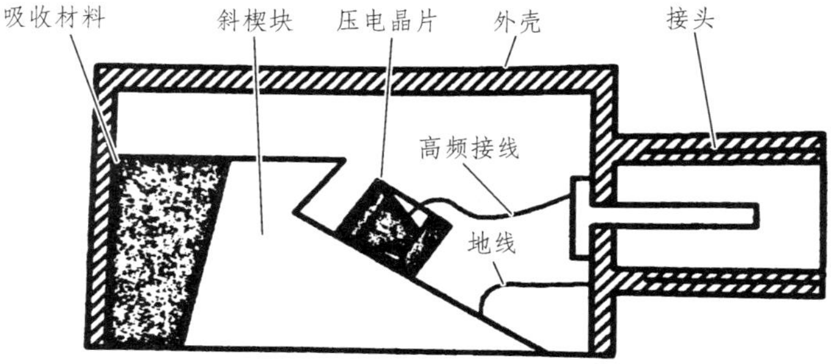

图 2-18　斜探头的结构

透声斜楔块材料常采用有机玻璃，它的衰减系数适宜，加工方便。透声斜楔块的形状对杂波占宽影响较大。透声斜楔块前部和上部常开有消声槽，使声波漫散射，以减少杂波幅度。

斜探头根据声束入射角的不同，会在工件中产生折射角不同的横波。横波斜探头的标称方式有 3 种。

（1）以纵波入射角作为标称，有 30°、45°、50°和 55°。

（2）以钢中的横波折射角作为标称，有 40°、45°.50°60°和 70°等。

（3）以铜中的折射角正切值（K）作为标称，常用探头的 K 值有 1、1.5、2、2.5 和 3。

有机玻璃斜探头的入射角与在钢中的横波折射角的关系见表 2-3，K 值与折射角的关系见表 2-3。

表 2-3　有机玻璃斜探头的入射角与在钢中的横波折射角的关系

入射角	30°	45°	50°	55°
折射角	36°	57°	65°	76°

表 2-4　K 值与钢中的横波折射角的关系

K	1	1.5	2	2.5	3
折射角	45°	56°	63°	68°	72°

3. 表面波探头

表面波探头是斜探头的一个特例。

当斜探头入射角等于第二临界角时，由波形转换器得到沿被探测材料表面传播的表面波，这种斜探头称为表面波探头。（注：当第二介质中的横波波速大于第一介质中的纵波波速时，才会出现第二临界角）

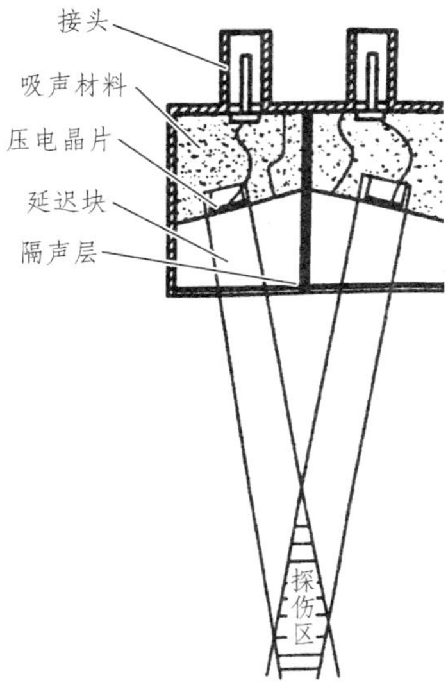

图 2-19　双晶探头的结构

4. 双晶探头

双晶探头又称为联合双探头或分割式 TR 探头，它有两个压电晶片，装在同一个壳体内。一个晶片发射，另一个晶片接收，两个晶片之间用隔声层隔开，防止发射声波直接传入接收晶片。晶片前面带有有机玻璃延迟块，使声波延迟一段时间进入工件由于发射和接收分开，并且使用了延迟块，所以大大减少了盲区，利于近表面缺陷的探测。典型双晶探头的结构如图 2-19 所示。

5. 探头主要部件的作用

（1）压电晶片。

压电晶片具有电能和声能相互转换的功能，将电能转变成声能（发射）是逆压电效应作用，将声能转变成电能（接收）是正压电效应作用。压电晶片的材料有石英、硫酸锂等单晶材料和钛酸钡、钛酸铅等压电陶瓷材料。用石英材料做晶片的探头，其特点是：电性能和机械性能最稳定，因此标准探头均用石英晶片制作，其居里点高（570 °C），能在高温下工作，但电声转换率差，灵敏度较低。钢轨探伤所用的探头晶片多数采用钛酸铅压电陶瓷材料制作而成。

压电晶片的振动频率，即探头的工作频率 f 取决于晶片厚度 T_g，以及超声波在晶片材料中的传播速度 c，它们之间的关系式：$f=c/2T_g$。

由上式可知，晶片的振动频率与晶片厚度呈反比关系，即晶片厚度越薄，振动频率越高；反之，晶片越厚，振动频率越低。

（2）阻尼块。

与晶片或楔块组合具有高阻尼效率的块状物体称为阻尼块，其作用是阻止晶片的惯性振动和吸收晶片背面辐射的声能，以减小脉冲宽度和杂信号干扰。通常用钨粉和环氧树脂或其他特种材料按一定比例配制而成。

（3）保护膜。

为使探头与工件接触移动中不损坏晶片，常在晶片前面附一层保护膜。保护膜有硬质保护膜（如陶瓷、金属片等）和软质保护膜（如有机玻璃、聚氨酯薄膜、尼龙等），硬质保护膜虽耐磨，但耦合条件要求高，透声性能差。软质保护膜一般比硬质保护膜的适声性能高 3 ~ 5 倍，且具有较好的耦合条件，为此对探测面光洁度较差的工件多数使用软质保护膜。钢轨探伤使用的探头保护膜一般选用尼龙 1010 材料，其衰减系数约为 5 dB/cm，具有良好的透声性。

（4）连接线。

探头须用高频电缆与探伤仪连接，常用同轴电缆作高频电缆，其作用是为消除外来电波对探头内激励脉冲和回波脉冲的干扰，同时防止高顺脉冲以电波形式向外辐射，但这种电缆比一般电缆脆弱，弯曲过大易损坏，使用时应多加注意。

（5）斜楔块。

斜探头与直探头的不同就是多了一块透声的斜楔块，其作用是产生波形转换和改变声束传播方向，它可以将纵波转换成横波或表面波或板波，转换后的波形种类取决于斜楔块的倾角和组成界面（楔块和工件或耦合层）的两种介质声速。为降低斜楔内返回晶片的声能，常在斜楔块前端和上部制作成齿状的消声槽，以减少楔块内反射造成的杂波干扰。斜锲块常用材料是有机玻璃，它具有加工方便、衰减系数适宜的优点。

（6）延迟块。

为使超声发射脉冲持续时间等影响落在延迟过程中，而附加在探头晶片前的透声材料称为延迟块。如双晶片直探头前的块状物体，常用有机玻璃制作，它加工方便，透声效果较好，还可以根据探测的需要将两块延迟块制成一定的倾角，使声束能量集中在需要重点探测的区域内。如钢轨探伤中 37°探头和 0°探头的声束交区一般声程为 80 ~ 100 mm，这样有利于对螺孔裂纹的探测。

（7）隔声层。

双晶片探头中为使接收晶片和发射晶片在声路上分割开来，在两片晶片之间夹一吸声性强的隔片，该隔片称为隔声层。常用软木制成，它具有价格便宜、隔声效果好的优点。如果隔声层不良则会产生信号泄漏现象，超声信号穿过预设隔声层，进入接收放大电路，会产生异常回波显示，干扰对探伤回波的识别。

（三）探头的型号编制和性能定义

探头型号的组成项目及其排列顺序规定如下：

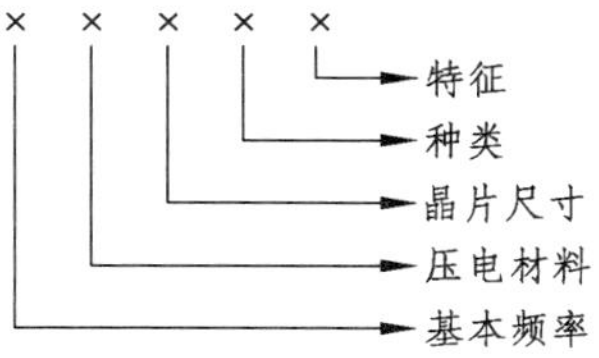

（1）基本频率：用阿拉伯数字表示，单位为 MHz。

（2）压电材料：用化学元素缩写符号表示，见表 2-5。

表 2-5　压电材料用化学元素缩写符号表示

压电材料	代号	压电材料	代号
锆钛酸铅陶瓷	P	铌酸锂单晶	L
钛酸钡陶瓷	B	碘酸锂单晶	I
钛酸铅陶瓷	T	石英材料	Q
其他压电材料	N		

（3）晶片尺寸：用阿拉伯数字表示，单位为 mm。其中圆形晶片用直径表示；方形晶片用长宽表示；分割探头用分割前的晶片尺寸表示。

（4）种类：用一个或两个汉语拼音缩写字母表示（见表 2-6），其中直探头可以不标出。

表 2-6　种类表示代号

种类	代号	种类	代号
直探头	Z	表面波探头	BM
斜探头（用 *K* 值表示的）	K	可变角探头	KB
斜探头（用折射角表示的）	X	水浸探头	SJ
分割探头	FG		

（5）特征：斜探头钢中折射角正切值（*K* 值）和折射角用阿拉伯数字表示，折射角单位为°。分割探头钢中声束交区深度用阿拉伯数字表示，单位为 mm，分割直探头和分割斜探头分别用汉语拼音字母 Z 和 X 作为代号。

例 1：

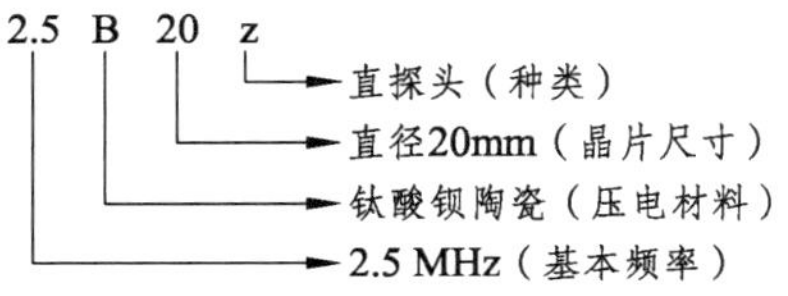

例 2：

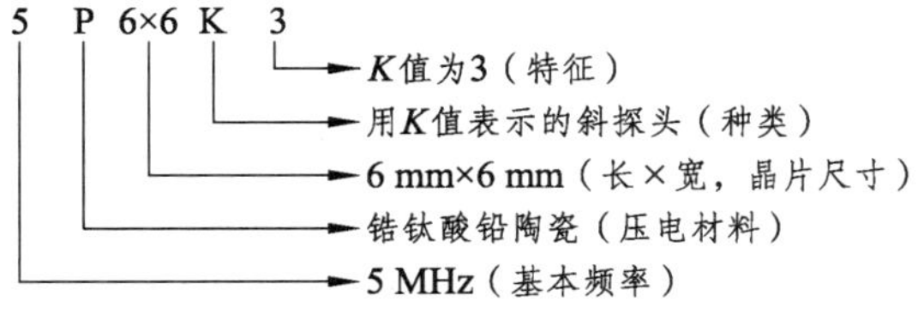

（四）探头的选择

探头的选择包括探头的形式、频率、晶片尺寸和斜探头 *K* 值的选择。

1. 探头形式的选择

根据被测工件的形状和缺陷可能出现的位置、方向等条件来选择探头的种类，使声束轴线尽量与缺陷相垂直。

直探头只能发射和接收纵波，波束轴线垂直于探测面，主要用于探测与探测面平行的缺陷，如锻件、钢板中的夹层、折叠等缺陷。

斜探头是通过波形转换来实现横波探伤的，主要用于探测与探测平面垂直或呈一定角度的缺陷，如焊缝中的未焊透、夹渣和未熔合等缺陷。

表面探头用于探测工件表面的缺陷，双晶探头用于探测工件近表面的缺陷。

2. 探头频率的选择

探头频率的高低对探伤影响较大。超声波探头的频率一般选择在 0.5 ~ 10 MHz。探头频率高，则指向性好、灵敏度和分辨率高，对探伤有利。但探头频率太高，会增大近场区长度（波源轴线上最后一个声压极大值至波源的距离称为近场区长度），衰减也大，对探伤不利。一般来说，在保证探伤灵敏度的前提下，应尽可能选择较低的频率。

对于晶粒较细的锻件、轧制件和焊件等，一般选用较高的探头频率，常采用 2.5 ~ 5.0 MHz 的频率。对于晶粒较粗大的铸件、奥氏体钢等，一般选用较低的探头频率，常采用 0.5 ~ 2.5 MHz 的频率。如果探头频率过高，会引起严重衰减，示波屏上会出现“林状回波”，信噪比下降，甚至无法探伤。

3. 探头晶片尺寸的选择

探头晶片的尺寸大小对声束指向性、近场区长度、近距离和远距离扫描范围、缺陷查出能力有较大的影响。实际探伤中，当探测探伤面积范围大的工件时，为了提高探伤效率宜选择大晶片探头；当探测探伤厚度较大的工件时，为了有效地发现远距离的缺陷，也宜使用大晶片探头。当探测小型工件时，为了提高缺陷定位定量精度，宜选用小晶片探头。当探测探伤表面不太平整、曲率较大的工件时，为了减少耦合损失，宜选用小晶片探头。

4. 横波斜探头 K 值的选择

在横波斜探伤中，探头的 K 值对探伤的灵敏度、声束轴线的方向、一次波的声程（入射点至底面反射点的距离）有较大的影响。在实际探伤中，当工件厚度较小时，应选择较大的 K 值，以便增加一次波的声程，避免近场区探伤；当工件厚度较大时，应选择较小的 K 值，以减小声程过大引起的衰减，便于发现较深处的缺陷。在焊缝探伤中，还要保证主声束能扫查整个焊缝截面。对于单面焊接根部未焊透，还要考虑端角反射问题，应使 K 值为 0.7 ~ 0.5，因为当 $K<0.7$ 或 $K>1.5$ 时，端角反射率很低，容易引起漏检。

五、超声波探伤在铁道机车车辆上的应用

本节以车辆轮对为例，介绍超声波探伤工艺流程。

对轮对进行超声波探伤的目的，主要是为了发现轮座被轮毂包围部分的裂纹、轮座

与车轮轮箍孔接触不良及车轴透声不良等故障，另外还为了检查不退轴承或轴承内圈时滚动轴承车轴轴颈卸荷槽部位有无裂纹。

（一）对轮座的探测方式

（1）对轮座镶入部用大角度斜探头从轴颈探测或从车轮内侧轴身上探测，如图 2-20 所示。这种方法采用横波探伤，易于发现小的缺陷，也易于确定缺陷的位置。

（2）对轮座镶入部用小角度斜探头从轴端面探测。这种方法比较简单，而且轮对未从车辆上分解下来时也可探测，但这种方法采用纵波探测，对于同频率的超声波，因纵波速度大于横波速度，且纵波波长也大于横波波长，因此纵波探测发现小缺陷的能力低于横波探测，而且小角度斜探头对缺陷的位置和大小判断不如大角度斜探头准确。《铁道车辆轮轴探伤工艺规程》中规定对于滑动轴承轮对，探测轮座镶入部外侧时可使用小角度纵波探头；对于滚动轴承车轴、不退轴承或轴承内圈探伤，应使用小角度纵波探头由轴端面检查轴颈卸荷槽。

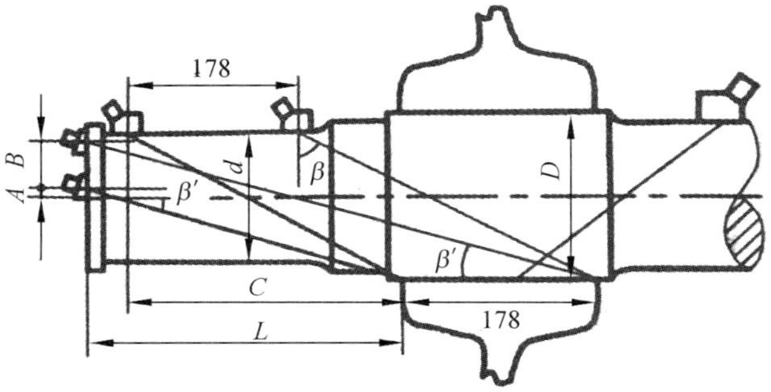

图 2-20　超声波探测轮座时探头的位置

（3）用直探头从轴端面对车轴进行穿透检查，以确定车轴是否透声良好，《铁道车辆轮轴探伤工艺规程》中规定直探头晶片直径应为 20 mm。

（二）超声波探伤轮对的主要过程

1. 校验仪器性能

每日开工前应检查探伤仪的技术状态。

（1）接通电源打开仪器后，首先连接好探头和探头连接线。

（2）调节仪器的水平旋钮和垂直旋钮，使时间基线与水平刻度线重合，始波前沿对准刻度 0。

（3）调节辉度旋钮，使荧光屏亮度适中。

（4）调节聚焦旋钮和辅助聚焦旋钮，使时间基线清晰。

（5）将仪器其他各部位的旋钮置于适当位置。

（6）使用标准试块标定测距，确定探伤灵敏度，并在半轴实物试块上进行当量对比检验。

2. 对轮对进行外观检查

外观检查轮对有无故障迹象，钢印是否符合超声波探伤条件。

3. 估计探头在车轴上放置的位置并涂耦合剂

（1）采用小角度纵波探头时，探头置于轴端面，应在顶针孔与轴端外圈之间涂耦合剂。

（2）采用大角度横波探头时，探头在轴颈或轮座内侧沿轴向移动。以 40°斜探头为例，超声波在车轴内的折射角约为 50°，由下式计算出：

$$\sin\beta = \frac{\text{钢内横波速度}}{\text{有机玻璃内纵波速度}} \times \sin 40° = \frac{3\,230}{2\,700} \times 0.642\,8 = 0.769$$

如图 2-20 所示，探头置于轴颈表面，轮座部分的缺陷位置在轮座表面，轴颈表面至相对侧轮座表面的垂直距离为 $d/2 + D/2$。要探测轮座上靠轮最外侧处的缺陷，探头与轮箍最外侧画的水平距离 C 应为（$d/2 + D/2$）$\times \tan\beta$，设 $d = 140$ mm，$D = 180$ mm，则 $C = 192$ m：而要探测轮座上靠近轮最内侧处的缺陷，探头与轮毂外侧面的水平距离应为 C-178（mm）。如果在轴颈上无法探测到轮座上靠近轮内侧面处的缺陷，应将探头置于车轮内侧的轴身上，探头位置也是参照上述方法估算。

按给出的移动范围在轴颈或轴身上涂耦合剂。耦合剂一般使用机油。

当用直探头和小角度斜探头置于轴端面进行检查时，滑动轴承轮对及退下轴承或轴承内圈的滚动轴承轮对使用机油等耦合剂，不退滚动轴承的轮对使用铁道车辆Ⅱ型滚动轴承脂作耦合剂。

4. 探伤操作

在轴端面用小角度探头或直探头探伤时，探头应沿轴端面半径方向往复运动，同时轮对缓慢转动。探头在轴端移动的轨迹按轴型分别参照图 2-21（a）、（b）、（c）所示的 3 种情况。

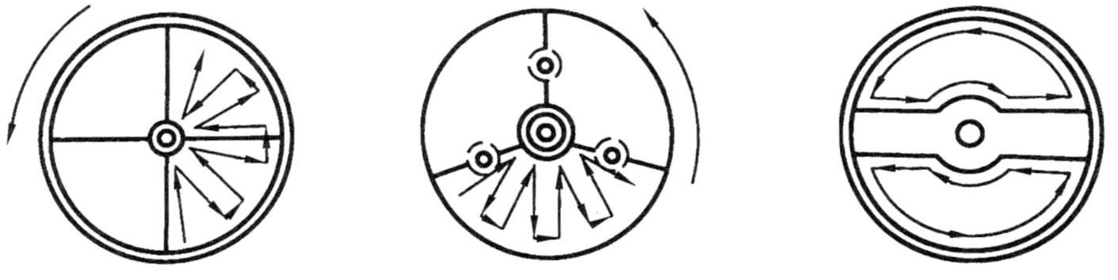

（a）滑动轴承轮对　　（b）滚动轴承轮对　　（c）轴端大螺母轮对

图 2-21　各型轮对探伤检查时探头在轴端移动的轨迹示意图

用大角度探头探伤，探头应沿轴颈或轴身表面母线往复运动，同时轮对缓慢转动。探头移动的区域按轴型参照图 2-22（a）、（b）所示的两种情况。

对滑动轴承轮对及退下轴承或轴承内圈的滚动轴承轮对轮座镶入部用斜探头探伤时，轮座内侧在轴身上进行，轮座外侧在轴颈上进行。探头的移动区域必须保证在两侧探测的区域之和大于轮座全长，即必须保证探头主声束扫查轮座全长。

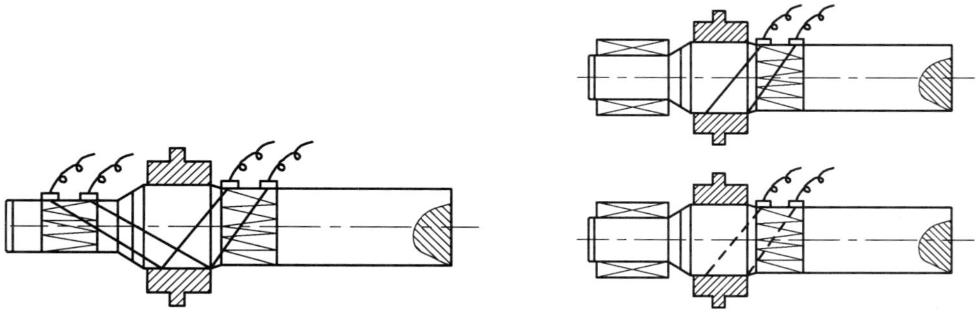

（a）滑动及退下轴承（或内圈）　　（b）不退轴承（或内圈）

图 2-22　探伤检查时滚动轴承轮对斜探头移动区域及轨迹（沿轴颈或者轴身表面往复移动）

在探测时，探头应与车轴表面密贴，互相之间应有 1.96 ~ 49 N 的均匀压力，探头移动速度为 20 ~ 50 m/s。

探头移动时，应密切注意荧光屏上的图像，发现疑点时应反复探测，或改变探测方式和探头角度来判断故障。

任务三　电磁探伤无损检测

教学目标

1. 能力目标

能够利用电磁探伤设备对车轴、轮对和滚动轴承等机车车辆的配件探伤。

2. 知识目标

掌握电磁探伤作用、电磁探伤原理、磁力线方向与缺陷方向的关系；掌握磁粉探伤程序，掌握磁化的定义、方法和方式，掌握退磁的定义、情况、方法和原理；了解常见缺陷及其显示方式。

3. 素质目标

掌握电磁探伤技术的应用，能够规范操作探伤设备。

工作任务

任务名称	任务布置
电磁探伤无损检测	掌握电磁探伤原理和电磁探伤的方法； 掌握常见缺陷的显示形象和特征； 掌握非缺陷的假显示及确认缺陷的方法； 掌握磁粉探伤的程序及探伤设备； 掌握电磁探伤技术的应用

<table>
<tr><td colspan="3">小组讨论</td></tr>
<tr><td colspan="3">1. 问题导入
（1）什么是漏磁？什么是漏磁场？
（2）漏磁场的大小取决于磁力线和缺陷的相对位置，有哪几种相对位置？</td></tr>
<tr><td>序号</td><td>漏磁场磁力线和缺陷相对位置</td><td>特点</td></tr>
<tr><td>1</td><td></td><td></td></tr>
<tr><td>2</td><td></td><td></td></tr>
<tr><td>3</td><td></td><td></td></tr>
<tr><td colspan="3">2. 归纳总结
（1）电磁探伤作用及原理。
（2）磁力线方向与缺陷方向的关系。
（3）磁粉探伤程序、常见缺陷及显示方式</td></tr>
</table>

相关知识

电磁探伤是材料的无损检测方法之一，主要用于发现金属表面的裂纹。电磁探伤，是通过磁粉在缺陷附近漏磁场中的堆积以检测铁磁性材料表面或近表面处缺陷的一种无损检测方法，即将钢铁等磁性材料制作的工件予以磁化，利用其缺陷部位的漏磁能吸附磁粉的特性，依磁粉分布显示被探测物件表面缺陷和近表面缺陷的探伤方法。该探伤方法的特点是简便、显示直观，并且有较高的检测灵敏度。

在工业中，磁粉探伤可用来做最后的成品检验，以保证工件在经过各道加工工序（如焊接、金属热处理、磨削）后，在表面上不产生有害的缺陷。它也能用于半成品和原材料（如棒材、钢坯、锻件、铸件等）的检验，以发现原来就存在的表面缺陷。在铁路运输部门设备定期检修时对重要的钢制零部件（如轮对、转向架构架、钩舌等）也常采用磁粉探伤，以发现使用中所产生的疲劳裂纹等缺陷，防止设备在继续使用中发生灾害性事故。

一、电磁探伤的原理

铁磁性材料在磁场中被磁化后，其缺陷处会产生漏磁，电磁探伤就是根据这个原理来发现铁磁性材料的缺陷的。例如，当对某一零件沿轴向方向通以电流时，在这个零件中将产生封闭的磁力线，磁力线通过截面大小不一的铁磁性材料时，磁力线的密度也随之改变，由于其他物质（如空气、非金属夹杂物等）的磁导率比铁磁性材料的磁导率小得多（相差悬殊，一般铁磁性材料的磁导率是空气、非金属夹杂物磁导率的 $10^2 \sim 10^4$ 倍），因而，零件表面或近表面处有裂纹、气孔或杂物等缺陷时，将阻碍磁力线通过，即磁阻增大，磁力线会产生弯曲现象。如图 2-23 所示，材料的缺陷为一个裂纹，这个裂纹扰乱了磁力线的正常分布，原来均匀分布的磁力线，有一部分就被“挤到”裂纹尖端的下部，另一部分则穿过裂纹，还有一部分被“挤到”裂纹尖端的上表面，这时，磁力线不但会在零件内部产生弯曲，而且还会有一部分磁力线绕过缺陷暴露在空气中，即产生了漏磁现象。这种漏磁在零件表面产生局部漏磁场，这个漏磁场便能吸附磁铁粉形成磁痕，因而零件上的缺陷被显示出来。

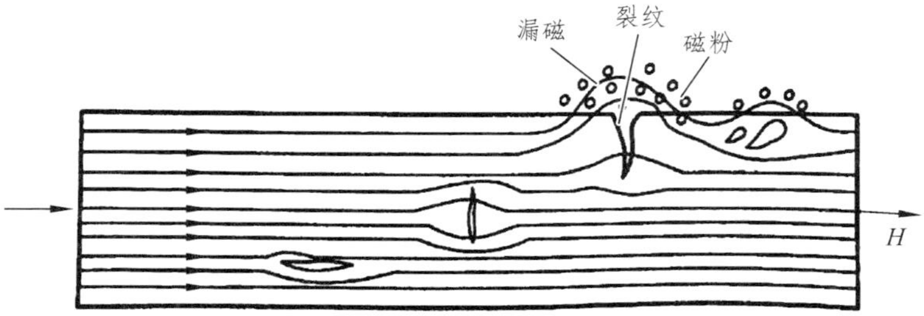

图 2-23　漏磁现象试验

漏磁场：磁力线离开表面又进入工件表面的地方有漏磁场产生。漏磁场的大小取决于磁力线与缺陷的相对位置，分 3 种情况：

（1）磁力线与缺陷垂直，漏磁场最强，有利于检出缺陷。

（2）磁力线与缺陷平行或夹角在 0 ~ 45°，漏磁场最弱，不能检出缺陷。

（3）磁力线与缺陷的夹角为 45° ~ 90°，可检出缺陷，但灵敏度降低。

由于这种关系，探伤时一般要对工件进行两个方向的磁化，从而检查全方位的缺陷。

让我们做一个实验来说明（见图 2-24）。取一个矩形软铁心，绕若干线圈导线，在线圈中通以电流，铁心中会产生磁力线，这时如果用铁棒去接近它，可发现铁心对铁棒并没有吸力，但如果在矩形铁心的某一边有一裂口，则在此裂口处便产生磁力，这是由于有了裂口而出现了两个不同极性的磁极，从而在两个磁极处产生漏磁，形成漏磁场的缘故。

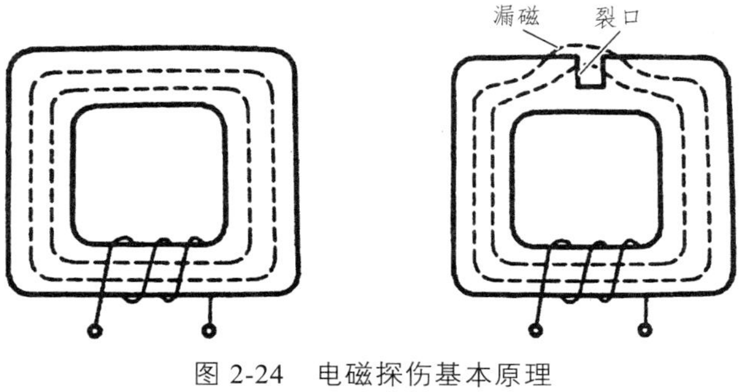

图 2-24　电磁探伤基本原理

同样，如果用一个线圈去磁化一根铁棒，铁棒中便有磁力线通过，这时，如果这个铁棒表面有一个裂纹，则在这个裂纹处就会产生漏磁，形成局部磁场，如撒上磁粉的话，磁粉便聚集在裂纹处形成磁痕，我们就可以凭着磁粉的痕迹，辨别出铁棒上裂纹的存在以及裂纹的位置、大小及形状，这就是电磁探伤的基本原理。

由于裂纹或缺陷的长短和深浅不同，所以，不同裂纹处的磁力线也有所不同，即形成的局部漏磁场强度也有所不同。这样，在不同裂纹处磁粉聚集的粗细也不一样。因此，从聚集磁粉的形状便可大致判断出裂纹的长度和深度。

磁粉探伤适用于检测铁磁性材料表面和近表面尺寸很小、间隙极窄（如可分别检测出长 0.1 ~ 0.5 mm、宽为微米级、深几十微米的裂纹），目视难以看出的不连续性缺陷。

对于位于材料内部较深的缺陷，采用电磁探伤是不太容易发现它的。这是因为，虽然磁力线遇到缺陷会弯曲，但如果缺陷离零件表面较远，磁力线不太可能泄漏到零件表面，因而零件表面各处磁力线相差不大，磁粉不易集中，缺陷就难以被发现。对于那些离零件表面较近的内部缺陷（表皮下 0.5 mm 左右），由于有少许磁力线泄漏，会有比较微弱和不太清晰的磁粉集中，有经验的探伤工人就可以发现缺陷的存在。如果采用较强的直流磁化电源和磁性性能较好的磁粉，也可以检查出距零件表面以下 7 mm 深处的缺陷。

注意，上述电磁探伤原理是基于磁力线方向与缺陷蔓延方向之间有一定夹角或相互垂直的情况下的缺陷检测。如果磁力线方向与裂纹方向相一致时，则裂纹不阻碍磁力线通过，此时磁力线既不弯曲也不泄漏，磁粉也不会集中，这样，裂纹就不会被发现。所以，在进行电磁探伤时，为了检查出不同方向的裂纹，需要对零件进行不同方向的磁化，以产生几种不同方向的磁力线来检查各个方向的裂纹。一般情况下只采用两种方向，即纵向与圆周方向的磁化，用来检查横向裂纹和纵向裂纹。对于斜裂纹，可以在纵向磁化时，将探测器或零件略加倾斜来发现它。

对于表面涂有油漆或镀有铬、锌、铜、镉的零件，也可以不清除镀层而直接进行电磁探伤检查，不过灵敏度会降低。

在电磁探伤中，当磁力线方向与缺陷的方向相垂直时，缺陷对磁力线通过的阻碍最大，产生的漏磁场也最强，因而探伤灵敏度最高；反之，如果磁力线的方向与缺陷的方向相平行或夹角很小（$\alpha<20°$）时，则缺陷不阻碍磁力线的通过，即不会形成漏磁场，缺陷不会被显示出来。因此，在进行电磁探伤时，要根据缺陷最可能的取向来选择磁化磁场的方向，这样才能有把握地查出零件上的缺陷而不会漏检。

从电磁探伤实践中得到的结论：

（1）缺陷的磁导率越小，则漏磁场强度越强。

（2）外加磁场强度的大小是决定漏磁场强度的关键。只有当外加磁场能磁化被探测零件，其磁感应强度 B（或 B_r）≥800 Gs 时，才能在微小缺陷处产生较强的漏磁通，吸引磁粉，呈现出缺陷的磁痕。

（3）缺陷越深，漏磁场强度越大，磁粉堆积越多，缺陷显示越清晰。

（4）缺陷在表面时漏磁通大，缺陷在表面以下时漏磁通显著变小，而位于表面以下很深的地方，则几乎没有漏磁通泄漏于空间中。

（5）磁力线与缺陷趋向越接近垂直，产生的漏磁通越强。若磁力线与缺陷趋向接近平行，则不产生漏磁通。

电磁探伤的具体适用范围如下：

（1）适用于铁磁性材料：碳钢、合金结构钢、电工钢、马氏体不锈钢、沉淀硬化钢，不适用于检测非铁磁性材料，如铜、铝、镁、钛及其合金，奥氏体不锈钢和奥氏体不锈钢焊条焊接的焊缝。

（2）适用于原材料检验（管材、棒材、板材、型材）、半成品检验、成品检验（焊接件、铸件、锻件）、在役检验（如车轴）。

（3）适用于检验工件的表面和近表面缺陷，如裂纹、白点、发纹、气孔、夹杂、折叠等。

（4）不适用于检测表面浅而宽的缺陷、针孔、埋藏深度较深的缺陷以及与表面夹角小于 20°的分层。

二、电磁探伤的方法

（一）磁化方法

在电磁探伤中，通过外加磁场使工件具有磁性的过程称为工件磁化。常用的磁化方法有周向磁化法、纵向磁化法和多向磁化法。

1. 周向磁化法

周向磁化是指给工件直接通电，或者使电流流过贯穿空心工件孔中的导体。

目的：在工件中建立一个环绕工件的，并与工件轴垂直的周向闭合磁场，用于发现与工件轴平行的纵向缺陷，即与电流方向平行的缺陷。

根据被检工件的形状和大小，周向磁化方法又可分为直接通电法、中心导体法、触头法和平行电缆法等多种。

1）轴向通电法

轴向通电法是将工件直接通以电流，使工件周围和内部产生周向磁场，如图 2-25 所示。

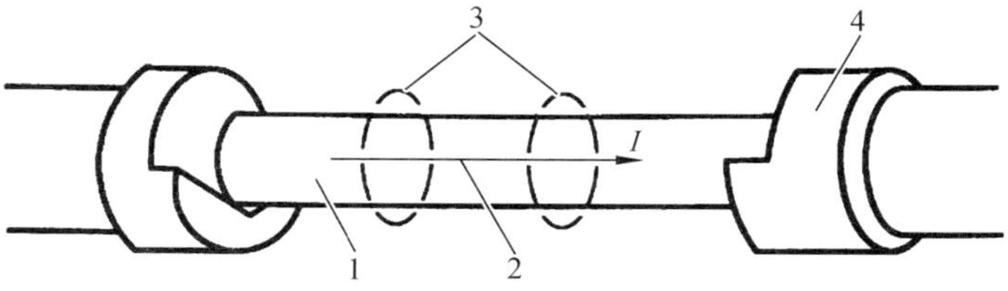

1—工件；2—电流；3—磁力线；4—电极。

图 2-25　轴向通电法

2）中心导体法

对于管件和环形工件的纵向缺陷，可采用中心导体法，如图 2-26 所示。

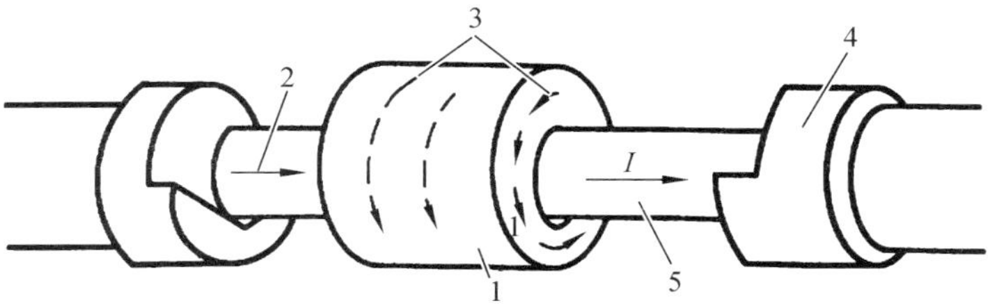

1—工件；2—电流；3—磁力线；4—电极；5—心杆。

图 2-26 环形工件的中心导体法

3）触头法

触头法是一种局部磁化法，如图 2-27 所示，它使用一对圆锥形的铜棒作为两个通电电极，铜棒的一端通过电缆与电源连接，另一端与工件接触。通电后，电流通过两个触头施加在工件表面，形成以触头为中心的周向磁场。

图 2-27 触头法

4）平行电缆法

平行电缆法常用来对焊缝做周向磁化以探测工件上的纵向裂纹，如图 2-28 所示。

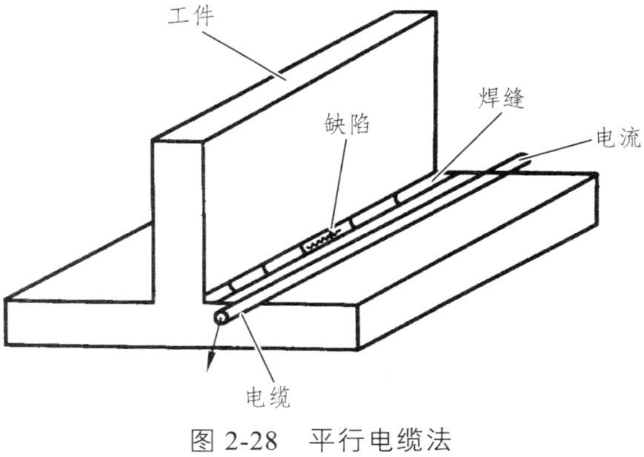

图 2-28 平行电缆法

2. 纵向磁化法

纵向磁化法是指在被检工件中建立起沿其轴向分布的纵向磁场的磁化方法，其目的是检测取向基本与工件轴向垂直的缺陷。

1）线圈法

如图 2-29 所示，线圈法对工件进行磁化后，所产生的磁力线与工件的轴线平行，常用来检测与工件或焊缝轴线垂直的缺陷。

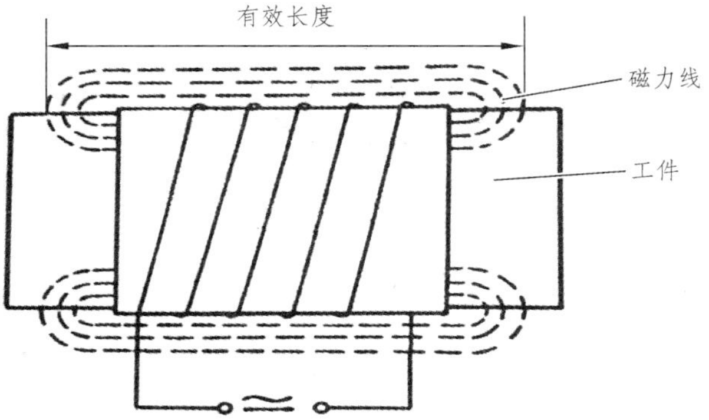

图 2-29　线圈法

2）磁轭法

磁轭法用于检测焊缝中的纵向缺陷，适合于焊接件及各种大、中型工件的局部检测，如图 2-30 所示。

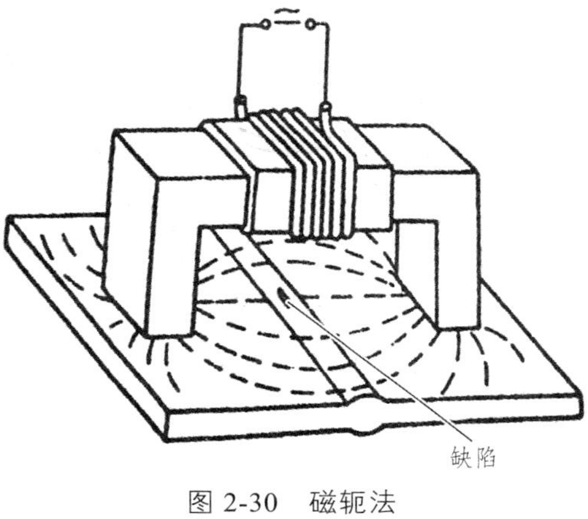

图 2-30　磁轭法

3. 多向磁化法

多向磁化法是指通过复合磁场，在工件中产生一个大小和方向随时间成圆形、椭圆形或螺旋线变化的磁场，因为磁场的方向在工件上不断地变化，所以可发现工件上所有方向的缺陷，如图 2-31 所示。

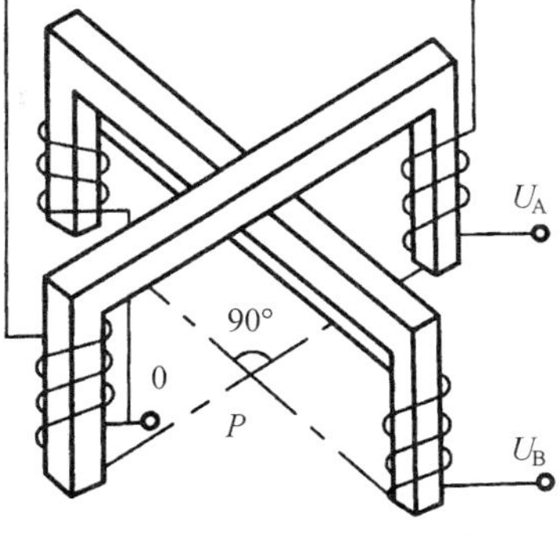

图 2-31　交叉磁轭的结构

（二）退磁及后处理

1. 退　磁

退磁就是将工件内的剩磁减少到零或最小的操作过

程，使剩磁对工件的使用性能不产生不利影响。

下述几种情况必须进行退磁：

（1）需要再次进行磁粉检测的工件，而前一次检测留下的剩磁对工件以后的磁化有影响。

（2）工件上的剩磁对以后的机械加工会造成困难。

（3）工件上的剩磁对测量仪器的操作或精度会造成不良影响。

（4）轴承、轴套、齿轮等配合良好的运动件，如有剩磁存在，会吸引金属微粒，加快工件的磨损而损坏。

2. 退磁原理

退磁就是使构件内的剩磁减为零，也就是打乱构件内由于磁化而取向一致排列的磁畴，从而使之恢复到未磁化前的杂乱无章的状态，最终使工件对外不再显示磁性。退磁的方法是加以反向外磁场，并交替变化且逐渐减弱至零，于是剩下磁场被逐步减弱直至变为零，总的来说，退磁后剩磁场的磁感应强度不大于 3 Gs。

3. 退磁方法

（1）交流退磁法。

常用的交流退磁法是把工件放入通以交流电的退磁线圈中，然后将工件通过并逐渐离开线圈至 1.5 m 外，或者将工件放入退磁线圈中不动，而逐渐将电流降低到零，即可实现退磁。

（2）直流退磁法。

用直流电产生的磁场对工件进行退磁的方法，称为直流退磁法。直流电退磁时，既要不断变换电流的方向，同时又要逐渐减小电流强度。

4. 后处理

经退磁检测的工件要进行后处理。对检验合格的工件，要去除工件表面残留的磁粉、磁悬液，如果使用水磁悬液，清洗后应进行脱水防锈处理。经检验不合格的工件应另外存放，并在工件上标记缺陷的位置和尺度范围，以便进一步验证和返修。对于无法返修的报废品，应在检测报告中注明其数量，对主要缺陷（报废原因）进行定性、定量、定位分析。如有可能，还要对缺陷产生原因进行分析，提出防止缺陷的意见和建议。

三、磁粉探伤程序

磁粉探伤程序是指从磁粉探伤的预处理、磁化工件、施加磁粉或磁悬液、磁痕分析（包括磁痕分析和记录）、退磁和后处理完毕的全过程。

（一）预处理

（1）用化学或机械方法彻底清除工件表面的油污、铁锈、毛刺、氧化皮、金属屑和砂粒等。

（2）有非导电覆盖层的工件通电磁化时，必须将与电极接触部位的非导电覆盖层打磨掉，以避免因接触点接触不良而产生电弧烧伤被检表面。

（3）若工件有盲孔和内腔，磁悬液流进后难以清洗，探伤前应将孔洞用非研磨性材料封堵上。

（4）如果磁痕和工件表面颜色对比度小，可在探伤前先给工件表面涂敷一层反差增强剂。

（二）工件磁化

按前面内容选择适当的磁化方法、确定磁化电流种类、确定磁化方向及磁化规范，利用磁粉检测设备使工件带有磁性，产生漏磁场进行磁粉探伤。

（三）施加磁粉或磁悬液

湿连续法操作要点：先用磁悬液润湿工件表面，在通电磁化的同时浇磁悬液：一般通电时间为 1 ~ 3 s，停止浇磁悬液后再通电数次，待磁痕形成并滞留下来时停止通电，进行检验。

干连续法操作要点：对工件通电磁化后撒磁粉，并在通电的同时吹去多余的磁粉，待磁痕形成和检验完毕再停止通电。

剩磁法操作要点：磁粉在通电结束后施加，一般通电时间为 1/4 ~ 1 s。

（四）磁痕的观察分析与记录

1. 磁痕的观察分析要求

对磁痕的观察分析一般应在磁痕形成后立即进行，观察时可以使用 2 ~ 10 倍的放大镜。

使用非荧光磁粉检验，必须在能够充分识别磁痕的日光或白光照明下进行，在被检工件表面的白光照度不应低于 1 500 lx。

使用荧光磁粉检验，要求被检表面上的紫外线（黑光）照度不低于 970 lx，且白光照度不大于 10 lx。

2. 磁痕分析的内容

磁痕分析是指确认磁粉探伤所发现的磁痕显示属于伪显示、相关显示或非相关显示。

（1）相关显示（真实显示）。由缺陷产生的漏磁场形成的磁痕显示称为相关显示。

（2）非相关显示。非相关显示就是非缺陷所引起的漏磁场对磁粉的积聚引起的磁痕显示，如工件截面突变、工件内键槽等部位，两种材料交界处，如用奥氏体钢焊接铁磁性材料，在焊缝上就会产生磁痕显示。

（3）伪显示。非漏磁场形成的磁痕显示称为伪显示，如焊缝两侧的凹陷、粗糙的工件表面滞留磁粉形成的磁痕显示，工件表面有油污黏附磁粉形成的磁痕显示。

3. 磁痕的记录

磁痕记录一般采用照相、用透明胶带贴印、涂层剥离、橡胶铸型复印、摹绘等方法。

（五）退　磁

退磁就是采用专门工艺使工件中的剩磁强度减小到不影响其正常使用的程度。

常用的退磁方法有交流退磁法和直流退磁法。

（六）后处理

（1）清洗工件表面，包括孔中、裂缝和通路中的磁粉。

（2）使用水磁悬液检验时，为防止工件生锈，可用脱水防锈油处理。

（3）如果使用封堵，应去除。

（4）对工件进行标记，不合格工件应隔离。

铁道机车车辆是完成铁路运输任务的重要运输工具，轮对、车轴和滚动轴承等车辆配件是铁道车辆上极为重要的零部件，为保证车辆检修质量和行车安全，必须施行探伤检查，消除危及行车安全的一切隐患。

四、机车电磁探伤的设备

现用的电磁探伤器大体可分为手提式电磁探伤器、全磁探伤机和固定式探伤机 3 类。

（一）手提式电磁探伤器

手提式电磁探伤器一般小巧、轻便、结构简单，其输出电流不大，多用于检查零件表面的缺陷。最常用的有两种，即闭合环形电磁探伤器和开合马蹄形电磁探伤器，如图 2-32 和图 2-33 所示。

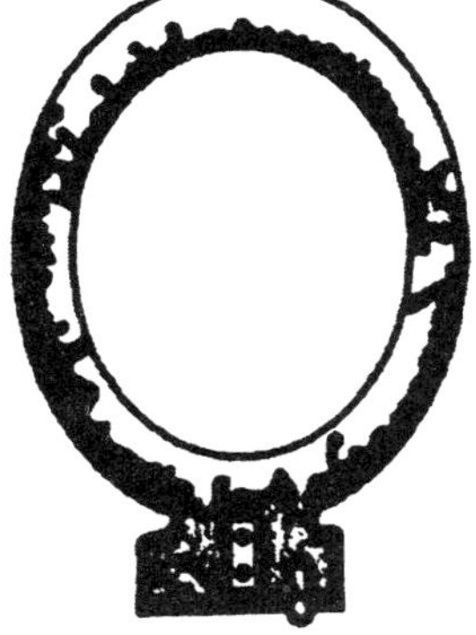

图 2-32　闭合环形电磁探伤器

图 2-33　开合马蹄形电磁探伤器

1. 闭合环形电磁探伤器

这种探伤器的构造比较简单，是由直径 4 mm 的两根并排的裸铜线包以绝缘材料

（白布带）绕成闭合状，再包白布带，浸以绝缘漆，然后烘干，装上一个手柄和两颗接线铜螺丝而成，如图 2-35 所示。

闭合环形电磁探伤器可用直流电源，也可用交流电源，其输入电压为 4.5 V，电流为 150 ~ 160 A。

闭合环形电磁探伤器的特点是轻便，使用时在距离探伤器中心两侧 50 mm 范围以内的裂纹都可以清晰地显示出来。

闭合环形电磁探伤器专门用以检查车轴轴颈，这种探伤器由于采用纵向磁化法，故只能检查横裂纹。如要检查纵裂纹，则需要采用其他探伤器进行周向磁化法检查，也可在闭合环形探伤器沿车轴轴线移动时，将它绕竖轴摆动，使磁场方向与车轴轴线呈一定夹角，以便发现斜裂纹和纵裂纹。但对于车轴来说，纵裂纹对它造成的危害并不严重，因此，闭合环形探伤器应用较为广泛，例如，在车辆段和车辆厂，当车轴加工后，或将轮对安装到机车车辆上时，采用这种探伤器进行第二次复探，既简单又不会划伤轴颈。

2. 开合马蹄形电磁探伤器

这是机车检修部门常用的一种多用电磁探伤器，如图 2-36 所示。这种探伤器的外形与卡钳相似，又与马蹄相似，它由两个圆弧形的铁臂组成，铁心断面为（20×30）mm^2，两臂上均绕有线圈，该线圈为 2.3 mm^2 的双纱包线绕 120 圈而成；臂的一端有一个支点（枢轴），臂头制成与铅垂线成 32°的斜坡，使臂头与被探测工件成 58°角。

开合马蹄形电磁探伤器可用直流电源，也可用交流电源，其电压为 24 V 或 36 V，电流约为 15 A，功率为 300 W。在有的开合马蹄形电磁探伤器上还装有 24 V 照明灯及电源开关。开合马蹄形电磁探伤器可用于局部纵向磁化探伤，也可用于局部周向磁化探伤。过去常用它检查车轴、车轮、拱板等，现在主要用它检查车钩零件和客车转向架的摇枕吊轴及吊销等。

（二）全磁探伤机

目前，轮对的探伤已全部使用 TYC-3000 型荧光磁粉探伤机。TYC-3000 型荧光磁粉探伤机是我国近几年采用的用于机车车辆轮对车轴表面探伤的新型专用设备。它设置了纵向和横向联合磁化装置，采用磁悬液荧光磁粉显示，在操作机械化和提高探伤灵敏度等方面比较先进，并便于实现流水作业。其主要部分和工作原理介绍如下。

1. 磁化装置

磁化装置的主要结构示意图如图 2-34 所示，铁心 3 设置在轮对上部，下部与轴端对应处有探头 4，磁化时，探头与轴端夹紧，构成闭合磁路。在铁心上部绕有直流纵向磁化线圈 1，可使车轴纵向磁化。在铁心两侧设置了交流周向磁化变压器 2。铁心 3 和探头 4 既是直流纵向磁化的磁回路，也是周向磁化的电流回路，相当于交流周向磁化变压器

2 的次级线圈。当初级线圈接通交流电时，在铁心、探头和车轴组成的回路中产生强大的交流电流，使车轴表面得到周向磁化。另外，其直流和交流电源中均设置有退磁控制电路。

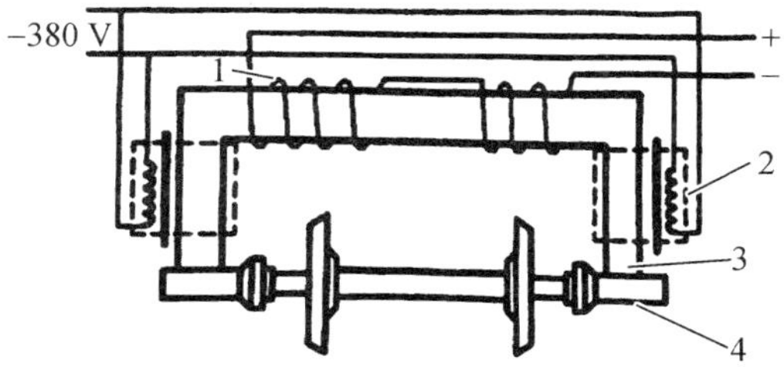

1—纵向磁化装置；2—周向磁化装置；3—铁心；4—探头。

图 2-34　TYC-3000 型荧光磁粉探伤机的结构

2. 显示装置

显示装置的主要结构示意图如图 2-35 所示，显示装置和磁化装置都安置在暗幕里面。输液泵 1 将磁悬液槽 8 中的磁悬液经过管路 3 输送至换向阀 7，再经管路到喷头 5，向车轴喷洒磁悬液，由车轴流下的磁悬液经轮对下部的回收装置 6 流回磁悬液槽。暂时不向车轴喷磁悬液时，可通过控制装置使换向阀 7 变换位置，使输液泵来的磁悬液直接流回磁悬液槽，在轮对上方安置有紫外线灯，在轮对下方还安置有运送轮对和使轮对定位回转的装置。

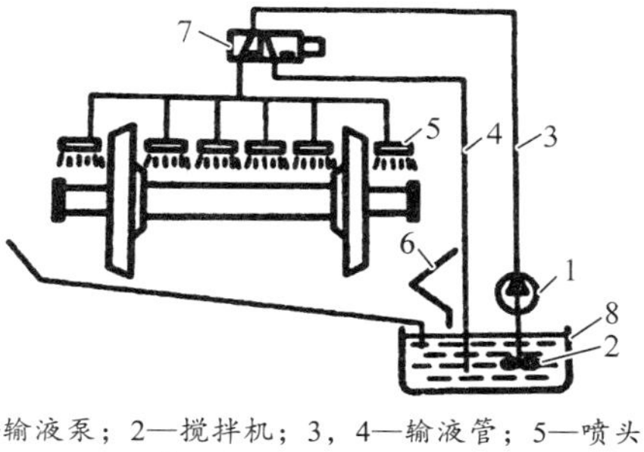

1—输液泵；2—搅拌机；3，4—输液管；5—喷头；
6—回收槽；7—换向阀；8—磁悬液槽。

图 2-35　TYC-3000 型荧光磁粉探伤机的显示装置

3. 操作过程

当轮对进入暗幕后，操作可分为三个步骤：

第一步，使轮对定位回转，同时喷洒磁悬液，使磁悬液均匀覆盖全轴；

第二步，停止车轮回转，探头夹紧车轴通电磁化，这时如果车轴有裂纹等缺陷，产生的漏磁将把磁悬液中的磁粉吸引到缺陷的缝隙和表面，然后停止喷洒磁悬液，退磁，探头松开，这时磁粉仍吸附在缺陷处；

第三步，轮对重新回转，紫外线灯照射车轴，操作者目视检查车轴表面的缺陷，检查完毕后将轮对送出暗幕。

（三）固定台式探伤机

固定台式探伤机的体积一般都比较大，通常是固定在一个有起重设备的地方进行作业。TC-5000Z 型探伤机就是固定台式探伤机的一种，用于探伤检查滚动轴承的主要零件，如滚动轴承内、外圈和滚子。

拓展知识

本部分内容主要介绍电磁探伤零件的常见缺陷及其显示。

一、零件上常见的缺陷及产生原因

众所周知，电磁探伤是通过磁痕来显示缺陷的。但是，当我们在探伤零件上看到磁痕时，却不能不加分析就将其判断为缺陷。因为漏磁场不是判断缺陷的唯一依据，否则会引起误判。如何才能正确地分析磁痕呢？除了应具有丰富的探伤经验，还要充分了解零件的制造过程（冶炼、热加工、冷加工、浇铸、锻轧、热处理等）以及零件材料的化学成分和机械性能，了解零件在使用中会产生哪些缺陷，掌握缺陷产生的原因与分布规律，这样才能做出正确的判断，以决定零件的弃用。由于零件上缺陷的性质、大小和深浅不一样，故探伤时所形成的磁痕也不一样，所以说，判别磁痕的性质是电磁探伤工作中非常重要的环节之一。通常，在钢铁材料的零件上产生的缺陷可分为两大类，即制造过程中产生的缺陷和使用过程中产生的缺陷。

（一）制造过程中产生的缺陷

1. 铸造零件的缺陷

对于铸造零件来说，需要探伤检查的缺陷主要有各种裂纹和孔眼等。

（1）冷裂纹。铸件浇铸以后，在冷却过程中，由于铸件外表面冷却过快而内部冷却较慢，造成表面与内部温差过大，以至造成很大的铸造应力，从而使铸件表面某些薄弱处产生裂纹。这种裂纹多产生在铸件壁厚变化较大区域的表面，并且多半是不穿透的，破裂处成粒状断面，表面没有氧化色彩，有时呈现一种类似回火的颜色。

（2）热裂纹。热裂纹分为内热裂纹与外热裂纹。

外热裂纹产生的主要原因是铸件浇铸以后，如果砂型不良或铸件本身设计不合理，铸件凝固时的收缩会受到阻碍，如果此时产生的拉应力超过铸件凝固时某些部分的强度，就会产生裂纹。这种裂纹有时是穿透的，有时是不穿透的，裂纹成撕裂的曲线状，边缘不平，开裂处的金属表面呈现氧化的铁锈色彩。

内热裂纹多产生于某些体积较大的铸件，外部凝固较快，而内部尚未凝固。外部对内部正在凝固的金属施以拉力，因而造成铸件的内部裂纹。

当铸件含硫、氧过高时，使金属具有一种热脆性，造成金属在高温时强度低，也比较容易产生热裂纹。热裂纹常常是丛生的、树枝状的，在一条较大的裂纹近旁，又有一些分枝的小裂纹，这种裂纹一般较深，是一种比较严重的铸造缺陷。有些细小的热裂纹用肉眼不能看出来，只能通过电磁探伤检查。

（3）气孔。气孔是铸件表面或内部的一种小孔，其形状有圆形的、长形的和不规则的。气孔的内壁一般都比较光滑，为白色或带一层暗色，有时有一层氧化表皮。产生气孔的主要原因是砂型比较潮湿、排气孔排气不良等，使浇铸时气体不能全部排出所致。

（4）针孔。针孔也是一种气孔，其形状细长，一般都比较深，多在铸件表面以下 2 ~ 3 mm 处。产生针孔的主要原因是金属液中含有气体，如氢气等。

（5）缩孔。大型铸件凝固时，由于表面散热较快先凝固，当铸件表面凝固收缩时，铸件内部（中心）尚未凝固，部分液体金属便补充其收缩部分，待铸件内部中心部分凝固收缩时，因无法充满其原占据的体积而造成空洞，这种空洞称为缩孔。缩孔多半产生在铸件较厚的部分，显露出来的称为明缩孔，在内部的称为暗缩孔。在铸件内部的暗缩孔多是粗糙不平的，并带有树枝状结晶组织，有时附有一层氧化皮，有单个的、也有聚集的。

（6）缩松。缩松是指缩孔中较小的孔眼，即很多细小而不连续的缩孔聚集在一起，分布在铸件内部。缩松有时产生在缩孔的周围。

（7）疏松。如果铸件的某一部分或全部结晶组织都粗大，在晶粒间有无数很小的空隙，这种空隙就称为疏松。

（8）砂眼、渣眼、夹渣、夹砂。如果铸件表面含有砂粒，主要是由于砂型配置不良或砂型造得不好所产生的。有时砂眼中包含的不是砂粒，而是熔渣，这就是渣眼。渣眼多半是由于对钢水除渣不良所造成的。砂眼、渣眼一般在铸件表面，很容易检查，但也有在铸件内部的，这称为夹渣或夹砂。

2. 锻造零件的缺陷

对于锻造零件来说，需要探伤检查的缺陷主要有下列几种：

（1）发线（发纹）这是钢锭中的气孔或细小的缩孔以及非金属夹杂物等缺陷在钢锭轧压，锻打变形时，沿轧、锻方向延伸发展而成的一种毛细管状的细小开裂，一般长度为 0.06 ~ 15 mm，深度为 0.06 ~ 0.10 mm，边缘常有非金属夹杂物，这种缺陷分布在钢锭表面至皮下直径 1/10 的范围内，其中约 70%在皮下。这种缺陷因加工后呈与钢材轧压方向一致的线纹状，所以称为发线或发纹。采用电磁探伤法可以发现这种缺陷。发线与零件的形状有关，易在圆柱形（或直线形）零件中产生。例如，车轴毛坯中，锻造比越大，发线越长也越多。发线一般呈直线状并沿金属流线方向发展。一般来说，有硫化物这类非金属夹杂物形成的发线呈灰亮色，而有氧化物这类夹杂物形成的发线无色。发线的横截面一般呈圆形或椭圆形。发线的外形类似非金属夹杂物，但其实质与非金属夹杂物不同，材料中的发线处破坏了金属的连续性，造成金属材料开裂（或细微开裂），但这并不危及金属机体。所以，发线对零件的机械性能无显著影响。例如，机车车轴轴身有些是毛坯原状，不加工，目前还尚未发现因发线而造成事故的情况；但发线出现在圆弧过渡处这种应力集中的地方，则应予以消除。

（2）疤痕。这是气孔被压扁、经加工以后出现的一个圆形凹痕。

（3）非金属夹杂物。钢锭在浇铸以后，由于有非金属夹杂物，如金属与硫的化合物、金属与氧的化合物以及炉渣或炉中脱落的炉衬、耐火材料等，浇铸以后夹在钢锭内部，经轧压、锻打以后，被碾成与压延方向一致的片状、条状或线状夹杂物，称为非金属夹杂物（简称夹灰）。大多数非金属夹杂物呈黑色，略具明亮的脉络状或条状。

（4）锻造裂纹，它的形成与材料的变形程度以及材料内部的缺陷有关。

① 锻坯过烧时，晶界被氧化，呈网状与龟裂状的锻造裂纹。

② 锻坯材料含铜高，在锻造后铜在晶界上浮积，也出现龟裂状的锻造裂纹。

③ 锻坯中若存有皮下气孔时，在锻造过程中，气孔内壁形成的一层氧化膜不能使金属焊合而形成锻造裂纹。这种锻造裂纹沿金属流线方向延伸，裂纹横截面呈圆形、半圆形或椭圆形。当镦粗时，裂纹与零件轴线成 45°角，拉长时，沿轴向延伸。这种裂纹比较浅，一般出现在零件表面，较分散，有氧化膜。

④ 若锻坯中有缩孔或夹层时，在锻造后也易形成锻造裂纹（内裂）缩孔引起的这种裂纹存在于零件中心部位，一般较长，大多沿零件轴向伸长；如果镦粗，裂纹可能延伸到零件表面、较为宽大夹层引起的这种裂纹细而长，无分布规律。

⑤ 当锻造冷却太急剧，通过某一温度区域时也容易引起内裂纹，这是由于在这个温度范围内从固溶体中逸出的不溶性气体造成的。

（5）褶皱。它是锻件在高温下非锻击表面上发生的表面皱纹，皱纹一般多数向同一方向丛生。

（6）重皮。金属材料在锻击时表面产生凸起部分，当再次锻击时，凸起部分被压扁卷入基体面附于锻件表面上所形成的皱纹，称为重皮。重皮在轮廓上是没有规则的，通常与表面成锐角。褶皱与重皮一般都不太深，经过机械加工便可以消除。非机械加工的表面重皮，可以在规定限度内用砂轮磨去。

（7）白点。它是一种特殊细小的裂纹，它在钢材的纵向断面上呈银白色晶状斑点，故称为白点。钢材在锻压或轧制热加工后冷却时，由于钢材中的氢气析不出来，使过饱和的原子氢脱落进入钢中的微隙，合成分子氢，形成巨大压力，并与钢相变时所产生的局部力相结合，当合成应力超过钢在这一温度的强度时，就在钢材中形成微小裂纹，即白点。白点一般不长，吸附磁粉很急剧，擦去磁粉，多数情况能够看清。

锻件与铸件除了上述缺陷以外，有时由于热处理工艺不当，如加热、冷却过程过于急速，使应力集中而产生裂纹，这种裂纹称为热处理裂纹。有时在用气割去除铸件的浇口时，也容易产生裂纹；有时铸件表面的某些缺陷在进行焊补时，由于保温预热不好也会引起裂纹。

3. 焊接结构的零件缺陷

对于焊接结构的零件来说，需要探伤检查的缺陷主要有下列几种：

（1）焊接裂纹。零件在焊接过程中或焊接以后，在焊缝或热影响区域内所出现的局部裂纹，称为焊接裂纹。按形成的温度可分为热裂纹和冷裂纹。热裂纹是在奥氏体开始分解之前形成的，一般产生于 100 ~ 300 °C 的温度范围内。电焊裂纹按其所处的位置可分为火口裂纹、焊边下裂纹与边界裂纹。

火口裂纹位于焊边的始端与末端。火口裂纹是由于热源使用不当，电弧、气流对熔池金属的吹动，以及冷却收缩时在低洼部分形成的裂纹。这种裂纹从焊顶低洼部分表面向焊缝内部延伸，火口裂纹有时位于起弧区和收弧区，因此常出现在管子的手工焊缝中，对火口裂纹常用尖锥法进行电磁探伤检查。通常将磁锥放在焊缝方向或焊边两侧，由于手工焊边多，易在焊界周围处形成磁痕，要对磁痕加以分析或者对收弧区的磁痕处进行复探，以验证火口裂纹存在与否。火口裂纹有呈星状的，也有横向的和纵向的。

焊缝应力裂纹是指当焊件被固定时，在焊接后的冷却过程中因收缩产生的裂纹，这种裂纹有横向的，也有纵向的；有的延伸到热影响区，也有的仅存在于热影响区。例如，焊接完后需将焊接工艺用的筋板气割掉，这会由于材料局部急速冷却产生收缩应力而形成裂纹，呈星状。

（2）未焊透。这是指焊缝与被焊结构零件金属母体接触不良，即焊接金属与基本金属未熔化在一起。在焊接结构的焊缝中也常常产生气孔、夹渣等缺陷。

4. 加工过程中产生的缺陷

在加工过程中产生的缺陷有以下几种：

（1）淬火裂纹。这是在热处理时由于操作工艺不当产生应力而造成的裂纹。一般容易发生在零件应力集中的部位，如孔、键槽以及零件截面尺寸突变的部位，通常是由外表面裂入金属内部。淬火裂纹的形状不规则，一般深而粗大，两头尖细而弯曲，其特点是裂口四周无氧化颜色，无脱碳现象。如果在淬火裂纹周围有脱碳现象。说明淬火前零件就带有裂纹了。淬火裂纹形成的原因比较复杂，一般认为有以下几点：

① 热处理工艺不当，如淬火温度过高、淬火介质选择不当、冷却速度过快、淬火后未及时回火、回火温度低或回火时间不足等。

② 材料选择不当或钢的晶粒过大。

③ 形状过于复杂、厚薄不均，尖角未消除、孔洞未堵住。

④ 结构设计不良。

（2）磨削裂纹。这是由于砂轮和金属间摩擦生热引起的热应力而形成的裂纹。在研磨操作中，砂轮直接使金属发热并使之膨胀，当砂轮滚过之后，刚刚被磨的地方冷却并收缩而产生热拉应力，当拉应力超过零件的强度极限时，就会出现裂纹，裂纹的方向与砂轮旋转的方向相垂直。这种裂纹一般较深，仅出现在零件表面上。

磨削裂纹的特征是：产生于磨削表面，呈网状（龟裂）或平行排列，长度一般为 2 ~ 5 mm，垂直于磨削方向；裂纹周围无烧焦或二次淬火现象；裂纹深度小于 1 mm，多发生在尖角、边缘和孔洞等应力集中处；探伤时出现粗大的磁痕。

磨削裂纹产生的主要原因有：

① 砂轮的粒度和硬度与被磨削的零件表面不相适应，如砂轮粒度过细、硬度过高，这样磨削表面就容易被撕裂，这种撕裂作用使表面原来的压应力变为拉应力，于是表面出现裂纹。

② 砂轮不锋利，砂轮钝化，铁屑把砂轮空隙填满，因而增加了砂轮与零件表面的接触挤压，导致严重发热，使表面温度剧增，引起烧伤与裂纹。

③ 零件渗碳质量不好，表面硬度不均匀，则零件表面也容易被撕裂，这种撕裂使表面的压应力变为拉应力而产生裂纹。

④ 冷却不好。磨削时产生的磨削热不能被冷却液顺利带走，从而产生裂纹。

⑤ 磨削速度不当或操作不当，如进刀后骤然冷却或零件转速太慢引起烧伤和磨裂。

⑥ 进刀量过大，增加了砂轮与零件表面的接触压力，导致磨削热增加，产生磨削裂纹。

⑦ 金属内部碳化物呈网状或碳化物偏析严重，使材料的强度降低、脆性增加，在磨削拉应力作用下易产生裂纹。

⑧ 零件热处理工艺不正确或原材料组织不良。例如，淬火温度过高引起组织过热：回火温度低或保温时间不足；零件重复淬火时，未经消除应力的回火，增加了二次淬火的残余应力；原材料过热组织未经消除或球化不良，使零件热处理后残余应力增加，残余应力与磨削应力叠加在一起，增加了产生磨削裂纹的可能。

（3）矫正裂纹。零件在热处理后变形，在矫正过程中因矫正工艺不当而产生裂纹，多发生在与零件受力方向相垂直变形的最大部位上，这种裂纹的特征是裂纹中间粗大，两头尖细，呈直线状或微弓状，不分枝，不分叉，沿横向单个出现，一般不太长，只有几毫米或十几毫米，个别较长。

（二）使用过程中产生的缺陷

金属零件在使用过程中产生的缺陷一般分为永久变形、磨耗、外部碰伤和缺损以及疲劳裂纹等几种。永久变形是指零件在使用中失去原有的形状，如杆件、轴的弯曲等。磨耗是指零件的相对运动所产生的摩擦使零件变细或变薄等情况。外部碰伤及缺损是指脆性材料（如铸铁零件）受到冲击而产生的损伤或局部缺损。这 3 种缺陷都可以用肉眼看到，不需要进行探伤检查。

疲劳裂纹是金属零件在长期承受着交变弯曲应力的情况下产生的，多数产生在零件表面应力集中的部位，如尖锐的刀痕、粗糙的表面、擦伤及腐蚀坑等处，例如车轴就容易产生这种裂纹。疲劳裂纹开始形成时，扩展速度较缓慢，裂纹也较细，这时只有用高倍显微镜才能看到，随着零件使用次数的增加，这种微细裂纹逐渐扩展成一条较大、较深的裂纹。疲劳裂纹一般用肉眼看不到，必须采用探伤方法检测。

在使用过程中产生的裂纹，有的是由于材料的先天缺陷在载荷作用下扩展而形成的，例如，材料有未处理的发线、疤痕、夹灰等缺陷，经过长期使用以后就会扩展成裂纹。

二、缺陷的显示

由于零件缺陷的性质、大小和深浅不一，故探伤时所形成的磁粉聚集也不一样，所以应仔细观察磁粉聚集的情况，以初步确定缺陷的长短和深浅。但由于影响电磁探伤灵敏度的因素较多，并且缺陷的形状又很复杂，因此，正确判断缺陷的性质、形状、大小、深浅也不是很容易的，需要有长时间的经验积累和仔细的观察与分析。

下面介绍常见缺陷的显示形象与特征。

（一）疲劳裂纹的显示

疲劳裂纹是零件在交变载荷作用下逐步形成的，因此，这种裂纹多半垂直于作用力的方向，从表面开始向材料内部扩展，所以金属表面的破坏程度比较严重，经电磁探伤极易暴露出来；另外，这种裂纹大都发生在零件表面应力集中的部位，因此，在电磁探伤时疲劳裂纹是比较容易被发现的，例如车轴上的疲劳裂纹，绝大多数发生在车轮、轮毂孔与车轴轮座镶入的部位，疲劳裂纹的磁痕显示有以下特点：裂纹中部集中的磁粉较多且较粗，向裂纹两端逐渐变少而细；同时，由于疲劳裂纹一般较深，因此，探伤时磁粉在裂纹处的集中比较明显、清晰。

（二）夹灰、气孔、疤痕的显示

金属零件内部的夹灰、气孔、疤痕是块状的，所以，电磁探伤时这类缺陷的显示也呈现块状。一般来说，气孔、疤痕呈圆形或椭圆形，夹灰则呈不规则的长块状，有时由于探伤检查的方向不同而呈长条状。夹灰、气孔、疤痕所形成的磁粉聚集力并不是很强，这是由于它们形成的漏磁通很弱的缘故。因此，这类缺陷一般不太容易用电磁探伤检查出来。

夹灰的磁痕特征是：呈直线状沿纤维方向分布，磁粉吸附较清淡。

（三）发线的显示

发线是由于钢锭中的气孔和非金属夹渣在锻压过程中拉长而形成的，所以，发线多数与钢材碾压方向一致，在杆件上多是纵向的。

发线的磁痕显示特点是：

（1）沿金属纤维方向分布，呈细而直的短线状，有时弯曲，端部呈尖形，尾部为圆形。

（2）发线一般不太长，多在 20 ~ 30 mm 以下，有的断续。

（3）发纹较浅，宽度较窄，所以磁粉聚集不高，但很均匀（如果擦去磁粉，一般可以看到）。

（四）锻造裂纹的显示

这种裂纹是原材料内部含有缩孔残余、气泡等缺陷经锻造后形成的。锻造裂纹的磁痕有以下特征：

（1）锻造裂纹的磁痕一般是沿材料的轧制方向出现的。

（2）磁痕明显，长短不一，短的几毫米，长的有可能会沿轧制方向贯穿整个零件。

（3）磁粉聚集的高低随裂纹深浅而异。比较浅的裂纹，磁粉聚集得比较低；比较深的裂纹，磁粉聚集得比较高。另外，磁粉聚集的浓淡、宽窄也和裂纹深度有关。

（五）淬火裂纹的显示

淬火裂纹发生在加热以后的冷却过程中。因为快速冷却时的热应力和组织应力可达到很高的数值，当这些应力超过了钢的抗拉强度时就会引起淬火裂纹。

淬火裂纹的磁痕有以下特征：

（1）淬火裂纹的磁痕形状呈细直的线状，棱角较多且其尾部较尖细。渗碳淬火裂纹的边缘呈锯齿形。零件锐角处易出现弧形淬裂。

（2）淬火裂纹一般比较深，形成的漏磁场强，所以磁粉聚得比较高、浓，一般擦掉磁痕后，裂纹用肉眼可观察到。

（3）淬火裂纹一般发生在零件上应力容易集中的部位，如孔、键、夹角及截面尺寸突变处。

（六）电焊裂纹的显示

电焊裂纹主要是由于焊接工艺不良造成的。电焊裂纹一般有 3 种情况：一种是焊缝本身产生的纵向裂纹；另一种是焊缝本身产生的横向裂纹；还有一种是因为焊接引起的金属母体裂纹。

焊接裂纹的磁痕特征是：呈曲线状，两头有鱼尾状，磁粉吸附急剧增加，但焊缝边缘的裂纹常与边缘下凹处聚集的磁粉相混，不易观察（可将下凹处磨光滑后再进行探伤，倘若磁粉聚集，可当作缺陷判断，或用其他探伤方法检验）。

（七）锻件重皮的显示

重皮形成的原因是锻造或轧制钢坯时，钢坯表面的氧化皮成凸起的部分被压扁而附于锻件或钢材表面，形成了多余的金属“耳”子，或在拔长、成形过程中形成多余的金属折叠，由于它们的表面已经氧化，故不能与基体金属焊合，从而形成折叠重皮。重皮一般都很浅，多与表面成一定角度，常出现在尺寸突变处和易过热部位。重皮对材料强度影响不大，当确实是重皮时，可用砂轮磨去。电磁探伤时，如果缺陷显示表明有重皮的可能，可用 30 倍放大镜仔细观察，一般是可以辨别的。如果零件上允许有磨痕，可用尖头手锤轻击显示处，重皮便会翘起。有个别与轴线的夹角较大且深的重皮，已经相当于裂纹，应按裂纹处理。

重皮磁痕的显示多呈长条状，有的重皮磁痕显示中间较粗，而两端向同一方向弯曲。重皮磁痕有的与淬火裂纹磁痕相似，有的呈沟状，磁痕较宽，有的呈鳞片状，磁粉聚集的高低不等，随重皮折叠的深浅而异。

（八）磨削裂纹的显示

磨削裂纹主要是由于磨削中的热应力引起的。磨削裂纹多出现在不易散热的部位，磁痕一般垂直于磨削方向。

磨削裂纹的磁痕有以下特征：

（1）磨削裂纹的磁痕细而尖，成簇地出现，呈网状鱼鳞裂纹或平行网状，磁痕的长度般为 2 ~ 15 mm。

（2）磨削裂的磁痕形状是多种多样的，一般不单独出现，如单独出现则裂纹比较深，且轮廓较清晰。

（九）白点的显示

白点磁痕的显示呈幼虫状或短丝状，成群出现（也有个别出现的），中间粗大，两头尖细，吸附磁粉急剧，擦去磁粉后，多数还能看清磁痕。

三、非缺陷的假显示

在某些情况下，金属虽然没有缺陷，但由于某些原因也会造成一些磁粉集中，这种现象称为假显示。假显示通常产生于下列一些情况：

（一）金属零件表面局部受到挤压或冲击引起的假显示

金属零件表面局部受到挤压或冲击，使这一部分材料的表面变硬，并且磁导系数有所变化。这样，零件表面在探伤时各处吸附力不同，从而造成有的部位磁粉集中，这种原因所形成的磁粉集中，其外形多呈块状，显示微弱，边缘模糊，没有明显界限，这和零件内部的气孔、疤痕所形成的磁粉集中不同，后者也呈块状，但其边缘要明显得多。电磁探伤时，如发现上述显示的情况，可用放大镜检查金属表面，若发现有下凹等变形痕迹时，便可以确定是受到冲击，这时如果允许零件有磨痕的话，可用细砂布将假显示处打磨，或者用手锤在假显示处垫上一块铜皮轻轻沿着显示处周围打击，以消除由冲击造成的影响，使其磁导系数恢复一致，再次检查，假显示便可消失。这是由于钢材内部的磁导系数与内应力有关，用上述力法消除内应力后，假显示便消除了。

（二）铸件在铸造过程中产生偏析引起的假显示

铸件在造过程中产生偏析也会造成假显示。铸件在铸造过程中，由于某些原因，如熔化工艺有问题等，会造成铸件局部含有某些元素较多，这种情况称为偏析。材料的磁性性能是和材料的化学成分有关的，偏析造成材料各部分的磁性不一，因此也就使得材料各处的磁导系数不同从而造成部分磁粉集中的假显示。由偏析造成的假显示，一般也是呈块状，但其区域较大，显示也是模糊的。偏析从外观上是不容易被发现的，也无法消除其造成的影响。如果零件还需要加工，可以镟去、刨去或磨去一层，以消除偏析；如果零件不再需要加工，可采用小锤轻轻敲击看是否是内应力造成的。如果确定是偏析造成的，如属于硫偏析即局部含硫过多，可采用硫印相法加以检查，其方法是将零件显示处洗净，然后用 5% ~ 10%的硫酸溶液浸泡一张比显示处略大的印相纸（照相用的印相纸），约浸泡 1 min 后将纸取出，把有药膜的一面密贴在显示处，再用吸水纸吸取印相纸背后的溶液，2 ~ 4 min 后将印相纸揭下，用清水洗 3 ~ 4 min，放在 3%的硫代硫酸钠（大苏打）溶液中浸泡 15 min 定影，最后取出晾干观察，如果印相纸上有黄褐色斑点或条纹，则表示有硫偏析，反之不一定，可用此方法在没有显示磁痕的地方试一试，然后再确定。

（三）材料各部位晶体结构不均匀引起的假显示

材料各部位晶体结构不均匀时也会形成假显示。这是由于材料晶体结构对材料的磁性性能有很大影响的缘故。例如，同一种成分的钢，当淬火变硬或者退火以后，晶体结构不同，磁性性能有很大的区别（磁导率相差较大），因此，零件在制造中热处理不当时，会使材料部分晶体结构不均匀，也会形成假显示，这种假显示可用零件再次热处理的办法加以消除。

（四）零件几何形状突变处引起的假显示

对于某些零件，如螺栓上螺纹的底部、一个面和另一个面相交的棱角处、圆台根部、金属切削时较深的刀痕，也会造成假显示。这是由于这些地方相当于一个较大而浅的裂痕，在磁化时该处有一些磁力线穿过而吸引磁粉，这些磁痕位置不定，磁粉聚集得浅淡，擦去磁痕后用肉眼或低倍放大镜能看到金属亮底，因此，探伤这些地方时应特别注意。通常对螺纹采用荧光检查，而不用磁粉探伤检查。

（五）磁化电流过大引起的假显示

磁化电流过大会使零件尖棱处或厚度急剧变化处产生磁场，吸附磁粉造成假显示。这种斑痕的特征是线性度较差，是不连续的散状斑痕，沿金属流线方向分布。磁化电流过大、灵敏度过高，还会把零件的金属流线反映出来，形成假缺陷的斑痕，这种斑痕也是沿金属流线方向分布，为不连续的散状磁痕，也有的呈冲刷线状。当减少磁化电流时，磁痕就明显减少。

（六）杂质引起的假显示

当被探测零件的表面不清洁，有油污或棉质纤维时，磁悬液浇上后会停止流动，磁粉堆积形成点状磁痕，并很浓黑，如果磁悬液浓度过大（超过 35 g/L）、杂质过量或磁悬液黏度过大等，也容易形成点状磁痕。这种点状磁痕，尽管磁粉吸附一般都很浓厚，但只要擦去后再探测，就会消失。

（七）磁　泻

磁泻也是一种假显示。在一个已经磁化的零件上放置一个未磁化的小零件，在两者接触的地方，已被进化零件上的磁场将发生畸变并在接触处形成磁极，把已被磁化零件里的磁力线牵引到未磁化的小零件中。把小零件取走后，磁场的畸变就被保留下来，因而有漏磁场存在，这样，在磁变的部位便形成磁极面吸附磁粉，这种杂乱无章的假显示称为磁泻。例如，用一块钢在已磁化的零件上划一下，则磁场就沿划过的方向连续发生畸变，由这种磁场变引起的假缺陷磁痕是一条潦潦草草划出来的线，这就是磁泻。磁泻吸附的磁粉是松散的并且模棱不清，这种磁泻在退磁后，再进行磁探时便可消失。

以上几种假显示，当外加磁场较弱时，一般是不大容易出现的，只有在较强的电磁场作用下才会出现。因此，当发现有上述假显示现象时，将磁场减弱以后再次检查便可消失（减弱磁场可采用减小磁化电流或减少线圈数，或者让零件离探伤器远一些），所以，电磁探伤时的磁场强度不宜过大，否则会出现一些假显示，使缺陷辨别困难。不过，真正裂纹的显示与假显示是很容易区别开的。真正裂纹的显示是：界限鲜明明显，如用口轻吹磁粉不会散去，而假显示则不同，用口轻吹磁粉时，磁粉就会散去，界限也较模糊。

当发现一些似是而非的显示时，可以找一些真显示的实例进行比较，来进行判别。

四、缺陷的确认

根据电磁探伤中金属缺陷显示的形象，不难判别金属缺陷的类型。但是，在实际的电磁探伤中，经常会遇到一些似是而非的现象，给判断带来困难，这时如果按缺陷处理的话，会造成某些贵重材料的浪费，如果不按缺陷处理，又可能导致零件在使用中出现问题，因此，这时就需要采取其他一些确认缺陷的方法进行辨别。这些方法一般分为不损伤金属表面的确认方法和损伤金属表面的确认方法。

（一）不损伤金属表面的确认方法

对于金属表面不允许存在损伤的零件，当认为电磁探伤显示的缺陷不确定时，可采用其他的无损探伤方法进行检查，如超声波探伤法和荧光磁粉探伤法，另外还可采用表面放大法和锤击法对缺陷加以确认。

电磁探伤能显示的缺陷，超声波探伤和荧光磁粉探伤也能显示，因此，对电磁探伤显示的缺陷不能确定时，可采用这两种方法加以确认。如果设备条件允许，对某些零件内部的缺陷可采用 X 射线探伤来确认。如果设备条件不允许，对某些零件的表面缺陷可采用毛细管探伤法进行检查，方法是：将缺陷显示处擦净，然后用毛刷蘸些煤油刷在缺陷处，约 10 min 以后，擦去煤油，再用碳酸钙粉（若没有碳酸钙粉，可用白色粉笔粉末代替）与水调成糊状物涂在缺陷显示处，涂层不要太厚，1 ~ 2 min 即可，稍干后，仔细观察白色涂层上是否有煤油形成的裂纹痕迹，如有，则证明有裂纹存在。这种方法的原理是：当煤油刷在裂纹处后，由于裂纹的毛细管作用将煤油吸入，擦去表面的煤油，涂上碳酸钙层后，由于碳酸钙疏松多孔，其毛细管作用大，便将裂纹中的煤油吸出而显示出来。

表面放大法是指利用高倍放大镜（5 ~ 30 倍）将缺陷显示表面放大检查，设备条件好时，也可采用更高倍数的放大镜。在采用表面放大法时，缺陷显示部位应具有足够的照明。

锤击法是指利用 0.25 kg 或更小一些的手锤（视零件的大小而定），轻轻敲击缺陷显示的表面和周围。如果零件表面精度要求高，为避免锤击时零件表面损伤，可以改用紫铜锤或者在零件被击的表面上盖上一层铅皮，锤击后再进行探伤检查，如果是假显示，特别是材质受到冲击，使磁导系数发生局部变化的假显示便会消失，如果是裂纹，则由于锤击，有时会使裂纹显示得更加清晰。

另外，还可以用着色渗透探伤方法进行验证。着色检验法是无损检测的一种重要方法，其基本原理是利用毛细管现象，利用着色渗透液具有见缝就钻、无孔不入的渗透特点，将着色渗透液渗入零件的表面缺陷中，再用肉眼在日光下或紫外光下便可以清晰地观察到缺陷。

（二）损伤金属表面的确认方法

对于某些表面允许有些损伤或表面需要再加工的零件，可以采用探求法、腐蚀法或破坏法进行缺陷确认。破坏法是将缺陷显示处锯开，或用其他方法将表面破坏，以检查含有缺陷的零件断面，因为这种方法破坏了零件，超出了无损检测的范围，所以只能作为技术上分析研究、探索显示的经验而加以利用。下面介绍探求法和腐蚀法。

1. 探求法

采用某种手段去探求金属的缺陷，称为探求法，通常有以下两种方法：

（1）将缺陷显示处用锉刀或手提砂轮机薄薄地锉去或磨去一层，以露出新金属表面为限，然后进行探伤检查，看此时缺陷的显示是否更加清晰，如果显示清晰，便是缺陷；如果显示完全消失，则可能不是裂纹。由于被锉去或磨去是很浅的一层，如果再次探伤没有缺陷显示，这等于将裂纹处理了，即裂纹消失，这对零件的机械强度没有什么影响。

（2）沿着显示方向用长 150 mm、宽 5 mm 的扁铲铲去一层，厚度为 0.3 mm 左右，这时仔细观察铲屑是否分裂，如果分裂，则表示该处确有裂纹。

探求法除了用来确认缺陷外，通过磨削或铲削也可以确定缺陷的深度，而且也是处理表面裂纹的一种方法。锉削、铲削和磨削是处理零件表面微小裂纹的主要方法。

2. 腐蚀法

在缺陷显示处涂以某种具有腐蚀性的化学药品，通过药品对金属的腐蚀而使缺陷显得清晰，以辨别缺陷，称为腐蚀法。这种方法多用于表面裂纹的显示。

具体方法是：先将缺陷显示处及其周围擦拭干净，露出基本金属的新表面，然后用硬干油或油石灰（即油腻子）将缺陷显示处周围抹成一小圈，再在小圈内倒入 5% ~ 10% 的硝酸酒精溶液，直到将整个显示处盖住，这时硝酸发生作用，使金属氧化生锈，并在缺陷显示处产生小气泡，应注意气泡产生较多的地方，约 10 mim 后，金属表面出现薄薄一层锈迹，如果在锈迹中呈现一条较深的黄色锈线，这便说明此处存在裂纹（同时要注意产生黄色锈线的地方是否与产生气泡的地方相一致）。如果所用的硝酸为黄色，则不容易看出黄色锈线，但可待 10 ~ 20 min 以后除去油堆的小圈，用清水将此处的硝酸酒精溶液清洗干净，再仔细观察锈迹，若将锈迹擦净再用电磁探伤器检查，就可以发现缺陷的显示要比原来清晰。

腐蚀法所用的化学药品除了上述的硝酸酒精溶液外，也可以用 38%盐酸、12%浓硫酸和 50%水的混合液。应注意这种溶液在混合时的先后顺序：必须先将浓硫酸缓缓地倒入水中，再将盐酸倒入，切勿用手触及，零件检查完后，应用清水将零件冲洗干净，以免金属继续被腐蚀或生锈，腐蚀法确认的时间较长，如果要加快反应速度，可以在零件煮洗加热后立即进行或者将硝酸酒精溶液用烧杯加热至 60 °C ~ 70 °C 后进行，以加快其氧化反应速度。

通过以上的介绍可知，由于缺陷种类繁多，大小不一，形状各异，所以说磁痕分析是判断缺陷的重要手段，但不是唯一手段，磁粉探伤中有些非典型的缺陷，只靠磁痕来判断缺陷是困难的。在这种情况下，除了认真分析磁痕外，还要分析零件的材料性能及冷、热加工工艺，必要时还要借助其他探伤方法、实物解剖等辅助手段进行综合分析，才能得到正确的结论。

铁路小故事

无损检测岗位上的“女神探”尹利

在轨道交通质量战线上有这样一批具有特殊技能的人，他们是通过感知超声波波形或磁场图案中细微差异来判定产品质量的无损检测人员，通常人们称他们为“探伤员”，尹利就是其中的翘楚。尹利是中车长江公司无损检测高级技师、铁道车辆轮轴探伤专家，她工作严谨、技术过硬，被同行们称为无损检测岗位上的“女神探”。尹利先后荣获湖北省技能大师、湖北省“楚天名匠”、武汉市“五一”劳动奖章、“中国中车高铁工匠”“中车技能专家”等荣誉称号。2019 年更是在由人力资源和社会保障部与国务院国资委联合召开的表彰大会上获得“中央企业劳动模范”荣誉称号。

尹利在工作中始终遵循着一套行之有效的“记、问、照”三字勤诀，练就了一身“神探”的硬功夫。无损检测工作就相当于给车辆做 CT、B 超，她能在波形的细微变化中，准确判定缺陷性质及缺陷位置，及时排除质量隐患。尹利在工作中不断探索新技术、新工艺、新材料，始终致力于无损检测技术的研究，通过团队建设将自身的本领传承下去。尹利用辛勤付出述说着自己的忠诚，用精益求精实践着对专业的追求，护航中国铁路安全运行。

复习思考题

1. 什么是无损检测？无损检测有什么特点？
2. 常用的无损检测技术有哪些？分别有什么优缺点？适用范围是什么？
3. 无损检测技术在机车上的应用有哪些？
4. 无损检测技术的发展趋势是什么？
5. 什么是超声波？其波长、频率、声速三者的关系式是什么？
6. 用哪些物理量可描述超声场的特征？
7. 什么叫衰减？引起超声波衰减的原因有哪些？
8. 超声波探伤方法中，脉冲反射法与穿透法各有何优缺点？
9. 超声波探伤方法按原理可分为哪几类？超声波探伤方法按波型可分为哪几类？超声波探伤方法按显示方式可分为哪几类？超声波探伤方法按探头数目可分为哪几类？

10. 数字式超声波探伤仪与模拟式仪器相比有哪些优点和缺点？
11. 超声波探头的作用是什么？它由哪些部件组成?简述各部件的作用。
12. 请简述电磁探伤作用。
13. 电磁探伤原理是什么？
14. 磁力线方向与缺陷方向有什么关系？
15. 请简述磁化的定义、方法和方式。
16. 请简述退磁的定义、情况、方法和原理。
17. 磁粉探伤程序是怎样的？

中国机车远程监测与诊断系统（CMD 系统）

为了便于中国国家铁路集团有限公司（以下简称“国铁集团”）及其下属各铁路局集团有限公司和机务段等机务管理部门实时掌握线上机车的运行情况，在非正常行车情况下能及时指导机车乘务员进行应急处置，以防止事故发生以及控制事故后果，能够实时收集机车运行安全、机车运行监测及机车运行状态等信息，以对机车故障、司机错操、非正常停车、轴温异常及机车火灾等异常情况进行实时报警，开发出一套针对机车的综合应用系统是非常有必要的。为适应我国铁路机务管理实际业务需要，充分借鉴国外类似产品技术，原铁道部科技司于 2009 年立项开展“中国机车远程监测与诊断系统（CMD 系统）”的研制。截至 2019 年 4 月，CMD 系统已完成装车注册超 8 000 台，涵盖 19 种车型。中国机车远程监测与诊断系统（CMD 系统）是机务信息化中机车动、静态信息的采集、传输、诊断分析平台，其为机务信息化应用提供信息支撑。

中国机车远程监测与诊断系统（CMD 系统）的设计遵循工业互联网理念，牢牢把握住工业互联网的三要素——智能装备、互联网络、大数据应用，打造出一个智能化机车铁路行业应用。通过车载 LDP 设备获取机车各设备信息，并通过多种传输手段将机车数据源源不断传到地面系统，实现车地一体化。地面系统通过大数据分析手段为机车的质量安全保驾护航。

任务一　CMD 系统构成认知

教学目标

1. 能力目标

掌握 CMD 系统的结构。

2. 知识目标

了解 CMD 系统各子系统之间的关系。

3. 素质目标

培养学生的综合分析能力。

工作任务

任务名称	任务布置	
CMD 系统构成认知	掌握 CMD 系统的结构。 了解 CMD 系统各子系统之间的关系	
小组讨论		
1. 问题导入 （1）CMD 系统的研发意义是什么？系统由哪些部分组成？ （2）机车车载子系统的功能和工作原理是什么？ （3）CMD 网络架构包括哪几部分？		
序号	CMD 子系统结构	功能
1		
2		
3		
2. 归纳总结 CMD 系统各子系统之间的关系		

相关知识

CMD（China Locomotive Remote Monitoring and Diagnosis System）是机务信息系统的核心子系统，是机务车载数据及安全信息的集成平台。CMD 整合机车 LKJ、TCMS、6A 系统、语音、智能电（油）表等提供的运行记录信息及故障信息，实现车对地、地对车数据的采集、处理、传输；CMD 为国铁集团、铁路局集团有限公司、机务段检修段、机车主机企业提供机车定位、实时状态数据监测、实时故障报警、远程诊断、视频点播、机车车载电子履历管理、统计分析、专家支持系统、信息共享和功能接口等功能；系统结合配套的地面分析系统对机车在线数据进行实时分析，达到对机车远程监测及诊断的目的。

一、CMD 系统的研究背景

目前，随着我国铁路里程的增长、轨道车辆的增多、运行速度的提升，对轨道车辆和车载设备的可靠性、可用性、可维护性、安全性的要求也越来越高。铁路机车及其系统和设备的复杂性、综合化、智能化程度不断提高，其生命周期成本特别是维护和保障成本越来越高。

在信息化、科技化日益发展的今天，促进大数据、云计算、物联网的广泛应用成为引领行业创新发展的重要途径。铁路可以运用大数据、云计算等技术手段，通过可靠的数据和精准的决策方法，提高运营和管理水平；利用互联网技术和平台，可以创造新的价值，体现新的发展生态。

为了对机车的运行状态进行实时监控、远程诊断设备故障，国外机车上大多配备机车运行安全和设备质量监测系统，如西门子 EFLEET 系统、阿尔斯通 ETRAIN 系统、GE 的 RM&D 系统、庞巴迪 CC REMOTE 系统等。

通过综合考虑国家安全因素和国外系统应用车型单一等问题，国外系统不具备全路统一推广条件。中国机车远程监测与诊断系统（CMD 系统）作为铁路机务信息系统的四大核心子系统之一，适应我国铁路机务管理实际业务需要，可实现对各车载系统的数据监视、地面实时故障报警、专家诊断分析、数据统计分析等功能，有利于提高列车的安全性能并指导列车运行，对铁路信息化建设具有重要意义。

二、CMD 系统的结构与功能

CMD 系统由车载子系统、数据传输子系统和地面综合应用子系统三大部分组成，CMD 的结构示意图如图 3-1 所示。

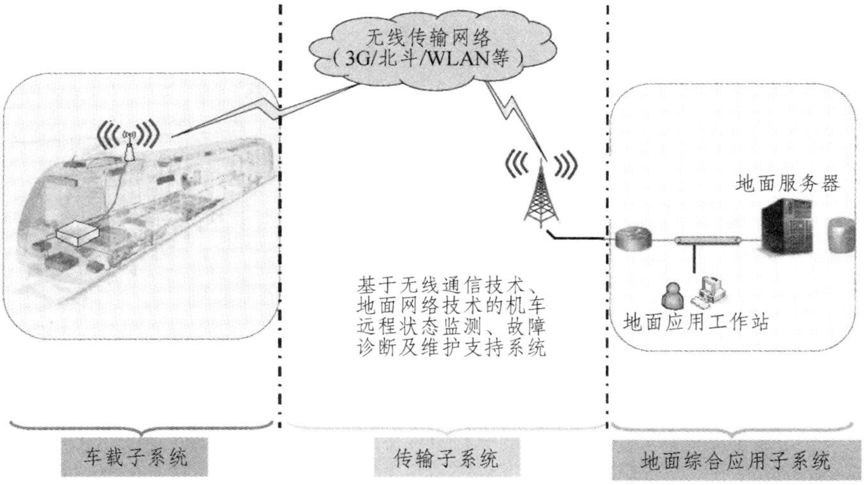

图 3-1　CMD 系统的结构示意图

车载子系统主要实现机车信息数据的采集、存储、在线诊断、信息处理及数据传输功能。

数据传输子系统主要实现车载子系统与地面综合应用子系统间的远程信息传输、大容量记录信息转储功能。

地面综合应用子系统实现对机车状态信息、机车安全信息和机车监测信息的实时检测、分析、存储，提供机车运行状态、司机操作信息的查询功能，提供故障的诊断分析、统计功能，为机车的状态修提供技术支持。

CMD 系统流程示意图如图 3-2 所示。

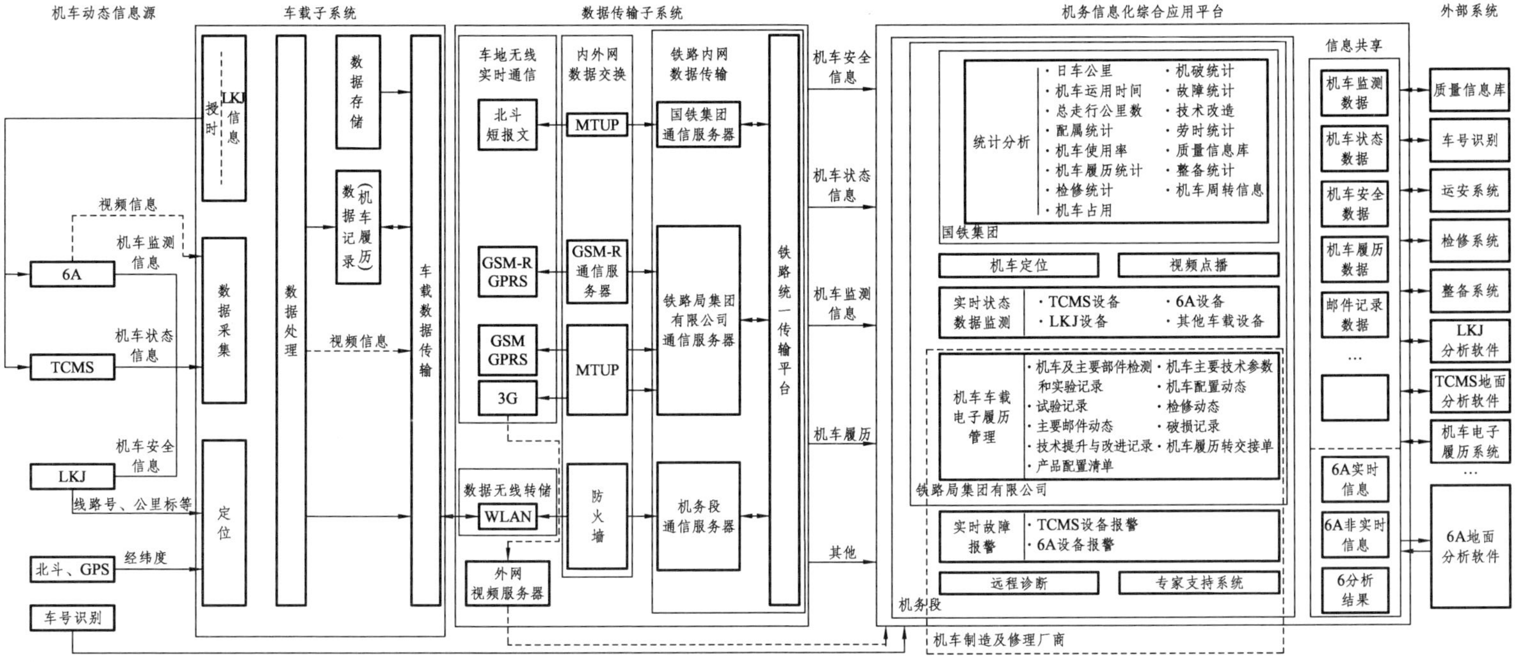

图 3-2　CMD系统流程示意图

任务二　CMD 子系统认知

教学目标

1. 能力目标

掌握 CMD 系统子系统的功能。

2. 知识目标

掌握 CMD 系统的工作原理。

3. 素质目标

培养学生的综合分析能力。

工作任务

<table>
<tr><th colspan="2">任务名称</th><th>任务布置</th></tr>
<tr><td colspan="2">CMD 子系统认知</td><td>掌握 CMD 子系统的功能。
了解 CMD 子系统之间的概况。
掌握 CMD 子系统的工作原理</td></tr>
<tr><td colspan="3">小组讨论</td></tr>
<tr><td colspan="3">1. 问题导入
（1）CMD 网络架构各组成部分的功能是什么？
（2）机车地面综合应用子系统的功能是什么？
（3）地面综合服务平台有哪些功能模块？</td></tr>
<tr><td>序号</td><td>CMD 子系统构成</td><td>功能</td></tr>
<tr><td>1</td><td></td><td></td></tr>
<tr><td>2</td><td></td><td></td></tr>
<tr><td>3</td><td></td><td></td></tr>
<tr><td colspan="3">2. 归纳总结
实例分析：某局地面综合应用子系统的实时监测窗口报警提示某机车 1 轴 5 位轴温异常，请详细说明地面综合应用子系统远程处置机车故障的详细流程</td></tr>
</table>

相关知识

一、车载子系统

车载子系统采集、汇总机车状态信息、6A 系统检测信息、机车安全信息，完成不同系统之间的信息交换，机车履历存储、机车关键信息及故障记录，实现信息的统一传输、记录文件的自动下载、信息的通信管理，通过机车与地面的双向数据交互，实现对在途机车的远程实时监测与故障诊断，为机车运用、检修和维护提供数据支持。

（一）车载子系统的构成和工作原理

CMD 车载子系统由车载主机（LDP）、合路器、天线及通信线缆组成。车载主机（LDP）如图 3-3 所示。主机采用一个 5U × 84R 的插箱。内部的功能板卡包括电源板卡、网络接口板卡、以太网板卡、主处理器板卡、无线通信板卡、北斗（BD）/GPS 板及记录插件。车载子系统关联结构示意图如图 3-4 所示。

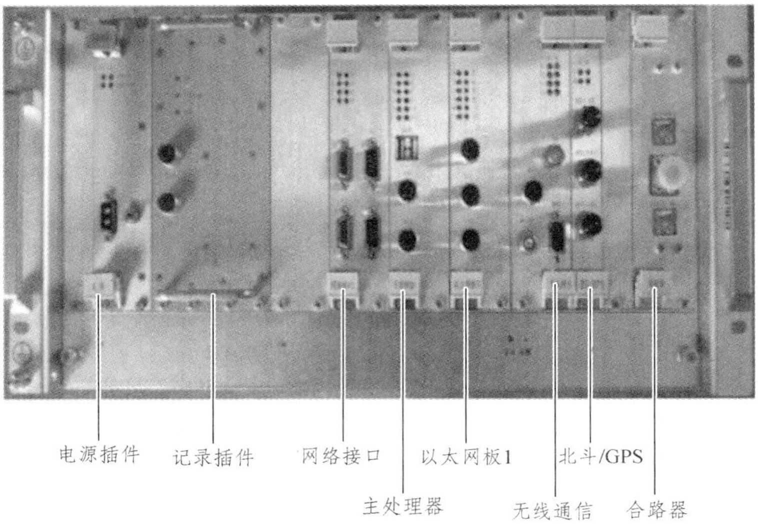

图 3-3　车载主机（LDP）

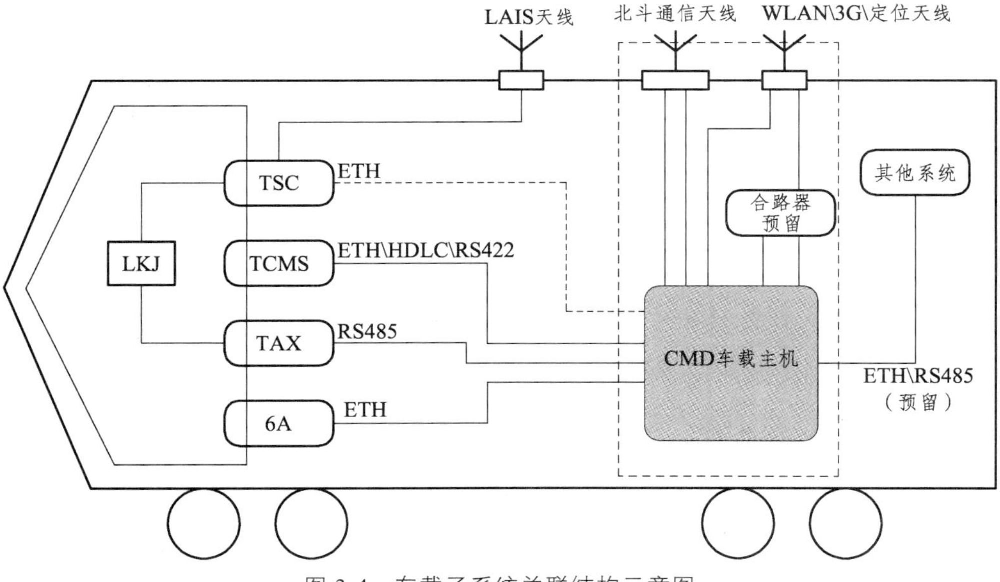

图 3-4　车载子系统关联结构示意图

车载子系统的工作原理如图 3-5 所示，LDP 通过 RS485 和以太网接口对 TCMS 机车状态信息数据、6A 机车监测信息数据、LKJ 机车安全信息数据进行采集，同时通过 3G 通道、北斗通道对地面点播、响应信息进行采集，经过内部处理后，将授时信息分发给 TCMS 与 6A，实现车载装置统一授时，并将机车状态、故障、事件等信息数据通过 3G、北斗通道发送给 CMD 系统数据传输子系统，以支持地面一系列工作的进行。LDP 内部处理机制是车载子系统功能实现的关键。

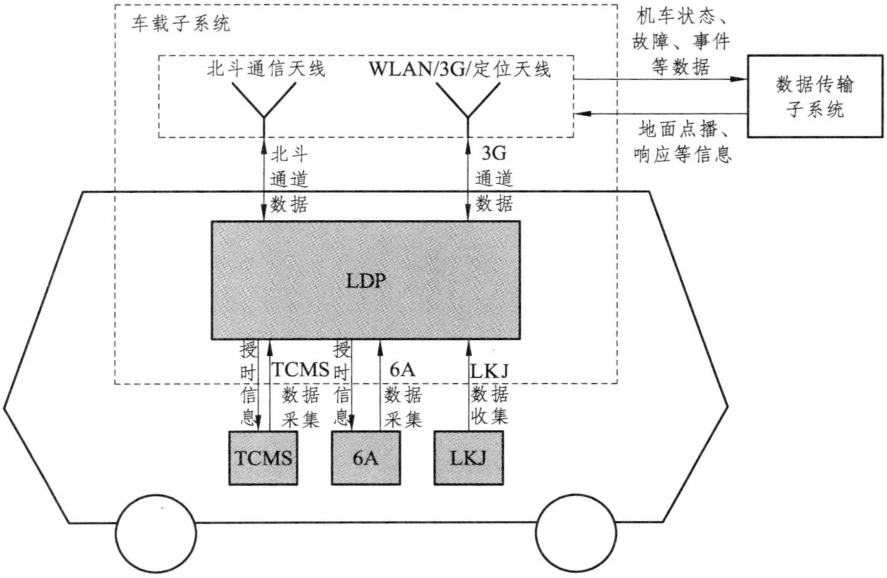

图 3-5　车载子系统工作原理

（二）LDP 主要板卡及组件功能

1. 电源板

电源板将机车直流电源（DC 110 V 或 DC 74 V）进行变换后，给装置内部的各功能板供电，具有防浪涌保护、输入欠压保护、输入反向保护、输入过流、过压保护、输出过流保护、输出短路保护功能。

2. 防护记录器

防护记录器由数据管理单元和防护存储单元组成，具备防火、防水、防振、抗强冲击等特种防护性能，用于机车关键信息、机车履历信息的特种存储。

3. 主处理器板

主处理器板是 LDP 的主控制板，负责数据的处理、内外部通信控制、自检、远程访问控制等功能。

4. 网络接口板

网络接口板具备 RS485 通信接口、RS42 通信接口，可用于接收 LKJ 的广播数据，还可用于与 TCMS、其他扩展设备通信，并可将采集到的数据通过内部总线传输给主处理器板，由主处理器板完成数据的处理。

5. 以太网板

以太网板为 LDP 内部的单板及外部的设备提供以太网数据的交换。

6. 无线通信板

无线通信板实现车到地、地到车的数据无线传输，提供 WLAN、3G 无线传输通道，用于实时信息、记录文件、远程命令的传输。

7. 北斗/GPS 板

北斗/GPS 板提供 CMD 系统与卫星导航系统的通信接口，用于北斗短报文信息的接收及发送，并能获取机车的定位信息，为 CMD 系统的机车定位跟踪业务提供数据服务。

8. 合路器板

合路器板如图 3-6 所示，将 WLAN 无线通信信息、3G 通信信息处理后，发送给 WLAN/3G 天线/定位天线。

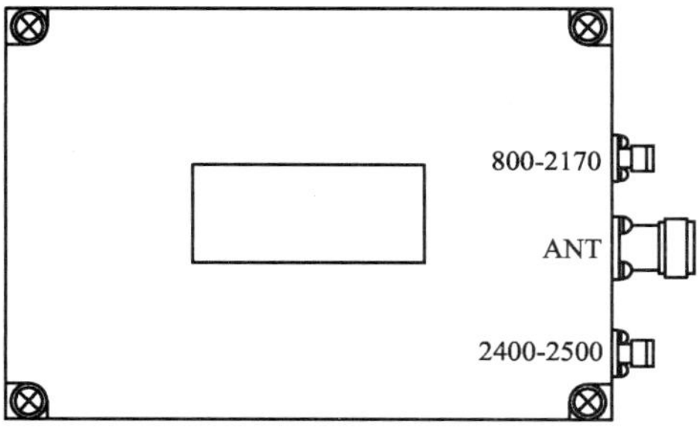

图 3-6　合路器

（三）天线组件功能

1. 北斗通信天线

北斗通信天线如图 3-7 所示，其集成了北斗发射天线与北斗接收天线，负责接收北斗系统的定位信号，还负责北斗短报文的发送。

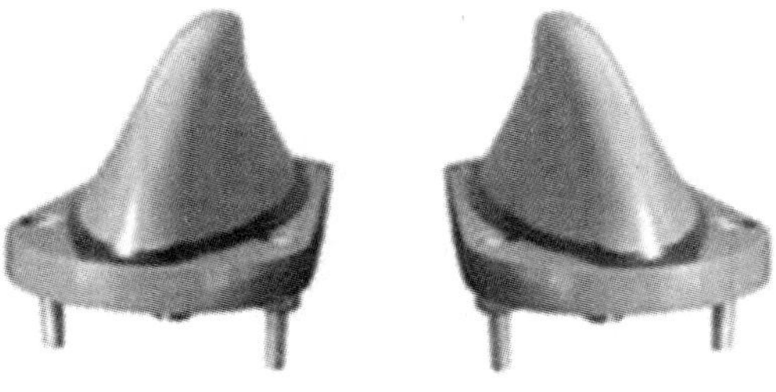

图 3-7　北斗通信天线

机车具有两套定位系统，一套是北斗系统，另一套是 GPS（全球定位系统），首选使用北斗系统。

2. WLAN/3G 天线、定位天线

WLAN/3G 天线、定位天线集成在一起，其功能如下：

（1）WLAN/3G 天线、定位天线在设有地面无线局域网的站场内，完成 CMD 数据的自动下载。

（2）链接 3G 通信网，实现 CMD 数据的在线播放和数据查询。

（3）用于 GPS 定位。

（四）车载子系统的功能

1. 数据采集

车载子系统从 TAX 采集机车安全信息，通过以太网接口从 6A 系统采集机车监测信息，通过以太网或 HDLC 接口从 TCMS 采集机车状态信息。其中时间信号来自 LKJ 主机，整个系统的时间信息与 LKJ 一致。

2. 数据处理

车载子系统根据通信协议，向地面综合应用子系统实时传输重要的机车状态信息，包含机车基本运行信息、司机操作命令信息等。在故障发生时，提取相应的环境数据，并实时向地面综合应用子系统报警，同时把相应数据传输至地面综合应用子系统。

3. 数据存储

车载子系统可对采集到的 TCMS、6A 系统、LKJ 等相关联的信息进行存储，并确保事件分析时数据的同步性（主要指时间上的同步）及一致性。

4. 数据传输与转储

车载子系统能进行实时信息的传输和记录文件的转储，能根据不同需求采取不同的策略，将数据传输至传输子系统：具备将 6A 系统视频信息传输到地面外网视频服务器的功能；具有无线自动转储与人工手动转储的功能。

5. 北斗短报文通信与定位功能

车载子系统具备北斗短报文通信的功能，短报文信息包括机车的位置信息、故障信息、司机操作信息等。

车载子系统具备北斗/GPS 定位功能，提供机车位置、海拔、速度、行进方向、时间等信息。

（五）车载子系统安装位置

6A 系统主机下方预留了 CMD 车载主机（LDP）的安装位置，如图 3-8 所示。

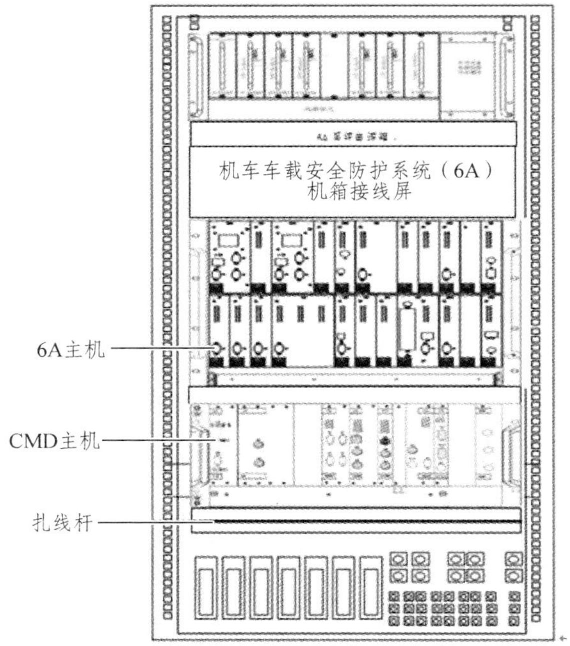

图 3-8　CMD 车载主机（LDP）的安装位置

二、数据传输子系统

（一）CMD 网络架构

CMD 网络架构分为三部分：车载网络、车地无线通信网络和地面有线网络。车载网络主要指与 TAX、TCMS、6A 系统之间的接口网络，通过这些网络，LDP 采集机车安全信息、机车状态信息、机车综合监测信息。车地无线通信网络采用 GPRS/3G、北斗和 WLAN。GPRS/3G 和北斗主要用于在途机车远程实时信息传输。车载网络结构如图 3-9 所示。

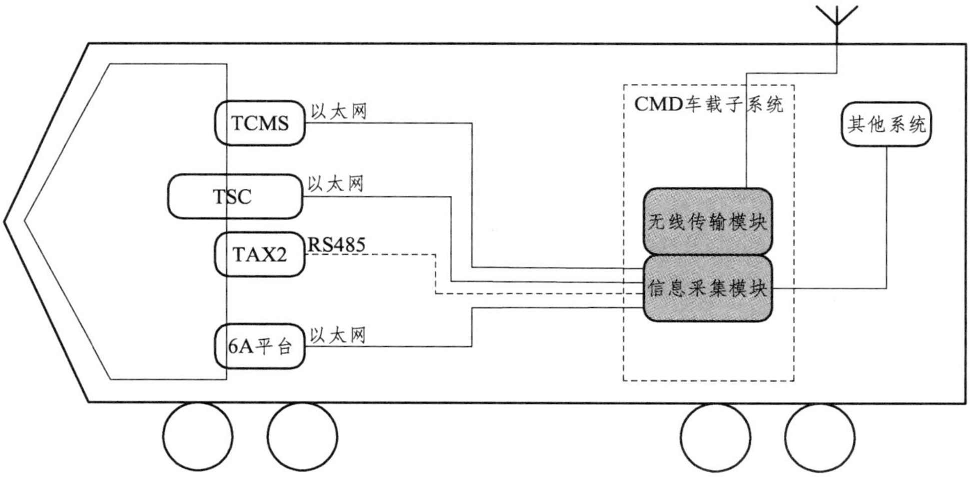

图 3-9　车载网络结构

车地无线通信网络主要实现机车入段后将 TCMS、6A 系统、LDP 等车载设备记录的数据转储到地面。车地无线通信网络结构包括 WLAN、3G 网络及北斗网络。CMD 利用北斗进行定位及周期性（每 60 s 生成一次短报文）传输重要的列车状态信息。由于具备更强的环境适应性，基于北斗的通信链路能够保证机车具有更高的在线率和实时监控特性，以支持机车“运、管、修”的各类应用。CMD 的北斗卫星通信链路主要由车载卫星信号收发设备、北斗导航通信卫星、北斗地面站、国铁集团地面数据服务器组成。CMD 系统的北斗卫星通信链路如图 3-10 所示。

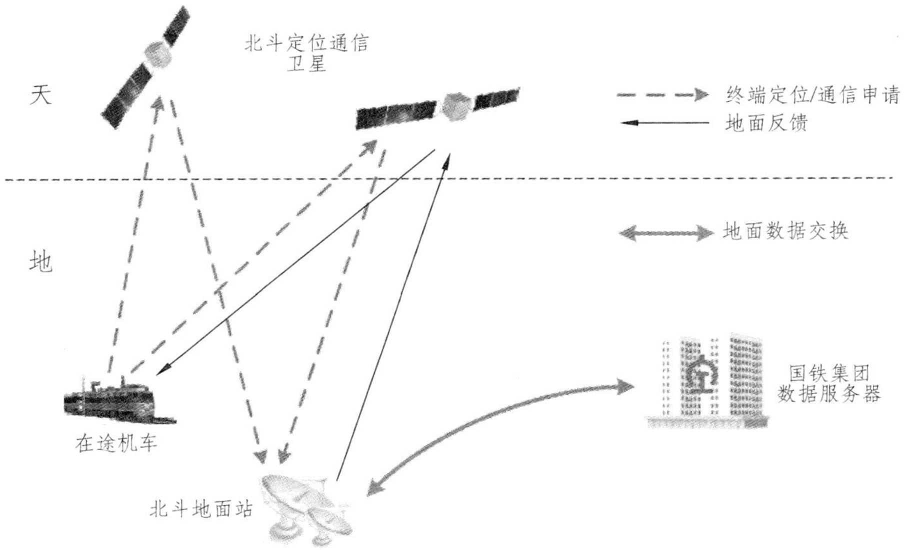

图 3-10　CMD 系统的北斗卫星通信链路

地面有线网络利用已经建成的铁路综合 IT 网络系统，主要完成国铁集团、铁路局集团有限公司、机务段/检修段三段网络范围内的数据信息传递。地面有线网络结构如图 3-11 所示。

（二）数据传输方案

机车在途运行时，把车载子系统采集的机车状态信息、机车安全信息及机车监测信息等车到地实时信息通过 GSM GPRS/3G、GSM-R GPRS、北斗传输到地面通信服务器；通信服务器把地到车实时信息通过 GSM GPRS/3G、GSM-R GPRS、北斗发往车载子系统。机车监测信息中的视频信息通过 3G 网络实时传输到铁路外网视频服务器上。

机车入段后，通过 WLAN 实现车地非实时信息双向传输，可以利用 WLAN 将 6A 系统、TCMS、LDP 等车载设备的记录数据、机车电子履历等大容量信息发送到无线转储服务器，同时把转储结果信息写入段数据服务器。

车地实时信息通过 MTUP 实现从 GSM GPRS/3G、北斗到铁路内网的内外网数据交换；车地非实时信息通过部署在机务段/检修段的防火墙实现从 WLAN 到铁路内网的内外网数据交换。

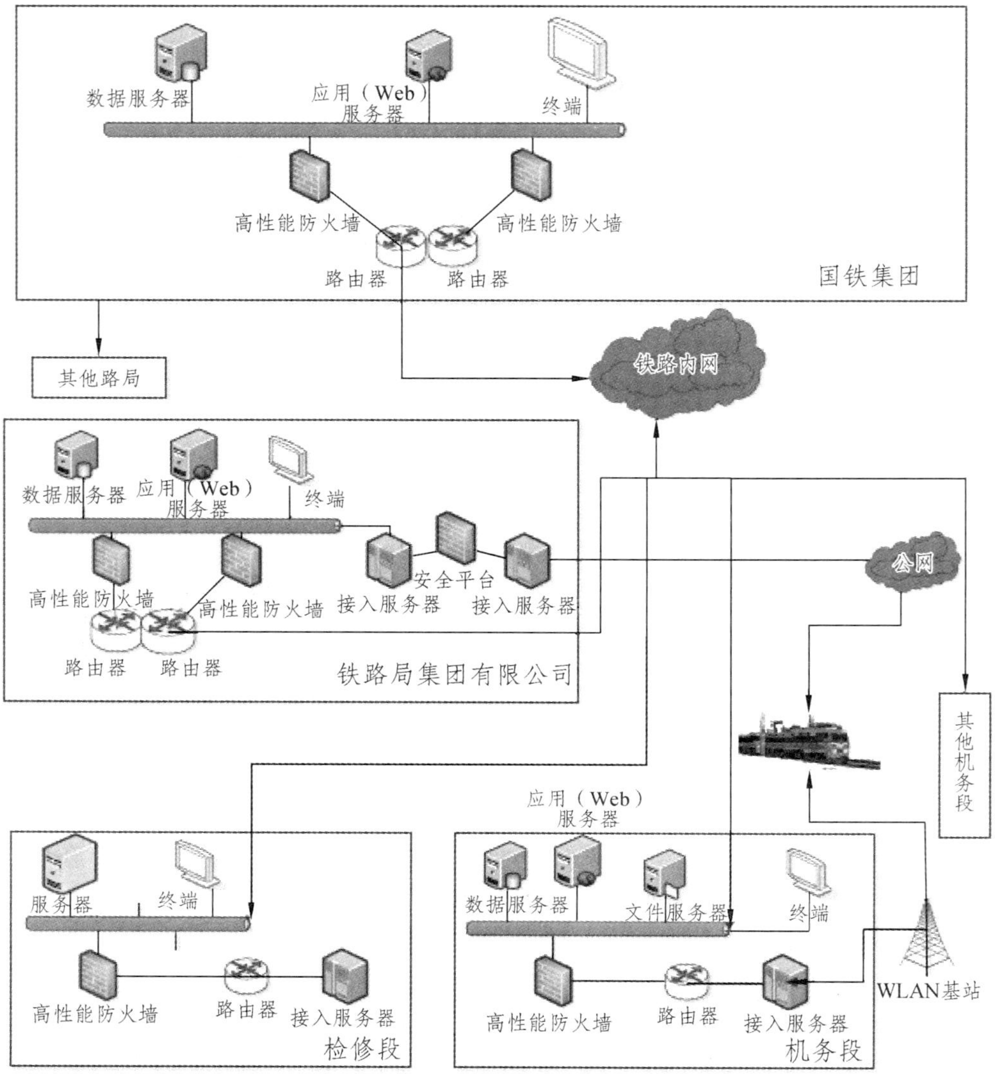

图 3-11　地面有线网络结构

CMD 依托铁路综合 IT 网，采用 MQ 传输方式，通过铁路统一传输平台实现国铁集团、铁路局集团有限公司、机务段/检修段间数据传输。数据传输方案如图 3-12 所示。

三、地面综合应用子系统

地面综合应用子系统主要由数据处理中心、综合服务平台和运行维护管理平台三部分组成。地面综合应用子系统按照国铁集团、铁路局集团有限公司、机务段/检修段、机车制造及修理厂商分层管理架构，为各级领导、业务主管和业务人员等用户提供机车运用、故障诊断等管理功能，提供基于业务的数据分析与统计，为其他信息系统提供数据接口。

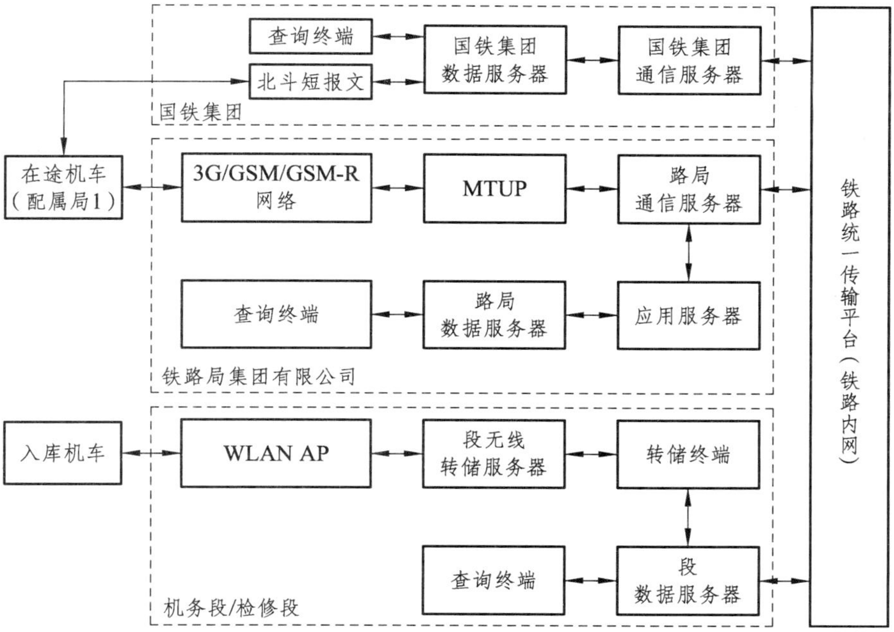

图 3-12　数据传输方案

（一）系统的组成

根据业务需求，地面综合应用子系统部署在国铁集团、铁路局集团有限公司、机务段/检修段的局域网内，通过权限配置满足不同层级的角色需求。地面综合应用子系统构成示意图如图 3-13 所示。

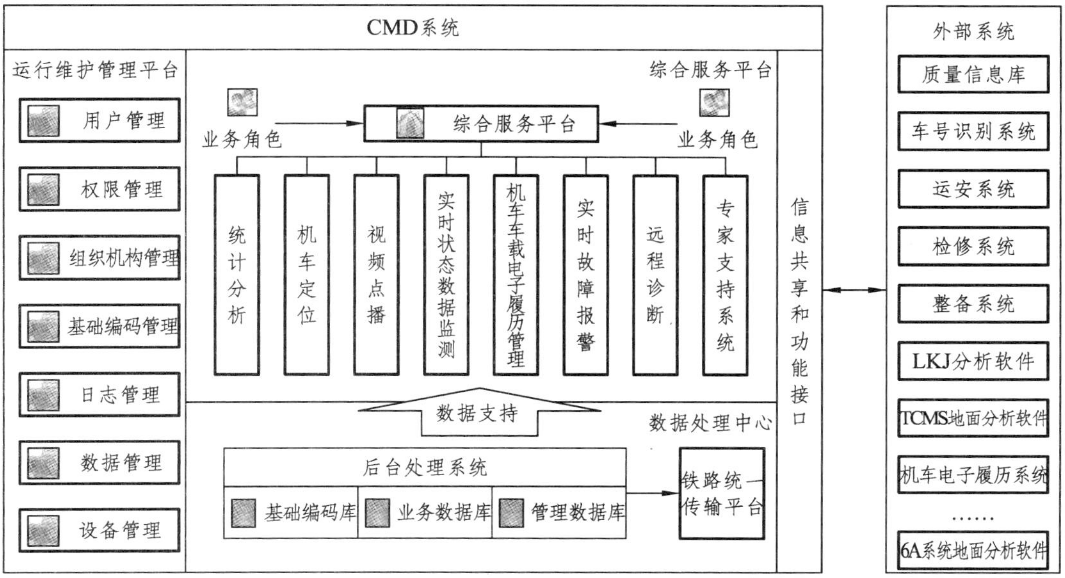

图 3-13　地面综合应用子系统构成示意图

（二）系统功能

地面综合应用子系统通过铁路统一传输平台、车地无线传输网络、北斗发送过来的数据信息，经过解析处理后存入地面综合应用子系统的数据库服务器中，再经过分析统计后形成界面显示、报表，向用户展示机车运用、故障诊断等机车各方面的汇总信息。CMD 对外与质量信息库、车号识别系统、运安系统、检修系统、整备系统、LKJ 分析软件、TCMS 地面分析软件、机车电子履历系统、6A 系统地面分析软件等各种外部信息系统集成，通过接口收发数据，达到信息互联互通的目标。

（三）数据处理中心

国铁集团地面综合应用子系统入库处理程序实时接收各铁路局集团有限公司通过铁路统一传输平台发送过来的车载信息，分析处理后存入国铁集团地面综合应用子系统的数据库服务器中，供国铁集团级综合服务平台调用。国铁集团层可以查看全路机车状态。

铁路局集团有限公司地面综合应用子系统入库处理程序实时接收来自车地无线传输网络的机车实时信息，分析处理后存入铁路局集团有限公司地面综合应用子系统的数据库服务器供铁路局级综合服务平台调用。铁路局集团有限公司层可以查看本局配属/支配机车状态、在本局线路中上运行的他局机车状态、查看本局乘务员所在机车状态。

机务段/检修段地面综合应用子系统入库处理程序实时接收铁路局集团有限公司通信服务器转发的本段配属机车实时信息，分析处理后存入机务段/检修段地面综合应用子系统的数据库服务器中，供机务段/检修段级综合服务平台调用。机务段/检修段可以查看本段配属/支配机车状态、查看本段乘务员所在机车状态。

（四）综合服务平台

综合服务平台包含统计分析、机车定位、视频点播、实时状态数据监测、机车车载电子履历管理、实时故障报警、远程诊断、专家支持系统、信息共享和功能接口等功能模块。

1. 机车定位

该功能模块能提供机车的实时经纬度、海拔信息和历史运行轨迹。通过 GIS 地图对在途机车进行查询和位置跟踪，能从宏观上概览所辖区域的机车情况，从微观上查询具体机车的各种类别信息。

2. 实时状态数据监测

该功能模块能提供机车的实时设备状态数据信息，包含 TCMS、6A 系统、LKJ 等设备的数据。其使用图形化方式展示机车设备的实时状态，并可以深入查看故障设备的详细状况。机车设备状态显示界面如图 3-14 所示。

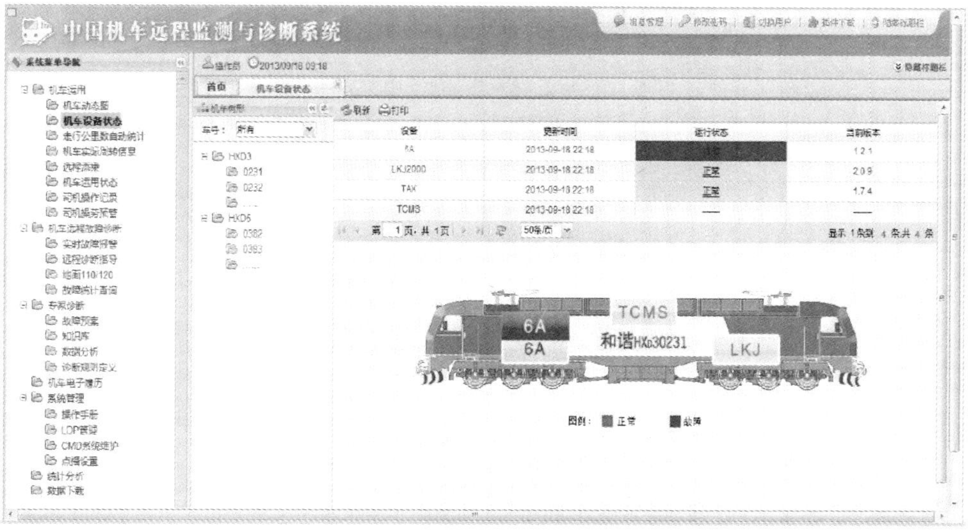

图 3-14　机车设备状态显示界面

3. 实时故障报警

该功能模块能提供机车设备的实时故障报警信息，包含故障代码、故障发生时间及故障环境数据。通过系统可查询 CMD 车载子系统发回的故障预警、报警信息（包含故障名称、故障发生时间、故障发生车次、故障类别）。实时故障报警界面如图 3-15 所示。

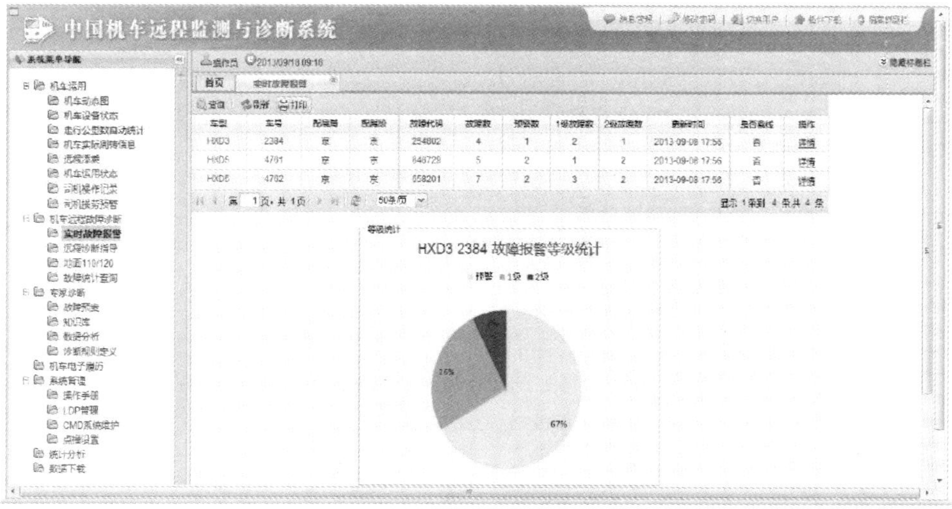

图 3-15　实时故障报警界面

4. 远程诊断

该功能模块能结合机车历史状态、当前状态及其他系统的结论，进行全面、深入的数据挖掘，为实现“状态修”奠定基础。远程诊断界面如图 3-16 所示。

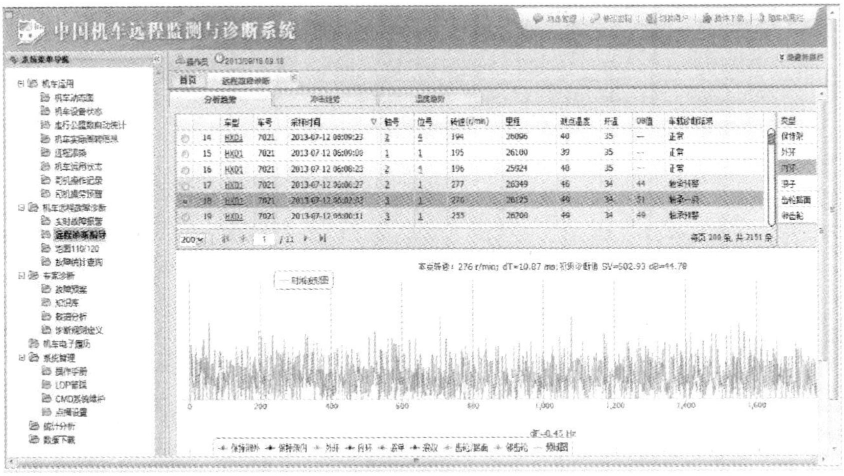

图 3-16　远程诊断界面

5. 机车车载电子履历管理

该功能模块旨在构建一个详细的机车状态库（包含机车及主要部件检测和试验记录、机车主要技术参数、试运记录、机车配属动态、主要部件动态、检修动态、技术提升与改进记录、破损记录、产品配置清单、机车履历簿交接单等内容）。其通过与机车电子履历系统通信实现对机车及部件的全寿命周期记录。

机车车载电子履历管理界面如图 3-17 所示。

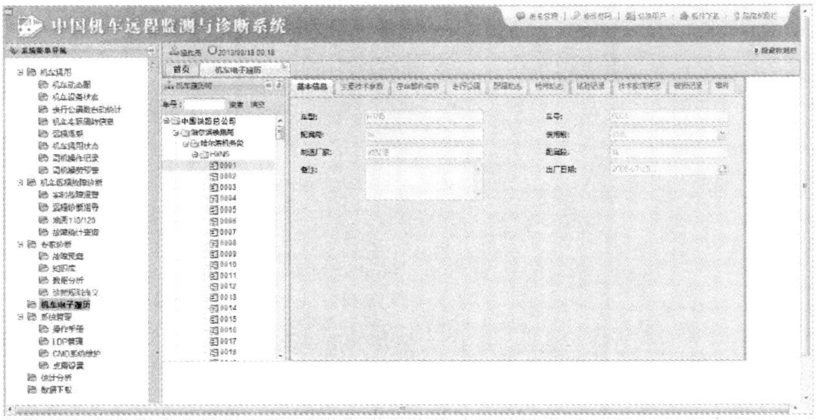

图 3-17　机车车载电子履历管理界面

6. 视频点播

视频点播界面如图 3-18 所示。

图 3-18　视频点播界面

7. 专家支持系统

该功能模块提供各类型的知识文档存储管理功能，包含故障预案等内容。

拓展知识

地面综合应用子系统应用实例

在地面综合应用子系统的实际应用过程中，发生了通过地面综合应用子系统进行故障远程处置的较多案例，在此以其中 1 例为对象，展示运用地面综合应用子系统处置远程故障的完整流程。

（1）报警产生。2016 年 3 月 14 日，某局地面综合应用子系统的实时监测窗口报警提示某机车 1 轴 5 位轴温异常，应急处置人员进入 CMD 系统安全防控页面查看详情，如图 3-19 所示。

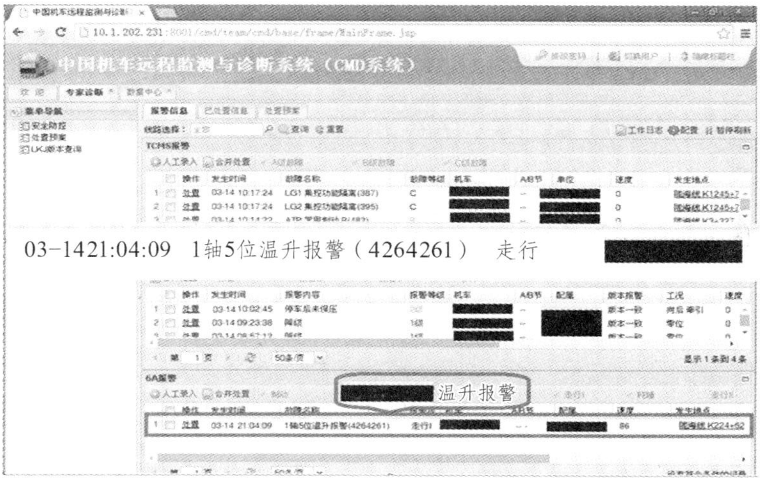

图 3-19　该机车轴温报警信息

（2）分析判断。通过查看该机车实时数据，发现其 6A 走行显示 1 轴 5 位传感器温度异常，如图 3-20 所示。

查看机车辅助系统实时数据（见图 3-21），辅助变流器 1 无电压和电流输出，且控制系统也没有相应故障提示，初步判断导致该车 1 轴 5 位传感器温度异常的原因是 APU1 偷停引起。根据初步判断结论，指导司机将 1 轴通风电机电源切换为辅助变流器 2 后持续观察实时 6A 走行数据，直到其值逐渐恢复到正常范围，确认影响行车安全的隐患消除后恢复正常运行。

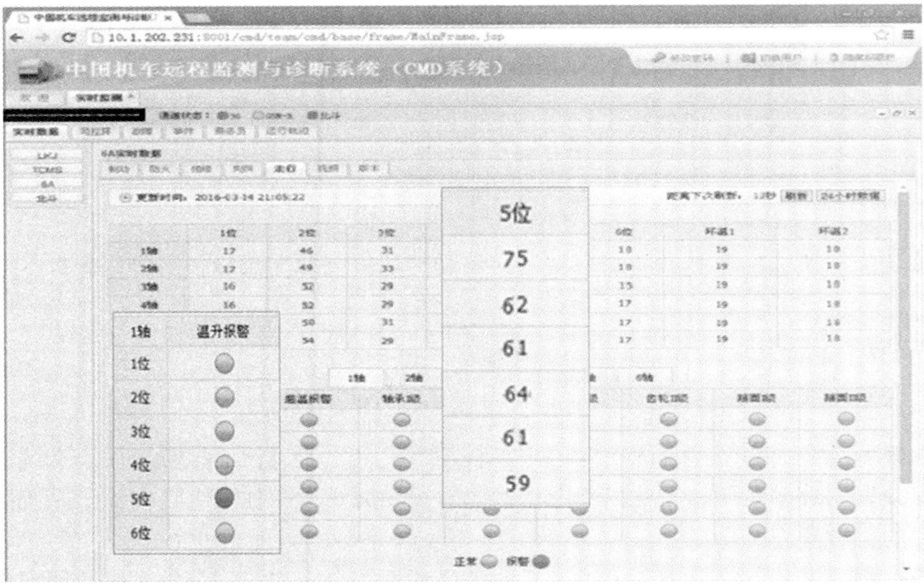

图 3-20　该机车实时 6A 走行数据

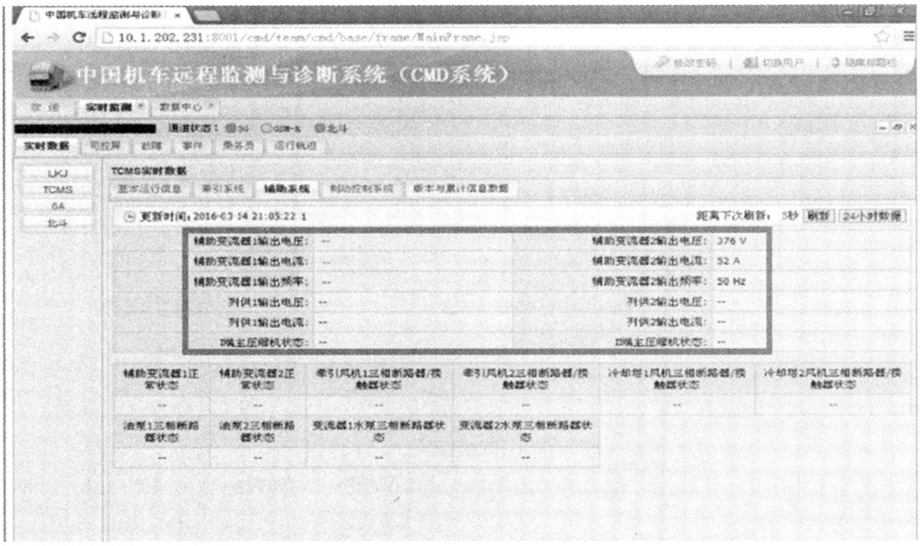

图 3-21　该机车实时辅助系统数据

（3）填写处置意见。在指导司机完成上述作业后，相应结论及后期处置仍需给出相应意见，并转机统 6 提票，这些操作均可在地面综合应用子系统中完成，如图 3-22 所示。

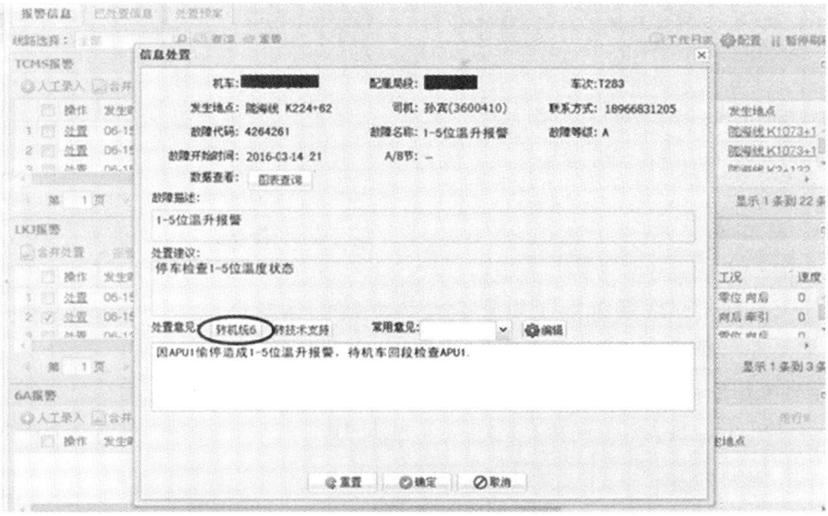

图 3-22　填写处置预案

本次故障的发现、分析及处置过程不仅有效避免了一次可能发生的安全事故，还节省了一次机车救援及由此引起的一系列成本代价；不仅保障了行车安全，还节约了成本开支，体现了科技为提高生产力所发挥的巨大作用。

铁路小故事

机务信息系统的黑科技“CMD 系统”

当今世界范围内信息化水平的提高已成为铁路信息技术发展的原动力。世界先进的铁路信息化技术主要体现在机车实时跟踪、综合调度、车地无线通信、机车远程监测与诊断等系统的研究与应用。随着我国铁路机车标准化的实施以及 LKJ、TCMS、6A 等车载系统的全面推广，我国铁路已经具备了机车信息采集的基础条件，适合我国机车运用检修管理的中国机车远程监视与诊断系统（CMD 系统）应运而生，为我国机车运行建立起一整套先进的机车实时监测、动态管理、维修和保证体系。CMD 系统由原中国铁路总公司运输局、原中国铁路信息技术中心、中铁信弘远（北京）软件科技有限责任公司、株洲中车时代电气股份有限公司、河南思维信息技术有限公司、成都运达科技股份有限公司和武汉征原电气有限公司共同完成，并获得 2017 年中国铁道学会特等奖。

CMD 系统能及时掌握机车运用状况，实现对机车设备状态信息的远程集中监测，及时对机车设备进行诊断和维护，实现对机车设备故障进行预警，为推进机车设备状态修提供支持。CMD 系统的设计遵循工业互联网理念，牢牢把握住工业互联网的三要素“智能装备、互联网络、大数据应用”，打造出一个智能化机车铁路行业应用，通过车载 LDP 设备获取机车各设备信息，并通过多种传输手段将机车数据源源不断传到地面系统，实现车地一体化，地面系统通过大数据分析手段为机车的质量安全保驾护航。目前，CMD 系统已经广泛应用于全路和谐型机车，利用 CMD 系统实时数据结合故障智能在线诊断功能，辅助地面指挥人员对机车乘务员提供远程技术支持，可有效降低机车的机破率，实现安全风险防控关口前移，优化机车检修管理模式，推动由定期修向状态修的转变，保障机车安全、准点运营。

复习思考题

1. 简述 CMD 系统的研发意义及该系统的构成。
2. 机车车载子系统的功能和工作原理是什么？
3. CMD 网络架构包括哪几部分？各组成部分的功能是什么？
4. 机车地面综合应用子系统的功能是什么？
5. 地面综合服务平台有哪些功能模块？
6. 实例分析：某局地面综合应用子系统的实时监测窗口报警提示某机车 1 轴 5 位轴温异常，请详细说明地面综合应用子系统远程处置机车故障的详细流程。

项目四 PART FOUR

机车车载安全防护系统（6A 系统）

随着机车交路的不断延长，机车运行速度的不断提高及牵引重量的不断增大，如何以体系化的技术手段解决机车安全的管控问题，已经成为机车运用部门的关注重点。

各铁路局集团有限公司加装的监测设备在标准、功能、安装、人机界面、维护管理等方面不统一，无法纳入规范化管理和信息化处理网络，无法适应安全管理跨局运用等现实需求。为了适应一线工作需要，2011 年 2 月，北京纵横机电技术开发公司，在前期已有的分散管理的高压绝缘、防火、视频、列车供电、空气制动、走行部等机车安全检测设备的基础上，采用实时网络传输、统一固态存储和智能人机界面技术，创新地进行综合集成，开发了平台化的机车车载安全防护系统（6A 系统）。

任务一　6A 系统的功能及用途

教学目标

1. 能力目标

掌握 6A 系统应用的意义。

2. 知识目标

认识 6A 系统研制的背景，了解 6A 系统的功能及用途。

3. 素质目标

掌握 6A 系统对机车安全管控的重要性。

工作任务

<table>
<tr><th>任务名称</th><th>任务布置</th></tr>
<tr><td>6A 系统简介</td><td>认识 6A 系统研制的背景。
了解 6A 系统的功能及用途</td></tr>
<tr><td colspan="2">小组讨论</td></tr>
<tr><td colspan="2">1. 问题导入
（1）机车安全事故主要包括哪些？
（2）有哪些技术手段应用在机车安全管控方面？</td></tr>
</table>

序号	机车安全事故	事故原因
1		
2		
3		

2. 归纳总结

（1）什么是6A系统？

（2）6A系统在机车上的应用有什么意义？

（3）6A系统的功能及用途是什么？

相关知识

一、6A系统的发展历程

2011年2月，开始研发6A系统。

2011年10月25日，下发铁运函〔2011〕737号《6A系统总体暂行技术条件》。

2012年9月26日，下发铁运〔2012〕227号《6A系统中央处理平台及六个子系统暂行技术条件》。

2012年10月29日，在中铁认证中心主持下，召开关于6A系统产品CRCC认证规则讨论会，确定了6A系统认证的基本规则。

2012年11月底，6A系统首批供应商通过CRCC认证。

2012年12月，在HXD3C和HXD1型机车上批量安装6A系统。

2013年4月，HXD3C型机车97台，HXD1型八轴机车50台批量生产投入运用。

2013年5月，下发运机技验函〔2013〕179号文《机车车载安全防护系统（6A系统）运用维护管理规则（试行）》自2013年7月1日起施行。

二、6A系统的功能及用途

随着机车运行速度的提高，长交路的推广，机车在运用现场的安全事故也时有发生，这严重影响了机车运用安全和铁路运营秩序，机车安全事故主要包括：走行部轴箱轴承、电机轴承等故障；列车在运行中发生折角塞门非正常关闭引发的冒进、冲撞事故；机车高压绝缘破坏，引起接触网烧损，造成大面积停电；机车内部电线电缆短路、过热及其他原因而引起的机车火灾；列车供电故障，造成列车不能正常出库、发车等。

基于上述安全问题，如何运用技术手段体系化地解决机车安全管控问题，已经成为机车运用部门的关注重点，但以往机车中的各监测设备由于各项指标、标准等方面不统一，无法纳入规范化管理和信息化处理网络。

为满足安全管理、跨局运用等现实方面的需求，机车车载安全防护系统（6A系统）针对机车的高压绝缘、防火、视频、列车供电、制动系统、走行部等危及安全的重要事项、重部件和部位，采用实时检测、监视、报告等手段实现平台化的安全防护。

6A 系统与车载计算机系统、LKJ 监控系统共同构成机车数据源，它们统一功能接口、统一数据存储、统一安装方式、统一人机界面、统一维护操作，共同构成了机车远程监测与诊断系统（CMD 系统）。机车安全各系统示意图如图 4-1 所示。

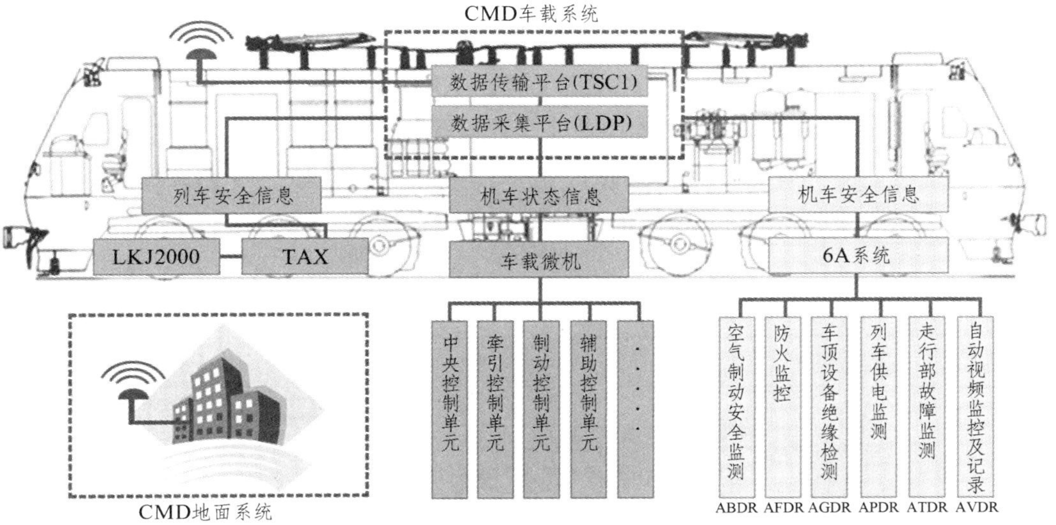

图 4-1　机车安全各系统示意图

机车车载安全防护系统（6A 系统）是针对机车运行过程中危及安全的重要事项、重点部件和部位，在前期已有的各分散的机车安全设备的基础上，完善功能、综合集成而形成的系统性、平台化的安全防护装置，其用于提高机车防范安全事故的能力。与安全相关的机车信息可分为三类：机车安全信息、机车状态信息和机车监测信息，机车的安全信息来源于“LKJ2000”和“TAX”，机车的状态信息来源于“TCMS”，机车的监测信息来源于“6A 系统”。“LKJ2000”“TAX”“TCMS”“6A 系统”之间一般通过 CMD 系统相互连接以进行通信。如未安装 CMD 系统，可以安装外部接口卡实现相关功能。CMD 系统是机车的信息化平台，处于顶层，其用于完成机车信息的综合与传输。

6A 系统中的中央处理平台对各子系统进行数据集中、信息共享，并通过数据库进行综合分析。各子系统必须遵照统一的 6A 系统通信协议，以及其定义的帧格式和数据编码，与中央处理平台通信。

6A 系统具备的功能：

（1）监控功能：

① 制动监测；

② 防火监控；

③ 高压绝缘检测；

④ 走行部监测；

⑤ 视频监控；

⑥ 列车供电检测。

（2）综合诊断。

（3）数据存储。

（4）音视频显示。

车地通信（使用 CMD）6A 系统包括机车空气制动安全监测子系统（简称 ABDR）、机车防火监控子系统（简称 AFDR）、机车车顶设备绝缘检测子系统（简称 AGDR）、机车走行部故障监测子系统（简称 ATDR）、机车自动视频监控及记录子系统（简称 AVDR）和机车列车供电监测子系统（APDR），系统总体功能框图如图 4-2 所示。

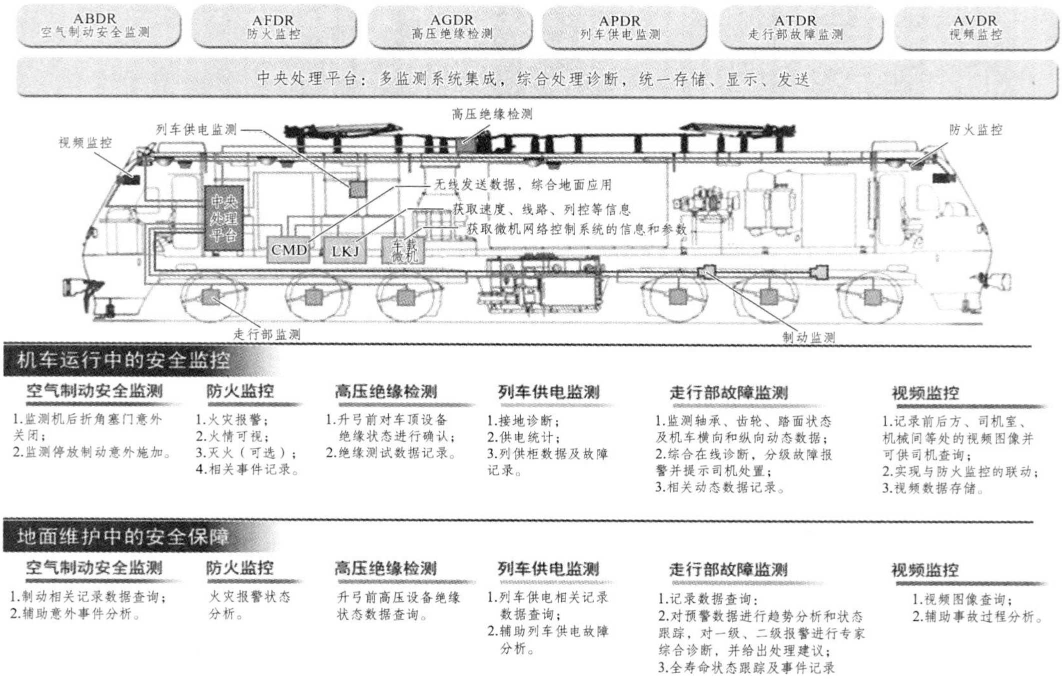

图 4-2　系统总体功能框图

任务二　6A 系统的结构与原理

教学目标

1. 能力目标

能够说出 6A 系统的构成及功能。

2. 知识目标

掌握 6A 系统的结构与原理；掌握各子系统的设备名称及功能。

3. 素质目标

对 6A 系统的整体框架有所了解。

工作任务

<table>
<tr><th colspan="2">任务名称</th><th colspan="2">任务布置</th></tr>
<tr><td colspan="2">6A 系统的结构与原理</td><td colspan="2">掌握 6A 系统的结构与原理；
掌握各子系统的设备名称及功能</td></tr>
<tr><td colspan="4">小组讨论</td></tr>
<tr><td colspan="4">1. 问题导入
（1）机车检测信息的来源是哪里？这些信息是如何得来的？
（2）中央处理平台的作用是什么？集成了哪些子系统？</td></tr>
<tr><td colspan="2">子系统名称</td><td colspan="2">子系统名称</td></tr>
<tr><td colspan="2">1</td><td colspan="2">4</td></tr>
<tr><td colspan="2">2</td><td colspan="2">5</td></tr>
<tr><td colspan="2">3</td><td colspan="2">6</td></tr>
<tr><td colspan="4">2. 归纳总结
（1）6A 系统的子系统有哪些？各自功能是什么？
（2）超声波探伤技术的原理是什么？探伤过程是怎样的？</td></tr>
</table>

相关知识

6A 系统以中央处理平台（CPP）为核心，集成了 6 个监控子系统，如图 4-3 所示。这 6 个监控子系统包括：机车高压绝缘检测子系统（AGDR）、机车防火监控子系统（AFDR）、机车自动视频监控及记录子系统（AVDR）、列车供电监测子系统（APDR）、机车空气制动安全监测子系统（ABDR）、机车走行部故障监测子系统（ATDR）。车载数据传输示意图如图 4-4 所示。

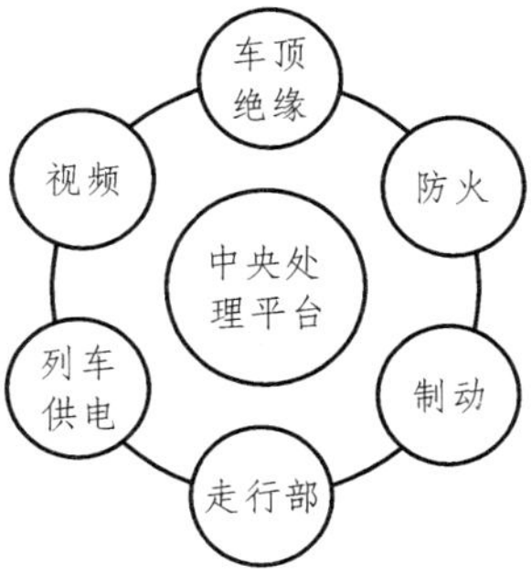

图 4-3　系统结构框架图

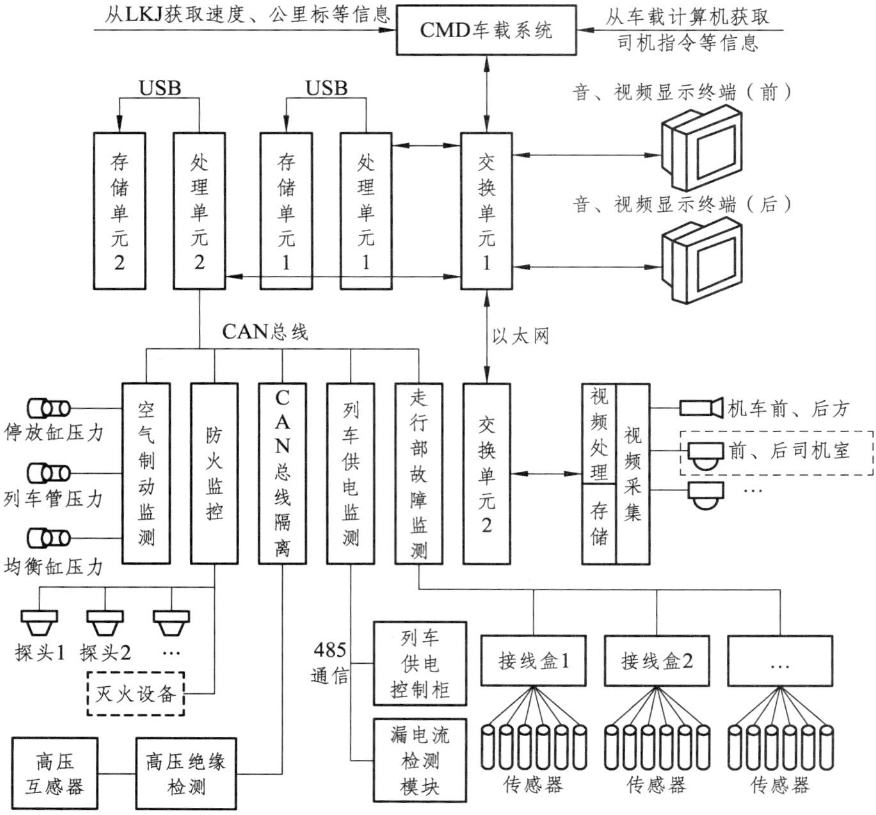

图 4-4　车载数据传输示意图

一、中央处理平台（CPP）

中央处理平台主机如图 4-5 所示。中央处理平台对各子系统进行数据集中、数据管理并通过数据库进行综合分析。各子系统依据统一的 6A 系统通信协议与中央处理平台通信主要功能：

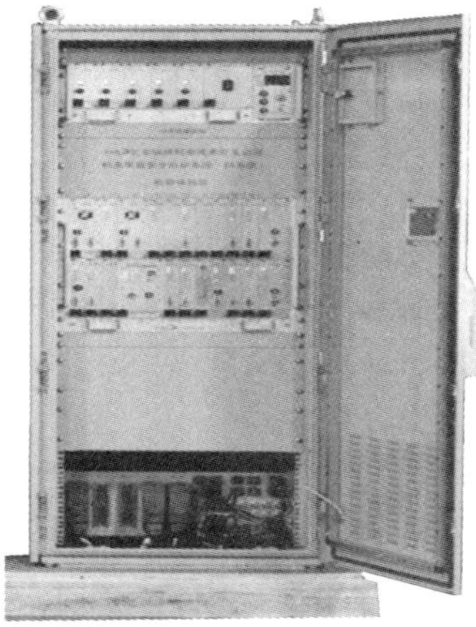

图 4-5　中央处理平台主机

（1）综合处理报警；
（2）安全信息存储；
（3）人机交互界面；
（4）平台统一供电；
（5）实时网络传输；
（6）双处理器冗余工作；
（7）监测子系统可扩展。

二、机车空气制动安全监测子系统（ABDR）

机车空气制动安全监测子系统如图 4-6 所示。机车空气制动安全监测子系统由制动监测板卡（AB）、列车管压力传感器、停放缸压力传感器和均衡缸压力传感器等组成。

列车运行中，制动监测板卡从 CAN 总线获取速度和停放制动模块状态，如果监测到停放制动缸压力下降，将及时预警。如果监测到停放施加，也将及时报警。

制动监测板卡从 CAN 总线获取列车管充风流量、机车工作模式（客/货/本/补）和车辆数，同时利用列车管压力、均衡缸压力缓解的过程等信息综合判断列车折角塞门是否关闭。

主要功能：

（1）列车折角塞门非正常关闭监测；

（2）机车停放制动非正常施加监测，以预防因折角塞门关闭、制动失灵引起的行车事故，预防机车意外带闸行车事故。

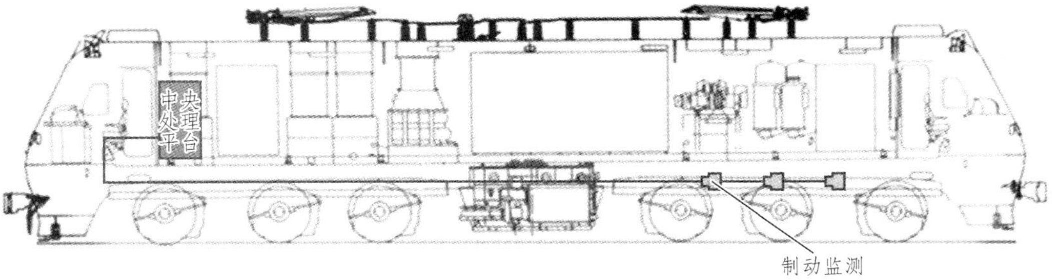

图 4-6　机车空气制动安全监测子系统

三、机车防火监控子系统（AFDR）

机车防火监控子系统如图 4-7 所示。6A 系统的机车防火监控子系统的主要专有部件包括防火监控板卡（AF）和多个火情探测器。6A 系统开机运行后，防火监控子系统进行自检，自检的状态信息显示在 6A 系统的音视频显示终端，同时设备的状态指示灯也会反映自检成功后，系统进入正常运行状态，并实时将系统的监测数据发送给 6A 中央处理平台并显示在音视频显示终端，同时伴有声音报警。

主要功能：

（1）火情报警；

（2）火情可视频监测。

在司机室、机械间等处布设烟温复合探头，在地板线槽内布设感温电缆，监测车内司机室、机械间等处温度、烟雾变化，预防机车电气、油气起火事故的发生。

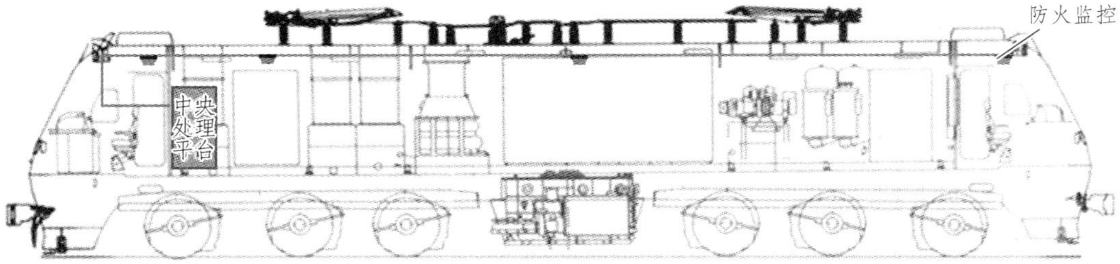

图 4-7　机车防火监控子系统

四、机车走行部故障监测子系统（ATDR）

机车走行部故障监测子系统如图 4-8 所示，机车走行部故障监测子系统由走行部监测板卡 1（AT1）、数据前置处理器、传感器等部分组成。机车走行部故障监测子系统通过传感器采集轴承温度、振动冲击数据，齿轮、踏面振动冲击数据，机车车轴转速数据。数据前置处理器对采集的数据进行预处理后，传输至走行部监测板卡 1。走行部监测板卡 1 对数据进行诊断分析，并将诊断结果和过程数据通过 6A 系统主机内部总线传送至 6A 系统的中央处理平台（CPP）。

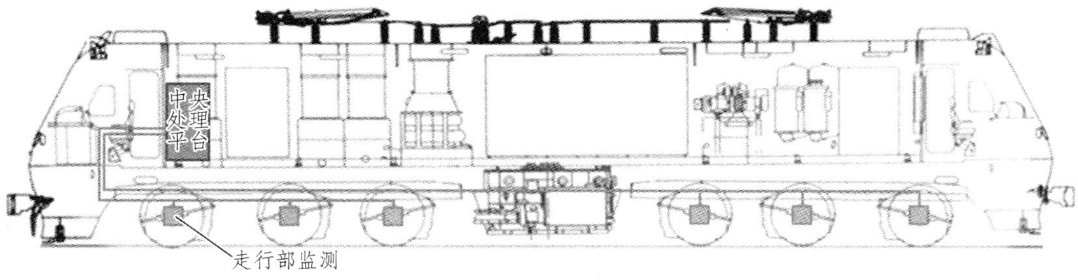

图 4-8　机车走行部故障监测子系统

主要功能：走行部轴承温度和冲击监测。

通过振动谱分析，检测走行部轴箱轴承、电机轴承和踏面的早期故障，以降低走行部事故的发生。图 4-9 所示为获取信息的传感器。

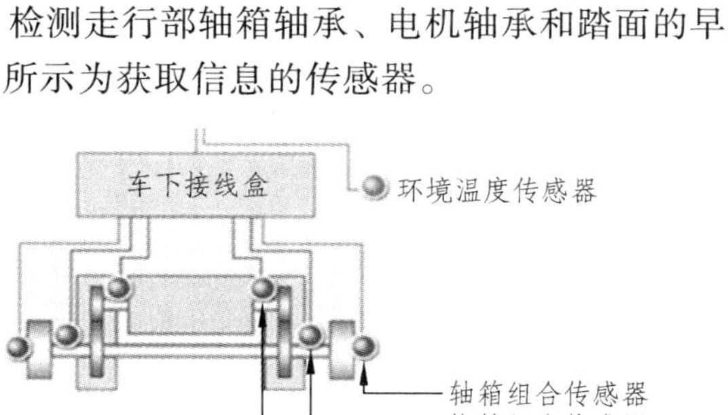

图 4-9　走行部轴承温度和冲击监测的各种传感器

走行部监测子系统对以下部件和对象的状态与故障进行监测：

（1）轴承。

监测对象：轴箱轴承、牵引电机轴承、抱轴轴承、齿轮箱轴承；

监测物理量：振动冲击、温度；

监测要求：能够诊断出轴承的故障。

（2）齿轮。

监测对象：主、从动齿轮；

监测物理量：振动冲击；

监测要求：能够诊断出齿轮的故障。

（3）车轮踏面。

监测对象：车轮踏面；

监测物理量：振动冲击；

监测要求：能够诊断剥离、擦伤、不圆度。

五、机车高压绝缘检测子系统（AGDR）

机车高压绝缘检测子系统如图 4-10 所示。

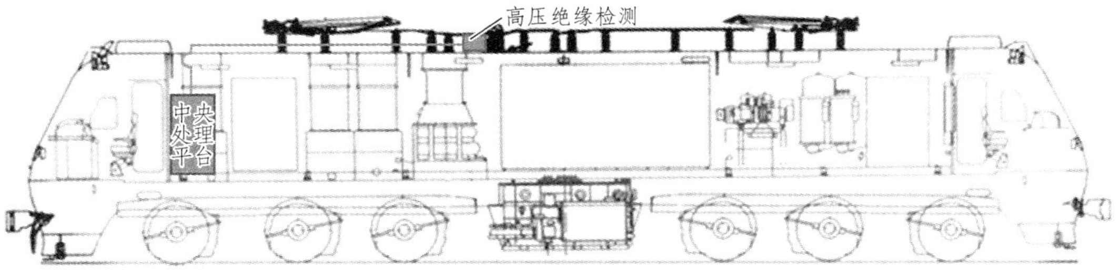

图 4-10　机车高压绝缘检测子系统

主要功能：

（1）检测车顶高压部件的绝缘状态；

（2）设备自身的短路保护；

（3）有网压时自动锁闭检测功能；

（4）升弓状态下自动锁闭检测功能。

系统配备钥匙开关，控制系统检测功能的启动。

车顶绝缘检测设备的自身故障为 1 级，车顶绝缘状态报警为 3 级，绝缘报警门限值：机车出库时检测电压≥19 kV；线路运行时检测电压为 15 kV，具体的门限值由各铁路局集团有限公司根据机车运行区段、气候条件、使用经验自行确定。

六、机车自动视频监控及记录子系统（AVDR）

机车自动视频监控及记录子系统如图 4-11 所示。视频监控子系统由多个摄像头、视频采集板卡（AV1、AV2）、视频处理板卡（AV3）组成。摄像头采集视频后，输出复合视频信号，将复合视频信号传送给视频采集板卡，视频采集板卡对输入的信号进行数字化编码，然后通过以太网传输给视频处理板卡，进行报警信息和公共信息与视频图像的叠加，并保存在视频处理板卡的硬件中，同时，视频处理板卡通过以太网接收 6A 系统中央处理平台（CPP）的命令（火情联动），发送视频图像给显示屏以进行显示。

该子系统只报摄像头故障，属于 I 级报警，6A 系统的音、视频显示终端主界面会出现文字和语音报警，不会影响机车正常运行，不需要司乘人员进行任何干预，机车运行完交路回到库内时，通知相关人员进行摄像头更换即可。

主要功能：

（1）实现与防火系统的联动；

（2）视频图像存储和调用分析，通过记录司机操作、运行路况、机械间图像等，为事故分析提供帮助。

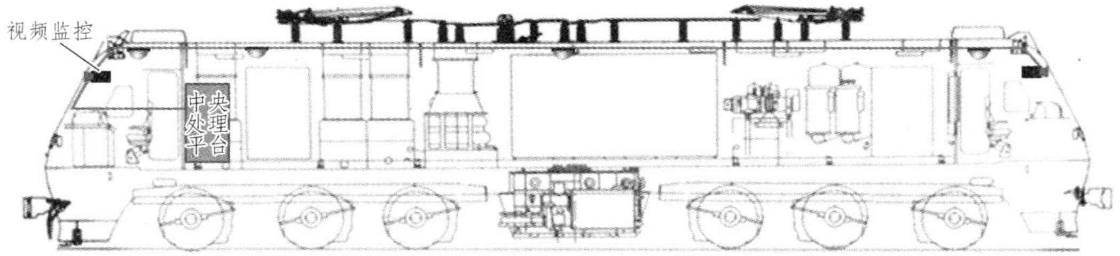

图 4-11　机车自动视频监控及记录子系统

七、列车供电监测子系统（APDR）

列车供电监测子系统如图 4-12 所示。列车供电监测子系统包括 AP 板卡和漏电流监测模块。AP 板卡通过 485 通信线与列车供电控制柜及漏电流检测模块通信，获得列车供电柜的电压、电流信息，以及系统的漏电流值等后，与中央处理平台（CPP）提供的客车车次、机车号、机车所处地理位置等信息融合后产生系统级的列车供电诊断信息发送给中处理平台。

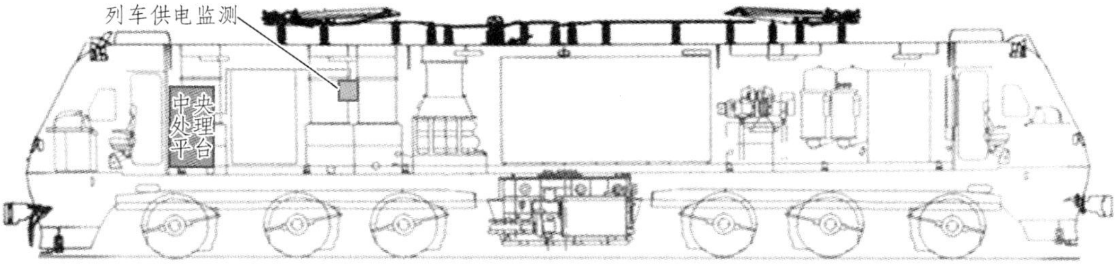

图 4-12　列车供电监测子系统

主要功能：

（1）接地诊断（漏电流检测）；

（2）对机车及后部车辆供电状态进行监测；

（3）对列车供电状态及故障进行记录，其可在机车出库、挂车、运行过程中对列车供电状态进行实时监测，实现对列车供电系统故障的分析和报警。

任务三　6A 系统的使用与维护

教学目标

1. 能力目标

掌握系统的操作方法，能够对 6A 系统进行日常检修与维护。

2. 知识目标

掌握查看 6A 系统监测信息的操作方法；掌握 6A 系统主界面按钮的功能；掌握 6A 系统日常维护工作内容及检修标准；掌握 6A 系统功能验证的方法。

3. 素质目标

能够安全地操作 6A 系统，熟练查看监测信息。

工作任务

<table>
<tr><th>任务名称</th><th>任务布置</th></tr>
<tr><td>6A 系统的使用与维护</td><td>掌握 6A 系统主界面按钮的功能；
掌握查看 6A 系统监测信息的操作方法；
掌握 6A 系统日常维护工作内容及检修标准；
掌握 6A 系统功能验证的方法</td></tr>
<tr><td colspan="2">小组讨论</td></tr>
<tr><td colspan="2">1. 问题导入
（1）6A 系统操作需要注意哪些问题？
（2）6A 系统主界面有哪几类显示信息？</td></tr>
<tr><td colspan="2">主界面显示信息分类</td></tr>
<tr><td colspan="2">1</td></tr>
<tr><td colspan="2">2</td></tr>
<tr><td colspan="2">3</td></tr>
<tr><td colspan="2">4</td></tr>
<tr><td colspan="2">5</td></tr>
<tr><td colspan="2">2. 归纳总结
（1）6A 系统主界面按钮有哪些功能？
（2）如何查看 6A 系统的监测信息？
（3）如何对 6A 系统进行日常维护及检修？
（4）6A 系统的功能如何验证？</td></tr>
</table>

相关知识

一、系统的使用

（一）安全注意事项

1. 人身安全注意事项

在进行高压绝缘检测时，机车必须处于降弓停车、主断路器断开、高压连接器连接状态，必须确认机车车顶无人操作并锁闭车顶门。

2. 应急故障处理注意事项

在处理 6A 系统和机车故障前，应保证人身、设备和行车安全。发生故障时，应避免堵塞区间，短时间内处理无效时，应立即请求救援。发生故障后，乘务员在汇报时应准确提供时间、故障现象等信息，熟练掌握各种复位、切除方法。

（二）6A 系统音视频显示终端基本操作

音视频显示终端位于机车司机操作台上，是 6A 系统的人机交互装置，可以查询各子系统设备状态，进行监测数据、提示信息和报警信息。

1. 界面介绍

音视频显示终端是司机的主要操作界面，显示屏界面分为五大类，主要包括主界面、监控数据、视频图像、故障记录、系统设置。具体的信息层次如图 4-13 所示。

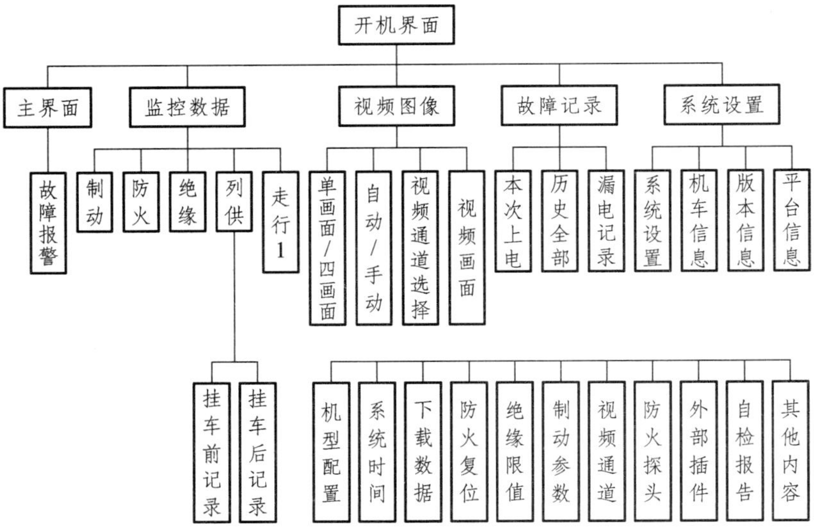

图 4-13　信息层次

司机上车后，将 6A 系统的电源空气开关（QA64）和监控系统的电源空气开关（QA56）闭合。司机台左侧的音视频显示终端会启动，并进入 6A 系统界面，待启动完成，出现

6A 系统软件的载入进度，达到 100%后，出现如图 4-14 所示画面。

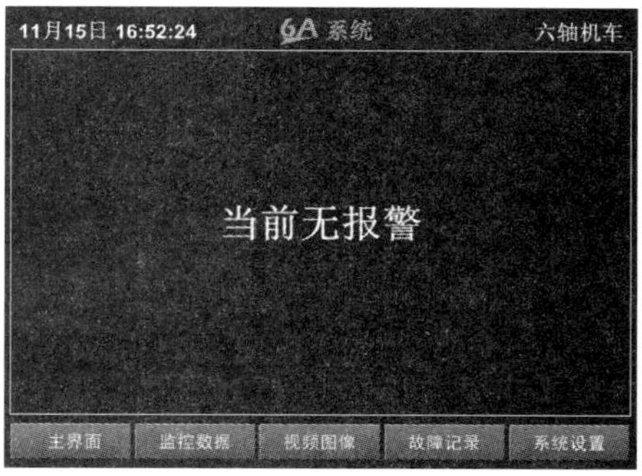

图 4-14　音视频显示终端主界面

6A 系统中央处理平台在启动后，将自动收集各子系统的自检信息，并将信息发送到音视频显示终端，如果有故障报警，显示终端会在主界面自动显示相应的信息，如序号、所属子系统、内容、级别和备注信息。如图 4-15（a）所示，当发生视频监控子系统故障报警和防火监控子系统报警时，主界面显示的两条报警信息，会同时发出报警语音提示。

如果 6A 系统主界面显示如图 4-15（b）所示，并且设有语音报警，则表示 6A 系统运行正常。

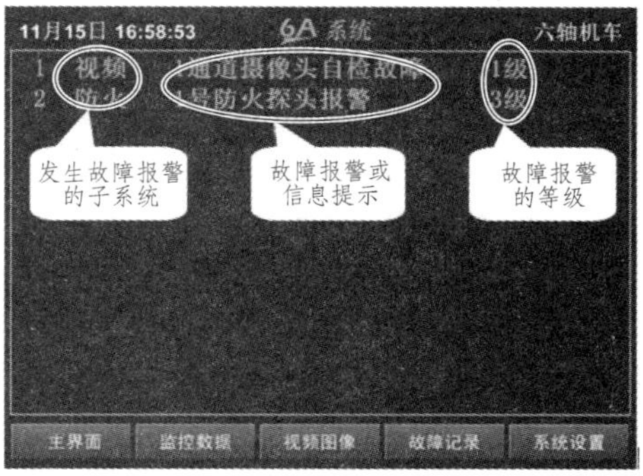

（a）6A 系统主界面报警界面

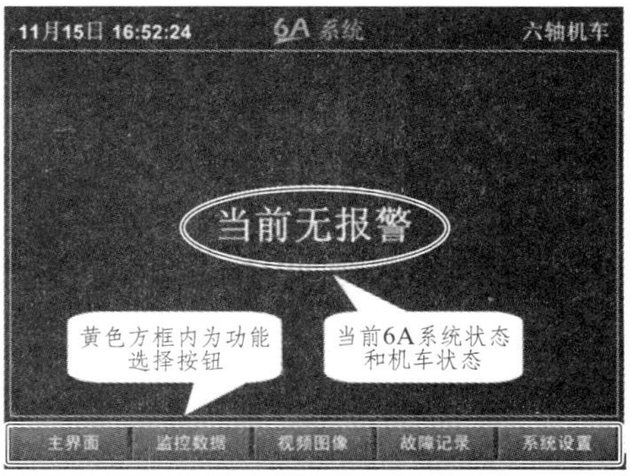

（b）6A 系统主界面无报警界面

图 4-15　6A 系统主界面

2. 界面操作

在开机界面点击一下 6A 系统显示终端的屏幕，显示终端会进入主界面，如图 4-15（b）所示。

6A 系统主界面下方分布着 5 个功能选择按钮，点击可以查看下一级子菜单。

点击【主界面】可以切换到主界面，显示当前故障报警信息。

点击【监控数据】可以查看各子系统的监测数据。

点击【视频图像】可以查看各视频通道的图像。

点击【故障记录】可以查看机车本次运行的故障报警记录，以及历史的故障报警记录。

点击【系统设置】可以查看系统的版本信息，配置系统的主要参数。

3. 查看监测信息

1）空气制动监测

点击【监控数据】下的【制动】进入机车空气制动监测界面，在此界面可以观测到运行速度、风管压力、列车贯通辆数等数据，如图 4-16 所示。

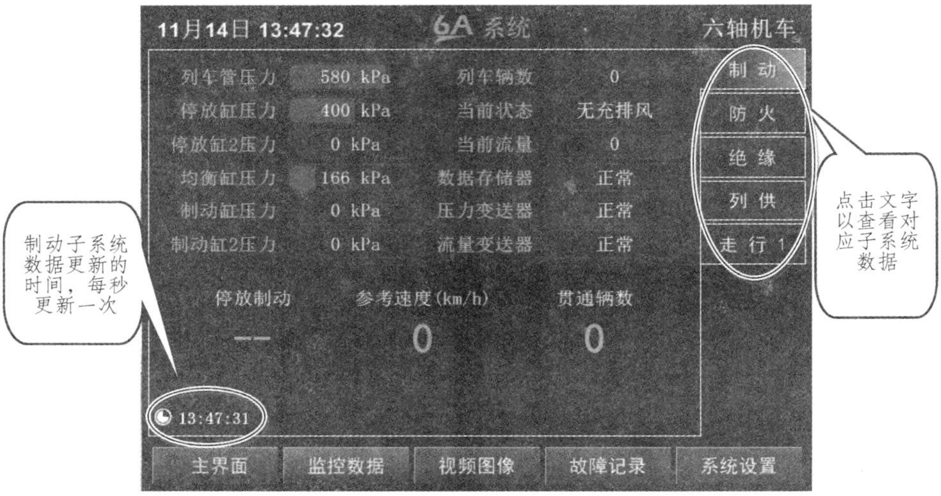

图 4-16　制动检测界面

注：在使用中，应观察 6A 系统音视频终端上显示的“列车辆数”是否与 LKJ 装置中输入的信息一致。

图 4-16 中左侧显示的是机车制动系统当前的压力值，其作用是监测机车停放制动施加状态，当停放制动施加出现异常情况时，音视频显示终端会发出语音报警，并且会出现文字提示，同时记录并存储。

图 4-16 中右侧显示的是防折关监测模块的监测数据，其中：

“列车辆数”是从机车 LKJ 获取的列车当前编组信息。

“当前状态”显示列车管当前的充排风情况，在列车充排风过程中，显示终端会通过文字信息提示司机充排风状态。

“当前流量”监测的是当前机车列车管内的充排风流量。

“数据存储器”“压力变送器”“流量变送器”显示当前制动监测设备的状态。

“贯通辆数”显示在列车正常充排风结束之后，防折关监测模块检测到的列车贯通辆数。

（1）停放制动非正常施加监测模块。

① 机车速度大于 5 km/h，停放缸压力小于 370 kPa，制动监测界面报告停放制动异常施加，如图 4-17 所示。

② 机车速度降为 0，制动监测界面停放制动异常施加报警解除，如图 4-18 所示。

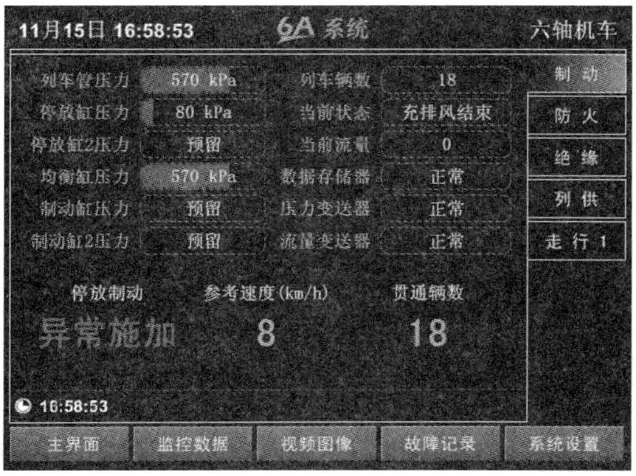

图 4-17 停放制动异常施加

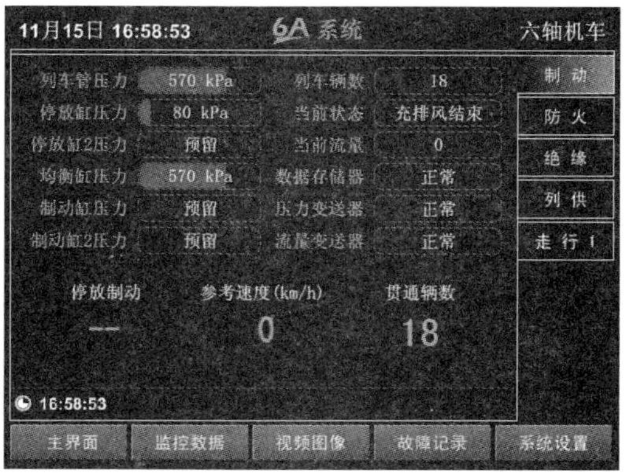

图 4-18 停放制动异常施加报警解除

（2）折角塞门关闭监测模块。

① 查看正常减压时列车的贯通情况。

压力充至定压后，自阀减压（50 ~ 170 kPa），音、视频显示终端折关监测显示界面将显示折角塞门关闭监测模块判断出的贯通辆数，如图 4-19 所示。

② 查看正常充风列车的贯通情况。

自阀减压（50 ~ 170 kPa）后，再次充风至定压，音、视频显示终端折关监测显示界面将显示折角塞门关闭监测模块判断出的贯通辆数，如图 4-20 所示。

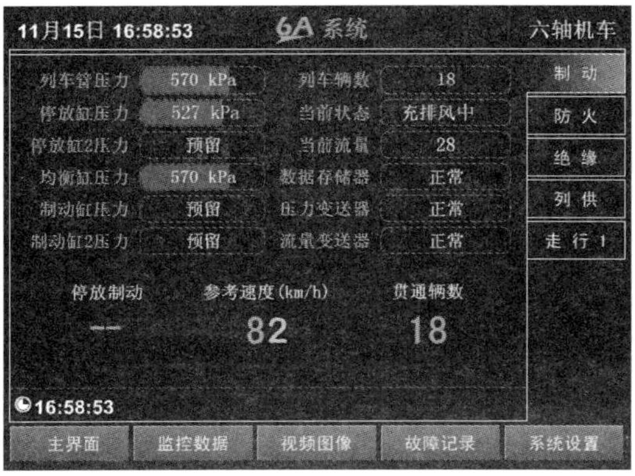

图 4-19 正常减压时列车的贯通情况

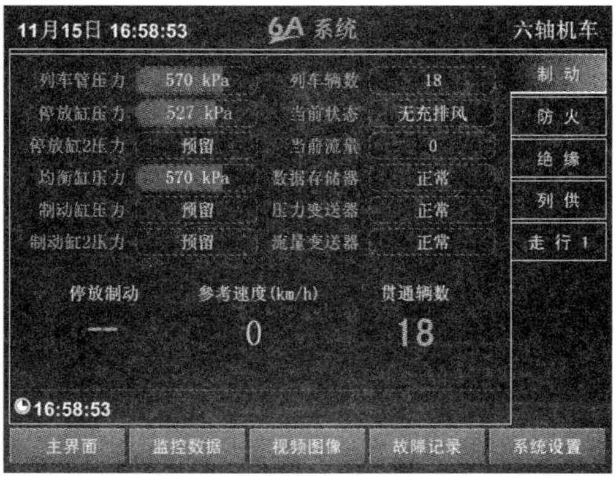

图 4-20 正常充风列车的贯通情况

③ 下列条件下，可能会造成较大计算误差，显示信息仅供司机参考。

- 列车管漏泄超过 20 kPa/min；
- 车管减压量或充风量 < 最小减压量；
- 列车管减压量或充风量>最大减压量；
- 排风结束后 < 10 s 充风或充风结束后 < 10 s 排风；
- 编组信息输入有误、机车制动机相关部件发生故障或特殊编组列车。

④ 下列操作或工况时，设备不显示贯通辆数。

- 充风未满时排风或排风未结束时充风；
- 挂车或列车编组改变后首次充风；
- 列车工况模式为“货补”和“调车”工况时；
- 充排风压差 < 40 kPa；
- 紧急制动；
- 制动监测子板监测出存储器故障、压力变送器故障、流量变送器故障时。

2）防火监控

点击【监控数据】下的【防火】按钮，进入防火监控界面，如图 4-21 所示。此界面显示当前机车的防火探头种类、安装位置和关联视频通道。

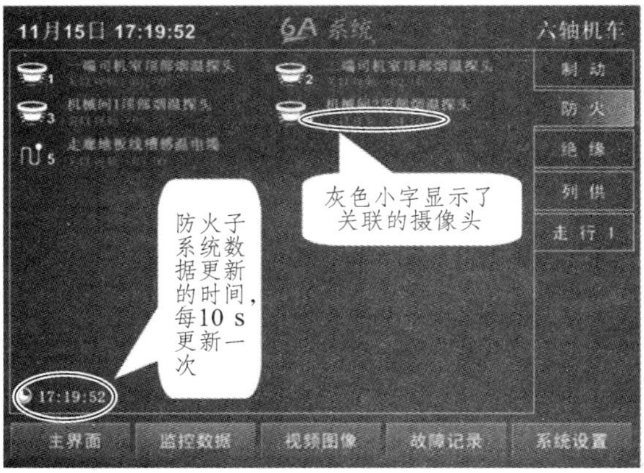

图 4-21 防火监控界面

当防火探头故障时，防火监控界面的探头图标变为黄色，如图 4-22 所示。当发生火灾时，界面上对应位置的探头图标会变为红色，显示终端发出语音报警提示，并且自动将画面切换为与报警探头关联的视频通道上，司乘人员可以立即通过显示终端观察发生火灾位置的情况，如图 4-23 所示。

3）高压绝缘检测

点击【监控数据】下的【绝缘】按钮，进入机车高压绝缘检测界面，如图 4-24 所示。在此界面可以观察到进行绝缘检测时的“检测类型”“检测结果”“电钥匙状态”“外网供电状态”“功率模块状态”“检测电压”，还可以设置“报警门限”。

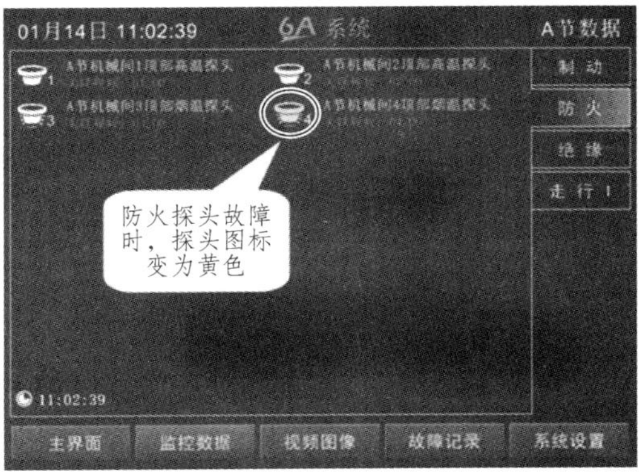

图 4-22　防火系统界面显示（火灾探头故障）

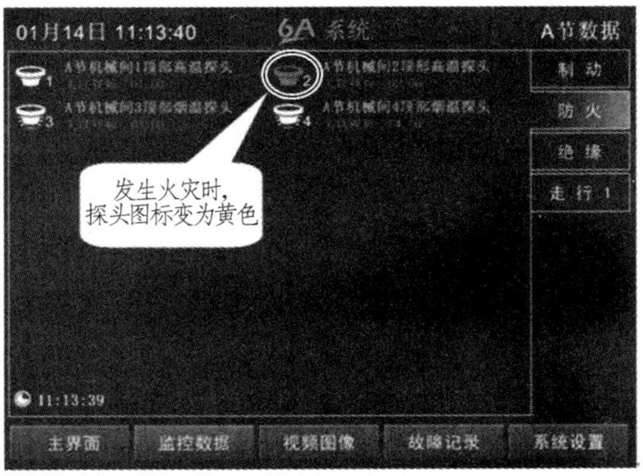

图 4-23　防火系统界面显示（发生火灾）

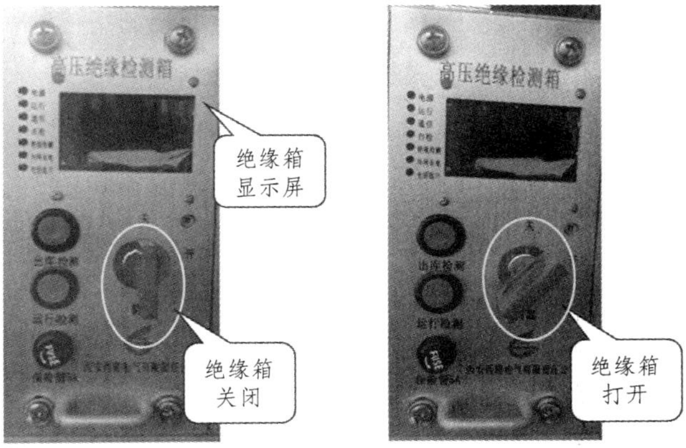

图 4-24　六轴电力机车高压绝缘检测箱

机车高压绝缘检测子系统的使用方法如下：

（1）确认机车处于安全操作状态：无论机车处于库内还是在线运用，必须确认机车处于降弓停车、主断路器断开、高压连接器连接状态，并必须确认机车车顶无人操作并锁闭车顶门。

（2）使用机车蓝钥匙将开关置于“开”位，打开高压绝缘检测装置电源，测试装置通电启动，进入自检状态，自检灯闪烁。若此时机车禁止测试连锁线（KEY）有电或未降受电弓，该装置电联锁将自动启动，相应故障指示灯常亮，显示屏显示故障状态，向 6A 系统发送故障信息，并有蜂鸣器报警。此时，检测装置不能进入测试状态，直到排除联锁故障后方可进行下一步操作，排除联锁故障的方法：降受电弓、关闭机车电钥匙。

（3）自检过程中，如检测装置内部发生故障，则自检灯常亮，显示屏显示故障状态，并向系统发送故障信息，此时需要再次进行自检，如果检测装置还是不能进入测试状态，则需要进行返厂维修。

（4）若正常通过自检，即（2）所列情况未出现或者已经排除，（3）所列情况也未出现，则自检指示灯灭，显示屏显示自检完成。自检完毕后方可进行检测操作，机车出库前，按下“出库”检测，当机车在线运用时，按下“运行检测”。按相应测试按钮后，听到“滴”一声后测试装置进入测试状态，绝缘检测指示灯闪烁，显示屏显示目前测得的电压，并向 6A 系统发送检测信息。检测完成后，若测试的电压值高于报警值，显示屏显示绝缘正常，绝缘检测灯熄灭；若测试的电压值低于报警值，显示屏显示绝缘报警，绝缘检测灯常亮，并有蜂鸣器报警。六轴电力机车高压绝缘检测箱如图 4-24 所示。八轴电力机车高压绝缘检测箱如图 4-25 所示。

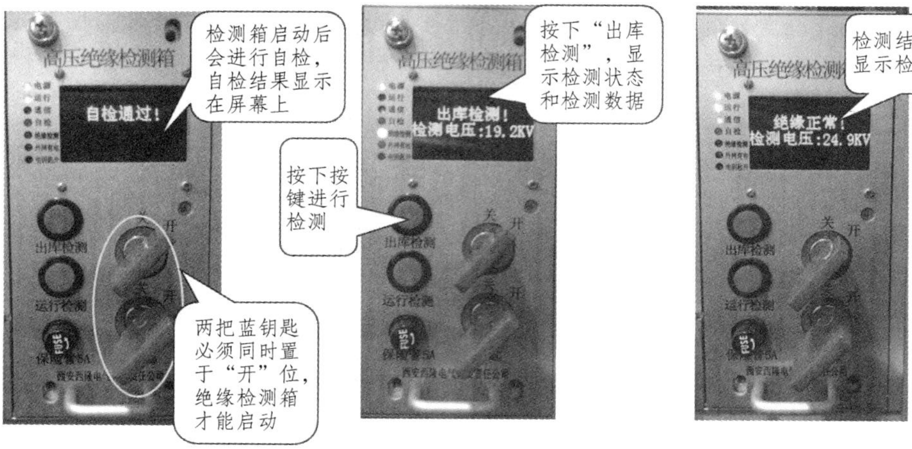

图 4-25　八轴电力机车高压绝缘检测箱

4）列车供电监测

点击【监控数据】下的【列供】按钮，进入列车供电监测界面，显示列车两路供电的实时状态，包括漏电流、交流输入电流、交流输入电压、供电电压、供电电流、半电压以及使用电量。列车供电监测界面如图 4-26 所示。

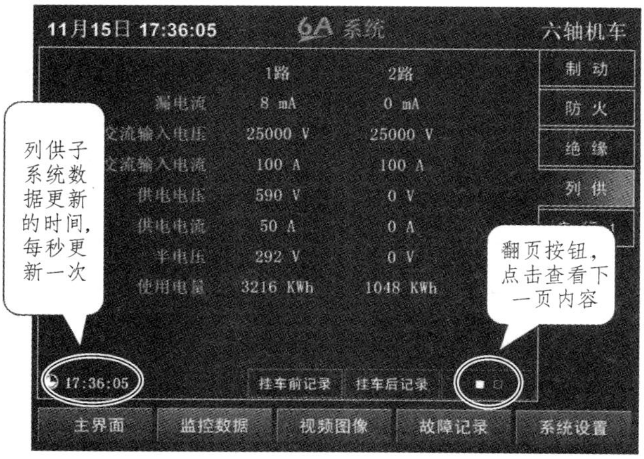

（a）界面 1

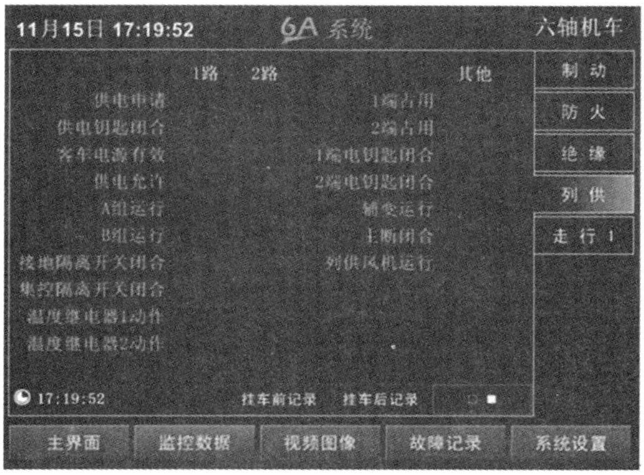

（b）界面 2

图 4-26　列车供电监测界面

司乘人员可以通过点击【挂车前记录】和【挂车后记录】，记录并查看比对“挂车前记录”和“挂车后记录”的数据，以更准确地掌握列车供电状态。

查看漏电流记录操作：点击【故障记录】，然后再点击【漏电记录】，就可以查看机车的漏电记录了，如图 4-27 所示。

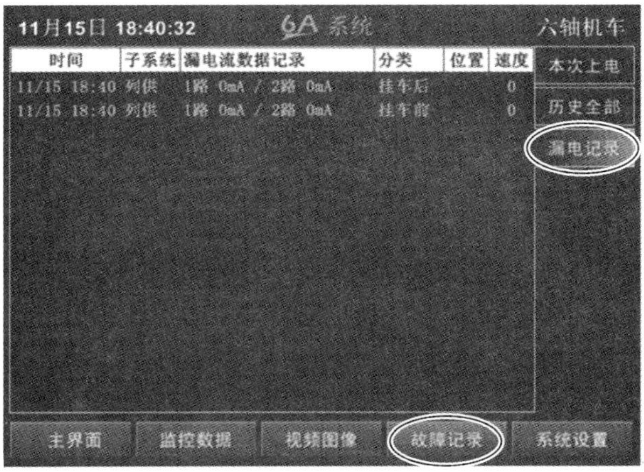

图 4-27　查看漏电记录

5）走行部故障监测

点击【监控数据】下的【走行 1】按钮，进入机车走行部监测子系统监测界面，如图 4-28 所示。此界面显示所有安装了传感器的轴位的温度值和冲击振动情况。小方框内的数字是对应传感器测量的温度值，文字是对应传感器状态，以及各测点（轴承、齿轮、踏面）的温度报警和冲击故障报警情况。走行部故障报警界面如图 4-29 所示。

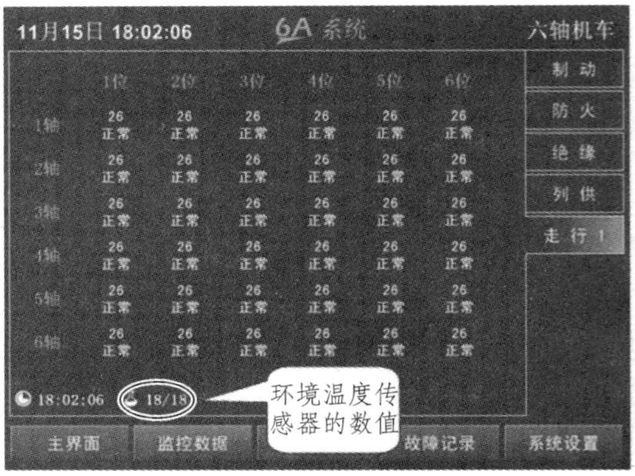

图 4-28　走行部故障监测界面

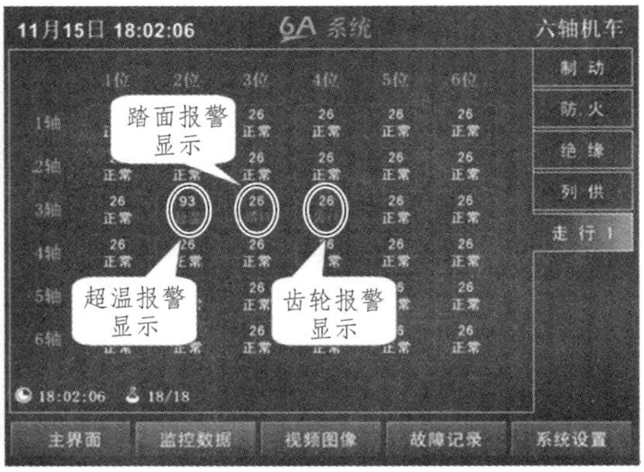

图 4-29　走行部故障报警界面

6）视频监控

点击【视频监控】按钮，可以查看实时的视频监控图像，如图 4-30 所示。视频监控界面中右侧选项栏内的带编号方框 1 ~ 16 为可安装视频监控设备的通道，其中带有黄色文字的方框，表示此通道已经安装了摄像头并完成了相关配置，黄色文字显示了视频摄像头安装的位置。当通道被选中时，方框的边框会变为红色。

选项栏中“单画面”按钮可以切换视频通道显示数量，“单画面”表示当前界面只显示一个通道的视频图像，点击此按钮，“单画面”切换为“四画面”，表示当前界面同时显示四个通道的视频图像；再次点击，“四画面”切换为“单画面”。选项栏中“手动”按钮可以切换视频播放模式，“手动”表示司机可以根据需要自行选择视频通道；点击此按钮，“手动”切换为“自动”，界面当中的图像将按视频通道编号自动顺序播放。视频监控界面（单画面）如图 4-30 所示。视频监控界面（四画面）如图 4-31 所示。

图 4-30　视频监控界面（单画面）

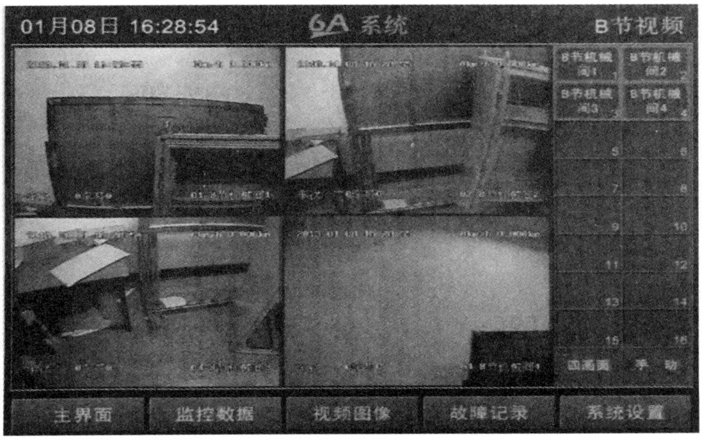

图 4-31　视频监控界面（四画面）

4. 查看故障记录

（1）点击【故障记录】下的【本次上电】，可以查看本次开电后发生的故障信息，如图 4-32 所示。

（2）点击【故障记录】下的【历史全部】，可以查看历史曾经发生的故障信息。

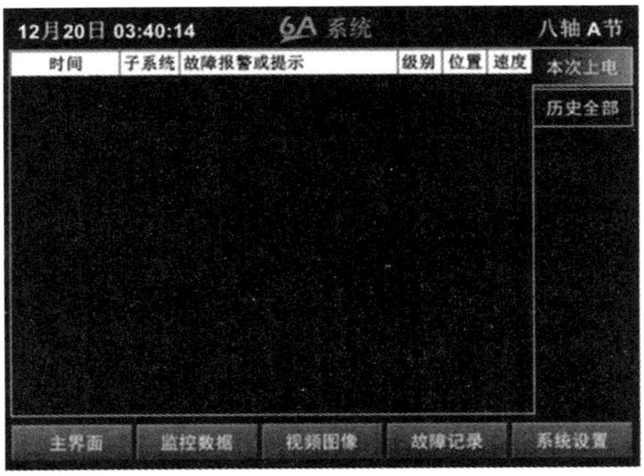

图 4-32　本次上电故障显示界面

5. 查看系统设置及相关信息

点击【系统设置】，显示系统设置界面，如图 4-33 所示。可以通过界面上的选项查看设置 6A 系统及子系统的相关信息。

“机型配置”：可以选择监控子系统。此设置通常在机车出厂前完成，如需修改，应联系主机厂或者 6A 系统供应商。

“系统时间”：可以设置 6A 系统时间并选择对时方式。此设置通常在机车出厂前完成，如需修改，应联系主机厂或者 6A 系统供应商。

“下载数据”：可设置数据下载模式。此设置通常在机车出厂前完成，如需修改，应联系主机厂或者 6A 系统供应商。

图 4-33　系统设置界面

“防火复位”：使火灾探头和感温线缆以及防火监控板卡复位。

“绝缘限值”：设置高压绝缘检测报警门限值。

“制动参数”：设置制动监测和折角塞门监测参数。此设置通常在机车出厂前完成，如需修改，应联系主机厂或者 6A 系统供应商。

“视频通道”：设置视频通道名称、安装位置等信息。此设置通常在机车出厂前完成，如需修改，应联系主机厂或者 6A 系统供应商。

“防火探头”：设置火灾探头类型、安装位置、关联视频通道的信息。此设置通常在机车出厂前完成，如需修改，应联系主机厂或者 6A 系统供应商。

“外部插件”：选择视频和音视频显示终端的驱动插件。

“其他内容”：6A 系统供应商专用选项。

图 4-33 中右侧所列“机车信息”“版本信息”“平台信息”，通过点击，可以查看相关信息，如图 4-34 ~ 图 4-36 所示。

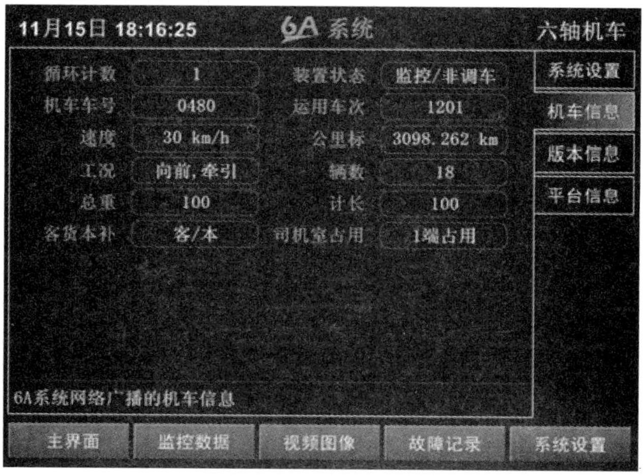

图 4-34　机车信息界面

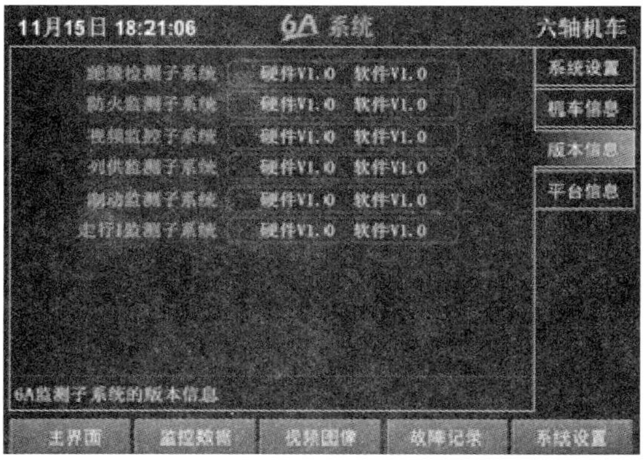

图 4-35　版本信息界面

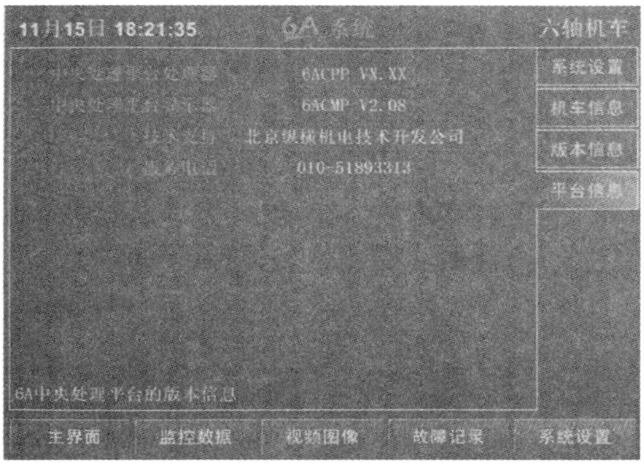

图 4-36　平台信息界面

6. 音视频显示终端按键操作

音视频显示终端如图 4-37 所示。

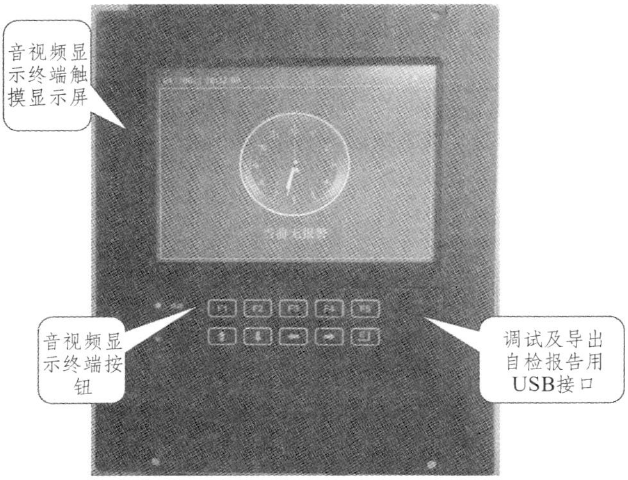

图 4-37　音视频显示终端

在开机界面按下，可以进入主界面。对应【主界面】，对应【监控数据】，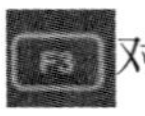对应【视频图像】，对应【故障记录】，对应【系统设置】。按下按键可以进入相应的下一级菜单，然后可以通过方向按键选择查看内容。

音视频显示终端语音提示音量调节：

当音视频显示终端处在开机界面或者主界面时按下向下箭头按键，显示屏上部将会出现音量调节菜单，按下向左箭头按键可以减小音量，按下向右箭头按键可以增大音量。当音量调节完毕之后，按下向上箭头按键收起音量调节菜单。

当音视频显示终端触摸屏的触摸功能失效时，可以通过音视频显示终端上的按键来查看相关信息。

二、系统检修与维护

6A 系统的检修分为日常检修、月度检修、季度检修。

（一）日常检修

1. 故障查看

机车入库后，上车查看 6A 系统本次运行的报警情况，并做好记录工作。所有故障现象可拍照留存。

查看方法：在任何一端的音视频显示终端【故障查看】下的【历史故障】界面查看近期的故障。

2. 数据下载

在机车运用期间，建议机车每次入库后下载 6A 系统过程数据，并导入 6A 地面专家系统查看报警。若存在报警，则使用地面专家分析；若存在 6A 设备自检故障，则安排人员查验和检修。

3. 检修维护

机车运用时期，需要对运用机车进行日常的检查和维护。要根据 6A 系统的使用说明，通过音视频显示终端进行各显示界面查看，对中央处理平台和各子系统的通信进行状态检查，确认所有子系统均能正常工作。如果发生子系统报警或自检故障，要通知相应的子系统现场售后服务人员进行故障判断和排除。日常维护检修的内容见表 4-1。

表 4-1　6A 系统日常维护工作内容

地点：		日期：	检查人：
序号	检查节点	检查内容及标准	状态
1	电源箱及主机箱	固定螺栓紧固	
		板卡印丝清晰	

续表

地点：		日期：	检查人：
序号	检查节点	检查内容及标准	状态
2	机柜	机柜固定牢固 机柜门锁能正常锁闭	
3	接线屏连接器	PWR-34 连接器连接无松动	
		COM-44 连接器连接无松动	
		AB-44 连接器连接无松动	
		EXT-44 连接器连接无松动	
		AV-44 连接器连接无松动	
		AT1B-44（唐智）连接器连接无松动	
		AT1A-44（运达）连接器连接无松动	
		AP-44 连接器连接无松动	
		AF-44 连接器连接无松动	
		PWC7 连接器连接无松动	
		CAN-5	
4	电源箱/电源板卡	PWA-3 连接器连接无松动	
		PWA-5 连接器连接无松动	
5	制动监测（停放制动非正常施加监测模块）	列车管传感器安装牢固、连线无松动	
		停放缸传感器安装牢固、连线无松动	
		均衡缸传感器安装牢固、连线无松动	
		与中央处理平台通信	
6	制动监测（折角塞门关闭监测模块）	流量传感器安装牢固	
		与中央处理平台通信	
7	防火监控（AF）	防火探头底座安装牢固	
		防火探头安装牢固	
		探头连接线缆无松动	
		与中央处理平台通信	
8	绝缘检测（AG）	绝缘检测箱固定牢固	
		PWC-7 连接器安装牢固	
		CAN5 连接器安装牢固	
		与中央处理平台通信	
9	走行部监测 1（AT1）	车下 36 条传感器固定牢固	
		传感器连接线缆固定牢固、无松动	
		与中央处理平台通信	

续表

地点：		日期：	检查人：
序号	检查节点	检查内容及标准	状态
10	视频监控（AV）	摄像头支架固定牢固、位置合理	
		摄像头安装牢固、连接线缆固定牢固	
		视频图像显示	
11	音视频显示终端 A	音视频显示终端安装牢固	
		与 6A 系统主机通信线缆连接无松动	
		6A 主机关电隔离，原语音箱工作正常	
12	音视频显示终端 B	音视频显示终端安装牢固	
		与 6A 系统主机通信线缆连接无松动	
		6A 主机关电隔离，原语音箱工作正常	

（二）月度检修

机车运用时期，每月需要对 6A 系统进行定期功能状态确认，以确定 6A 系统所有功能正常，并达到规定的各项功能要求。检修中发现问题应立即通知 6A 系统服务人员进行故障确认并处理，将处理结果上报机务段技术科。

定期检修内容及标准见表 4-2。

表 4-2　6A 系统定期检修内容及标准

地点：		日期：	检查人：
序号	检查节点	检查内容及标准	状态
1	电源箱及主机箱	所有板卡的指示灯显示状态应正常，指示灯检验依据《6A 系统各板卡指示灯状态表》查看	
		CPU1、CPU2 板卡的小显示屏显示“车型车号”字样，两板卡显示的时间误差<2 s	
		切换音视频显示终端界面，能够观察到子系统的监控数据，表示主机以太网通信正常、SWT1、SWT2 交换机工作正常	
		使用机车蓝钥匙，打开高压绝缘检测箱，切换音视频显示终端的界面到【监控数据】【绝缘】页面，能够观察到高压绝缘检测子系统的数据时间在更新，表示 CAN 板卡通信正常	
		切换音视频显示终端到【监控数据】界面，能够看到各子系统的数据时间在更新，表明主机背板的 CAN 网络工作正常	

续表

地点：		日期：	检查人：
序号	检查节点	检查内容及标准	状态
1	电源箱及主机箱	准备带授权证书的专用移动存储，并修改其中的下载时间参数为当前时段，插入 CPU1 的 USB 口中，能够自动下载数据	
		6A 系统主机底部的风扇正常运行	
2	外部设备接口	切换音视频显示终端的界面到【系统设置】下的【机车信息】，应能看到正确的车次、速度等信息	
3	音视频显示终端	系统上电后屏幕显示启动信息，等待系统启动完成，出现 6A 系统软件界面，并显示载入进度，达到 100% 后进入 6A 系统软件的主界面	
		能够通过音视频显示终端的软件界面查看到 6A 监控子系统的数据	
		点击音视频显示终端的【向上】【向下】按钮，能够调节音量的大小	
4	电源箱	24 V 指示灯常亮	
		12 V 指示灯常亮	
		面板上绿色的【正常】指示灯应亮起，红色的【故障】指示灯应不亮	
5	绝缘检测箱	使用机车蓝钥匙，打开绝缘检测箱的电源，系统进入自检状态，1 min 内自检完成，系统应无故障发生	
		点击【出库检测】按钮，绝缘箱能够正常开始检测，若车顶绝缘状态不良，则应绝缘报警灯亮起，否则不亮	
		绝缘箱的指示灯检验依据《6A 系统各板卡指示灯状态表》进行查看	
6	制动监测子系统	AB 板卡的指示灯检验依据《6A 系统各板卡指示灯状态表》进行查看	
		在音视频显示终端【监控数据】【制动】界面看到数据接收时间更新，各项压力传感器的数值与机车压力表显示压力相差 ±5 kPa 内	
		在音视频显示终端的主界面无制动监测子系统的自检故障信息	
7	防火监控子系统	AF 板卡的指示灯检验依据《6A 系统各板卡指示灯状态表》进行查看	
		在音视频显示终端【监控数据】下的【防火】界面看到数据接收时间更新，传感器的数量与实车方案一致	

续表

地点：		日期：	检查人：
序号	检查节点	检查内容及标准	状态
7	防火监控子系统	在音视频显示终端的主界面无防火探头故障和防火探头报警信息	
		使用专用的防火探头测试工具，依次测试所有火灾探头，火灾探头均能正确报警，音视频显示终端主界面显示报警信息	
		在报警条件解除时，按动 AF 板卡上的【复位】按钮，报警恢复，音视频显示终端主界面的报警信息消失	
8	列供监控子系统	AP 板卡的指示灯检验依据《6A 系统各板卡指示灯状态表》进行查看	
		在音视频显示终端【监控数据】下的【列供】界面看到数据接收时间更新，输入输出电压与列供柜数值相符合	
		在音视频显示终端的主界面无列供系统的通信故障和漏电流报警信息	
9	走行部 1 监测子系统	AT1 板卡的指示灯检验依据《6A 系统各板卡指示灯状态表》进行查看	
		在音视频显示终端【监控数据】下的【走行 1】界面看到数据接收时间更新，传感器的温度数值与振动状态与实际复合，界面上的外温数值与当时的外温相符	
		在音视频显示终端的主界面无传感器自检故障，无走行部 1 故障报警	
10	视频监控子系统	AV1、AV2、AV3 板卡指示灯检验依据《6A 系统各板卡指示灯状态表》进行查看	
		在音视频显示终端【视频图像】界面能够看到各摄像头监控区域的视频图像	
		在【视频图像】界面点击【单画面】，依次查看各通道视频信号，应清晰、稳定、无闪烁	
		在【视频图像】界面点击【四画面】，查看各通道的视频信号，应清晰、稳定、无闪烁	
		在 LKJ 监控器和 TAX 箱正常工作时，检查视频字幕叠加情况，时间、速度、公里标、车次、机车号、通道名称等信息应叠加正确	
		在音视频显示终端的主界面无摄像头故障信息	
		在 AV3 板卡的 USB 口上，插入带授权证书的 USB 存储设备，应有视频文件和视频播放器下载，在 PC 机使用播放器能够播放下载的视频文件	

（三）月度检修

机车运用过程中，建议每 3 个月要进行一次完整的功能验证试验，以确定中央处理平台和各子系统报警功能正常。

三、系统的功能验证

（一）机车空气制动安全监测子系统（停放制动非正常施加监测模块）

试验方法：

（1）在机车处于静止状态下观察制动监测界面应无停放制动意外施加故障报警。

（2）调整停放缸压力小于 370 kPa，观察制动监测界面应无停放制动意外施加报警。

（3）调整 LKJ，模拟机车速度大于 5 km/h。

（4）查看制动界面应在 10 s 内报停放制动意外施加。

（5）调整停放缸压力大于 370 kPa，查看制动界面报警应该在 10 s 内解除。

（6）调整停放缸压力小于 370 kPa，查看制动界面应在 10 s 内报停放制动意外施加。

（7）LKJ 速度调整为 0 km/h，查看制动界面报警应该在 10 s 内解除。

（二）机车空气制动安全监测子系统（机后防折关监测模块）

试验方法：

“客本”或“货本”模式、非调车工况：

（1）将机车自阀移至运转位，将列车管风压充至定压 500 kPa 或 600 kPa 并稳定后，自阀减压 140 kPa 或 170 kPa。

（2）查看 6A 系统制动监测显示界面显示的贯通辆数，误差不大于技术条件的要求。

（3）减压操作并显示贯通辆数 10 s 后，自阀再充风至定压并稳定，查看 6A 系统制动监测显示界面显示的贯通辆数，误差不大于技术条件的要求。

（三）机车防火监控子系统

试验方法：

（1）防火监控子系统采用三种前端防火探测设备：烟温复合探头、高温探测器以及感温电缆，分别对这三种探测设备进行基本功能检查。

（2）观察音视频显示终端的防火界面无火灾报警发生或探头自检故障。

（3）用专用磁铁接触传感器，防火探头会报警，同时音视频显示终端自动切换到相对应的摄像头监测图像。

（4）按“复位”按钮，防火探头报警消失。

（四）机车高压绝缘检测子系统

试验方法：

（1）在机车顶部干燥状态下进行绝缘检测验证试验。

（2）将控制气路柜上的蓝钥匙插入 6A 系统主机绝缘检测板卡钥匙孔中，打到“开”位。

（3）按“出库检测”按钮，板卡屏幕会显示检测电压及结果。

（4）按“运行检测”按钮，板卡屏幕会显示检测电压及结果。

（五）机车走行部故障监测子系统

试验方法：

按照如下步骤对走行部故障监测子系统进行基本功能的检查：

（1）查看音视频显示终端的走行 1 界面，所有轴位的轴温均能正常显示。

（2）所有轴位无其他报警显示。

（六）列车供电监测子系统

试验方法：

（1）将 2 000 Ω电阻接入列供柜 + 600 V 与地之间。

（2）给列供控制电，合主断，列供钥匙给电操作。

（3）观察司机室音视显示终端列供界面和万用表，此时漏电流应为 100 mA 左右。

（4）将接地电阻更换为 800 Ω，列供柜接地隔离开关打到隔离位；同步骤（1）、（2）、（3），观察音视频显示终端列供界面和万用表，漏电流应为 160 mA 左右。

（5）将列供柜接地隔离开关打到投入位，列供柜给电后，延时几秒后，列供柜输出隔离，漏电流下降，音视频显示终端上报正线接地故障。

（七）机车自动视频监控及记录子系统

试验方法：

（1）跟车添乘观察机车运行中图像质量，进行直观评价（清晰、无扭曲、无抖动、流畅）。

（2）将 USB 移动硬盘进行视频下载数字证书授权。确认下载的视频通道和时间。

（3）将 6A 系统开电，待 CPU 板卡显示出版本信息和时间信息后表示系统启动完毕。

（4）将被授权的 USB 硬盘插入 AV3 板卡前面板的 USB 插孔中。CPU 板卡即显示“视频下载中”字样。

（5）当 CPU 板卡液晶屏显示“下载完成”，即可拔出 USB 移动硬盘，下载完毕。

（6）用专用视频播放软件对视频文件进行播放，对图像质量进行直观评价。

任务四　6A 系统报警与故障处理

教学目标

1. 能力目标

具有对 6A 系统报警进行处理的能力；具有对 6A 系统故障进行处理的能力。

2. 知识目标

掌握 6A 系统报警与故障的含义；掌握 6A 系统报警处理办法；掌握 6A 系统常见故障处理办法。

3. 素质目标

能够对 6A 系统报警进行处理；能够对 6A 系统故障进行处理。

工作任务

<table>
<tr><th>任务名称</th><th colspan="2">任务布置</th></tr>
<tr><td>报警与故障处理</td><td colspan="2">掌握 6A 系统报警与故障的含义；
掌握 6A 系统报警处理办法；
掌握 6A 系统常见故障处理办法</td></tr>
<tr><td colspan="3">小组讨论</td></tr>
<tr><td colspan="3">1. 问题导入
（1）6A 系统如何报警？
（2）6A 系统有哪些报警名称？</td></tr>
<tr><td colspan="2">报警名称</td><td>报警名称</td></tr>
<tr><td colspan="2">1</td><td>4</td></tr>
<tr><td colspan="2">2</td><td>5</td></tr>
<tr><td colspan="2">3</td><td>6</td></tr>
<tr><td colspan="3">2. 归纳总结
（1）6A 系统报警与故障的含义是什么？
（2）6A 系统各种报警的处理办法是什么？
（3）6A 系统有哪些常见故障？处理办法是什么？</td></tr>
</table>

相关知识

一、6A 系统报警处理办法

6A 系统的报警指工作正常的各子系统对所监测的对象进行的状态诊断,针对不良状态时刻监控提醒司机人员的一种表现。

6A 系统的主要报警处理办法见表 4-3。

表 4-3　6A 系统的主要报警处理办法

系统名称	报警名称	处理办法
空气制动监测子系统	停放制动意外施加报警	机车处于运行过程中，6A 系统出现停放制动异常施加报警时，下列两种情况下的处理办法。 1. 停放缸切断阀门（如 CCBⅡ制动机的 B40.06）已经切除（手柄位置垂直状态）。若能确认所有停放缸已手动缓解，则可忽略 6A 系统报警；若不能确认所有停放缸已手动缓解，需停车检查，确认已经手动缓解所有停放缸后，可忽略 6A 系统报警。 2. 停放缸切断阀门（如 CCBⅡ制动机的 B40.06）未切除（手柄位置水平状态）。若停放缸压力小于 370 kPa，则再次按停放缓解按钮，停放缸压力高于 370 kPa，6A 系统报警应消失；若停放缸压力仍小于 370 kPa，6A 系统继续报警，则应停车，切除停放缸切断阀门（如 CCBⅡ制动机的 B40.06），手动缓解所有停放缸。开车后 6A 系统会继续报警，可忽略报警，回段后检查停放缸及控制模块
	防折关监测模块报警（现阶段不报警，只显示贯通数量）	1. 重复充排风操作，确认测试结果。 2. 如果确认列车管折关，应停车检查处理
防火监控子系统	防火探头报警	1. 根据报警位置，将显示终端界面转入和报火警位置相对应的视频画面，查看报火警位置。 2. 乘务员到报警位置查看情况。 3. 如果通过画面或人为观察确认有火灾发生，要马上使用灭火设施进行灭火。 4. 如果通过视频画面和现场查看确认为误报火警，按显示终端或火灾监控板卡上的复位按钮，退出火灾报警状态
高压绝缘检测子系统	绝缘报警	1. 首先确定前面的检测方法是否正确，然后再检测一次，将蓝钥匙打到“关”位 5 s 以上后，重新打至“开”位，重新测试一次，以便确认测试结果。 2. 如最终确认绝缘低于报警阈值，绝缘检测装置处于报警状态，此时不得升弓，应检查高压部分是否有污物、树枝等，并用摇表确认车顶高压部分的绝缘状态。如果确认绝缘降低，不得升弓，直到排除故障。 说明：由于不同的车型运用于不同的温度、湿度环境，随着运用的深入，可从经验值中提取适合某一区段和气候环境中的绝缘报警阈值，并根据实际运用情况可通过 6A 主机平台调整报警阈值，以适应不同的机车及运用环境

续表

系统名称	报警名称	处理办法
走行部故障监测子系统（AT1）	监测报警	报警处理:（注：目前铁标规定的温升报警门限为55 °C，超温报警门限为90 °C；但对于有些车型，机车厂家规定的温升报警和超温报警门限不同于铁标规定） 1. 相对升温报警：列车在运行中，某轴位温升超过温升报警门限而显示的该轴位实际温度未达超温报警门限时，乘务员应密切注意相应轴位温升情况，同时加强后部瞭望，如观察走行部无异常情况且温度未升至超温报警门限，可维持运行回段（或运用整备点）报活处理。 2. 绝对温度报警：当某轴位温度显示达到或超过超温报警门限时，乘务员应在前方最近的站内停车（注意不要大减压或紧急停车），停车后用手背接触检查确认该轴位温度，在确认温度达到超温报警门限时，在应急处理无效时应请求更换机车。 3. 轴承故障Ⅱ级报警：乘务员应关注报警点温度显示情况，维持正常行车，回段（或运用整备点）报活。超过规定的超温报警门限温度时在前方最近站内停车处理。 4. 齿轮、踏面故障Ⅱ级故障报警：乘务员应在前方最近站内停车检查，确认良好后方能开车，否则应请求更换机车。 5. 轴承、齿轮和踏面Ⅰ级故障报警：乘务员应关注报警点显示情况，维持正常行车，回段（或运用整备点）报活
列车供电监测子系统（AP）	接地报警	单司机情况下： 1. 通知客车列车长已出现接地报警，检查客车用电设备是否出现漏电现象。 2. 客车检查完毕后，旋转司机台上的列供的A、B组开关，进行倒组（大部客运分机车车型有这个开关），看能否恢复正常。 3. 如司机操作台不能倒组，或倒组后故障不能解除，到达下一车站时，司机对列供柜进行倒组，看是否解除。 4. 如故障仍未解除，将列供柜接地隔离开关打到隔离位，倒组A、B组，强行供电，通知就近机务段准备机车，在下一机务段换机车。 双司机情况下： 5. 对列供柜A、B组进行倒组，看列供柜故障是否解除。 6. 如故障不能解除，通知客车列车长已经出现接地报警，检查客车用电设备是否出现漏电现象，客车检查完毕后再倒组看故障是否解除。 7. 如故障仍未解除，将接地隔离开关打到隔离位，倒组A、B组，强行供电。通知就近的机务段准备机车，在下一机务段换车

二、6A 系统故障处理办法

6A 系统的故障是指 6A 主机及各子系统自检时所发现的板卡、传感器及线缆接头自身是否处于正常状态，出现自检故障时各子系统不再对监测对象进行报警。

6A 系统的主要故障处理办法见表 4-4。

表 4-4　6A 系统的主要故障处理办法

系统名称	故障名称	处理办法
中央处理平台电源	电源板卡保护	关闭电源，并再次打开。如果故障不能消除，回库后检查维修
中央处理平台音视频显示终端	显示错误对话框	回库后检查或更换音视频显示终端
	蓝屏/白屏	回库后更换音视频显示终端
	无数据显示	回库后检查
	触摸屏功能失效	使用按钮操作，回库后更换音视频显示终端
空气制动监测子系统	停放制动意外施加模块通信故障	回库后检修
	防折关监测模块通信故障	回库后检修
	压力传感器流量传感器故障	回库后检修
防火监控子系统	防火探头故障	机车回库后更换
	防火板卡通信故障	回库后检修
高压绝缘检测子系统	功率模块故障	机车回库后检修功率模块
走行部故障监测子系统（AT1）	传感器故障	机车回库后确认传感器是否工作正常，如异常则更换
	数据前置处理器通信故障	机车回库后检修数据前置处理器
列供监测子系统（AP）	列供柜通信故障	回库后检修
	漏电流模块通信故障	回库后检修
视频监控子系统	图像异常	机车回库后查验检修
	摄像头无图像	机车回库后查验检修

铁路小故事

“高铁医生”陈美平的工匠炼成记

夜幕降临，远离市区的中国铁路上海局集团有限公司南京南动车段里保障列车安全的“守夜人”陈美平和他的同事们开始了一天忙碌的工作。他们是动车组机械师，也被人们亲切地称为“高铁医生”。

1991 年，陈美平中专毕业后在浦口车辆段从事检车工作。2006 年 6 月，他被择优抽调去西南交通大学参加培训，随后他又赶赴青岛动车组生产厂家跟班实习。在生产车间，大多数零配件都可以看到实物，但是一些关键的配件（如主断路器）则看不到里面的结构。为了弄清楚主断路器的内部结构，陈美平经常跑到车间备料区，研究没有封装的主断路器，他里里外外仔细研究，终于把主断路器的结构彻底弄清楚。2007 年通过严格的考核，陈美平成为集团公司首批动车段机械师，值乘上海南站至杭州站的动车组。当时，全路首家上海南动车运用所还在建设当中，陈美平和同事们就在上海南站旁边的一条临时地沟线里工作。当时接触网还没有配套，夜间动车组要靠机车拉进运用所。由于既有线机车和动车组车钩高度不同，需要使用过渡车钩将二者连接上。每次到了站，陈美平和同事们要将 64 千克重的过渡车钩人工连接上，加上等待信号开放时间，一般要到午夜才能进所退乘。尽管工作忙碌辛苦，陈美平却一刻也没有放松学习技术，他挤出时间看线路图，动车组线路图根据不同型号，可以从数千张到上万张，许多图纸陈美平都将它们装在了脑海里。陈美平以超强的学习毅力、刻苦的钻研精神，百炼成钢，实现了从“工”到“匠”的蜕变，成为中国铁路上海局集团有限公司首席技师、“陈美平动车组机械师技能大师工作室”负责人，荣获江苏省五一劳动奖章、全路技术能手、全国铁路劳模、上铁工匠等荣誉称号。陈美平的身上蕴藏着中国第一代高铁人刻苦、敬业、永不服输的精神和强烈的使命感、责任感，他们正用自己的坚持和努力为中国铁路事业的发展保驾护航。

复习思考题

1. 机车车载安全防护系统是什么？
2. 机车车载安全防护系统的发展历程是怎样的？
3. 6A 系统主要由哪些部分组成？
4. 中央处理平台有哪些功能？
5. 机车空气制动安全监测子系统有哪些功能？
6. 机车防火监控子系统（AFDR）有哪些功能？
7. 机车高压绝缘检测子系统（AGDR）有哪些功能？
8. 机车列车供电监测子系统（APDR）有哪些功能?
9. 机车走行部故障监测子系统（ATDR）有哪些功能?
10. 机车自动视频监控及记录子系统（AVDR）有哪些功能？
11. 如何查看制动监测信息？如何查看停放缸压力？
12. 机车供电监测界面都有哪些信息？
13. 如何查看漏电记录？
14. 如何查看历史曾经发生的故障信息？
15. 如何设置系统时间？

16. 如何从 6A 系统下载数据?
17. 6A 系统的日常检修有哪些内容?
18. 如何进行机车空气制动安全监测子系统功能验证?
19. 如何进行机车列车供电监测子系统功能验证?
20. 停放制动意外施加报警应该如何处理?
21. 防火探头报警应该如何处理?
22. 绝缘报警应该如何处理?
23. 中央处理平台音视频显示终端蓝屏应该如何处理?
24. 防火探头故障应该如何处理?
25. 走行部故障监测子系统传感器故障应该如何处理?

项目五 PART FIVE

机车综合检测棚

铁路信息化规划是从全面、系统的战略高度，抓住国内外信息时代发展变化的脉络，跳出传统封闭的意识，规范、协调、综合、集成目前铁路各信息系统的建设状况，指导未来铁路信息系统发展，从而达到有序规划建设、节省投资、充分利用现有资源、用信息技术改造传统铁路运输产业和提高运输经济效益的目的。

任务一　机车综合检测棚构成认知

教学目标

1. 能力目标

掌握机车综合检测棚的构成。

2. 知识目标

了解机车综合检测棚对机车整备作业的重要性。

3. 素质目标

培养学生的综合分析能力。

工作任务

<table>
<tr><th colspan="2">任务名称</th><th>任务布置</th></tr>
<tr><td colspan="2">综合检测棚构成认知</td><td>掌握机车综合检测棚的结构。
了解机车整备作业的工作流程</td></tr>
<tr><td colspan="3">小组讨论</td></tr>
<tr><td colspan="3">1. 问题导入
（1）机车整备作业的工作流程是怎么样的？
（2）机车“大整备”的工作思路是什么？
（3）机车综合检测棚由哪些构成及其在机车整备作业中作用是什么？</td></tr>
<tr><td>序号</td><td>机车综合检测棚的结构</td><td>用图来表示机车综合检测棚数据流向及数据管理网络</td></tr>
<tr><td>1</td><td></td><td rowspan="3"></td></tr>
<tr><td>2</td><td></td></tr>
<tr><td>3</td><td></td></tr>
<tr><td colspan="3">2. 归纳总结
综合分析：结合本任务学习，详细说明机车整备作业流程</td></tr>
</table>

相关知识

一、研究背景

2007 年，铁道部制定了铁路信息化发展建设的总体目标（远景目标）：形成具有国际水平的铁路信息化基础通信平台，实现各部门、系统间的信息数据资源共享、互联互通；建成车务、机务、工务、电务、车辆各部门调度控制、安全生产、运输指挥的现代化保障体系；为铁路运输各部门提供各种所需的管理信息资源和强有力的决策支持；通过现代客货营销手段和电子商务等运用，带动铁路运输经济发展，大幅度提高运输效益。铁路信息化建设的不断深入必然会引起铁路各个子系统的变革。信息化的发展和机务段规模的扩大对机务段的检修、整备及监控等各个环节的工作提出了更高的要求。

铁路机务整备工作是机务工作中的一项重要内容，随着机务信息化的建设，全路机务段生产力布局的调整，机务段管辖范围增大，以及机车微机控制的发展，整备工作也面临着新的挑战。

根据铁总运〔2013〕90 号《关于印发加强机车整备能力建设的指导意见的通知》要求，为整合整备资源、规范整备模式、统一整备标准、完善整备设施，机车无论进入任何一个整备车间，均按照一个标准进行整备和维护，围绕实现“跨局跨段一台车”的目标，学习借鉴国外动车组的整备经验，引进先进技术和设备，加快实施机车整备体制改革，构建“大整备”格局，重组整备生产组织，改革整备作业模式，实行整备流程再造，建设标准化的整备车间。

二、机车大整备概述

在机车装备现代化全面发展的背景下，分析机车整备现状，研究与大功率机车大量投用相适应的整备体系，全面推行“机车长交路、地乘分离”的运用体制，大力提升大功率机车运用效率和运用质量是机务部门急需研究解决的课题。科学合理确定客货机车交路及一次整备走行距离、提高机车运用效率是铁路提高机车“续航”能力、确保铁路运输动力供应的重要举措。但在跨局轮乘条件下如何确保机车得到良好的整备和维护，使机车以良好的质量状态投入运用，成为当前研究的重点。

机车“大整备”的工作思路：按照“乘检分离，乘养分离，整检合一，修养合一”的要求，整合整备资源，健全整备机构，规范整备模式，统一整备标准，完善整备设施，建立以整备车间为中心的机车整备新格局，使得无论机车进入任何一个整备车间都能按照一个标准进行整备和维护。同时，机车乘务员除与整备车间必要的交接工作外，不承担任何机车整备工作，实行机车乘务员“准飞行员”出乘。机车“大整备”网络示意图如图 5-1 所示。

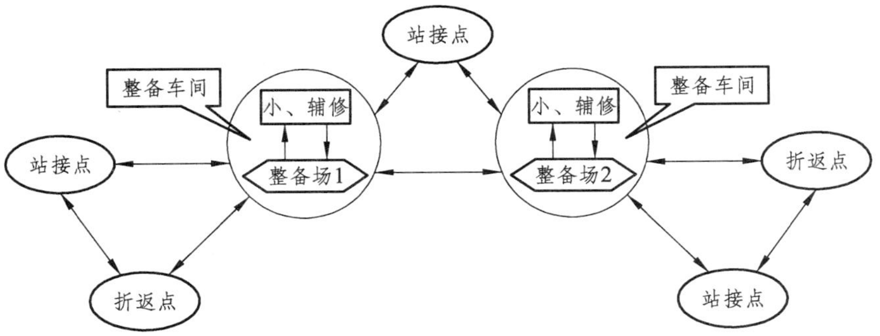

图 5-1　机车“大整备”网络示意图

整备作业流程管理主要是把机车运用、整备、检修作业资源进行整合，具备外勤、补给、保洁、检测、维修、数据整备六大职能，根据整备车间所承担的职能要求，构建整备资源集约化、作业流程标准化、设施设备现代化、管理手段信息化的标准化整备场，实现机车从入库闸楼到出库闸楼的自动化、流水化、信息化整备作业，大幅提高机车整备质量和整备效率。机务段整备车间功能构架如图 5-2 所示。

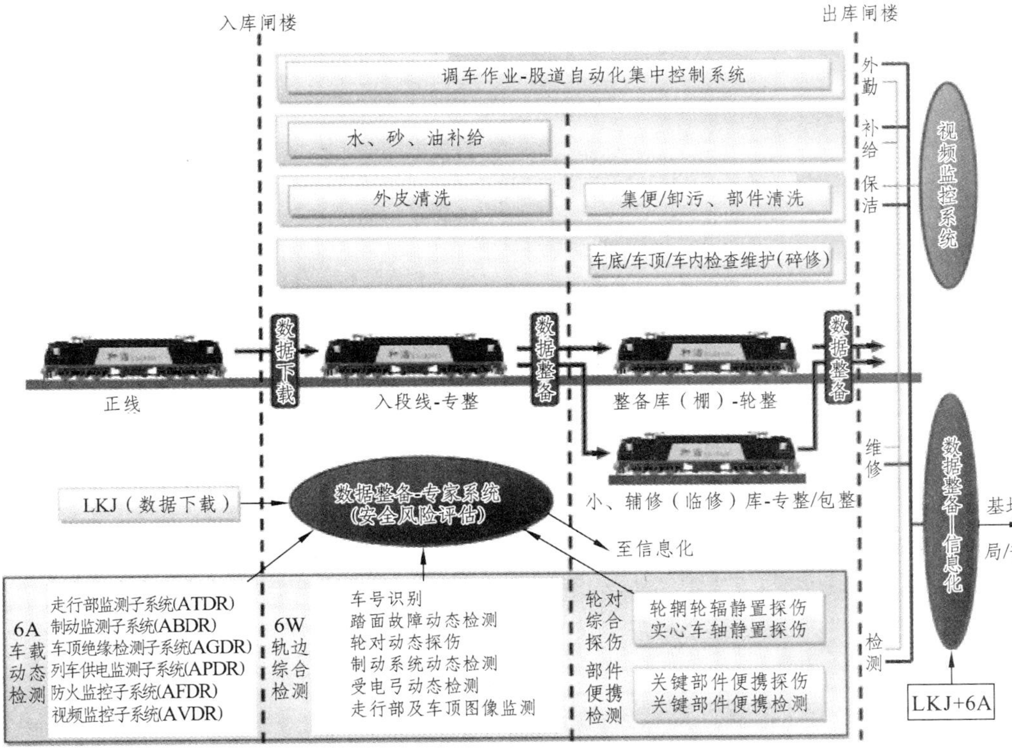

图 5-2　机务段整备车间功能构架

标准化的机车整备作业流程包括机车自动识别、车载数据下载、动态监测、机车上砂、机车卸污、机车清洗、过分相检测、调车转线、机车待整、机车整备检查（无电整备场）、机车待班出段等工位作业流程。

机车通过入库闸楼入库时，地面安装的数据下载单元自动下载车载数据，安装在入库线上的轨边综合检测系统自动识别车号并自动完成轮对、受电弓、制动系统故障的动态检测和车顶状态图像监控。专家诊断系统诊断合格后，机车进入洗车线完成外皮清洗，进入整备线进行油、水、砂补给及保养作业。当机车运行到关键部件专检周期时，开展车轮、车轴自动化探伤及关键部件专项检测。当机车完成各项检测并经专家诊断系统诊断合格，由信息化管理系统确认已按各作业项点完成机车整备作业，机车方可从出库闸楼出库。当机车运行到小、辅修周期时，机车进入检查库进行小、辅修作业，验收合格后方可出库。机车标准化整备作业流程如图 5-3 所示。

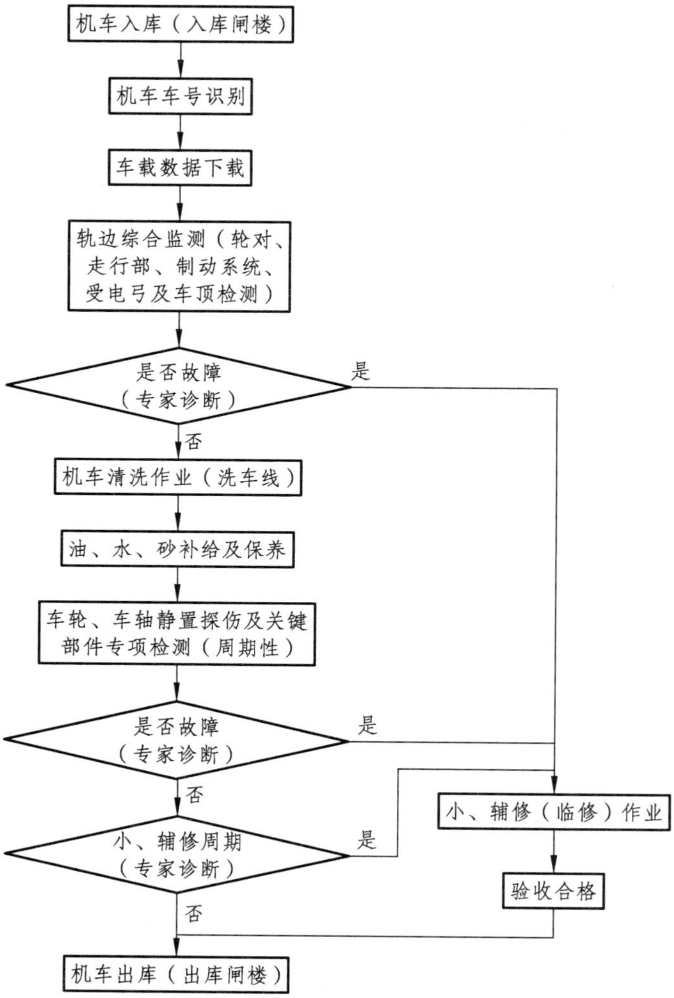

图 5-3　机车标准化整备作业流程

在整个机车整备作业的各流程中，机车关键部件的专项检测是最重要的环节，其检测质量的好坏直接决定了机车能否安全稳定地执行运输生产任务，而机车综合检测棚就是完成机车关键部件（车轮、走行部和受电弓）的专项检测任务。

三、机车综合检测棚

机车综合检测棚由现场检测单元、现场设备间、远程控制室三部分组成，其中现场检测单元依据检测功能分为车轮外形尺寸检测单元、踏面擦伤检测单元、轮辋探伤单元、走行部图像监测单元、受电弓检测单元等。各检测单元的检测数据经专家诊断平台综合分析后传输到段、路局信息化系统，如图 5-4 所示。

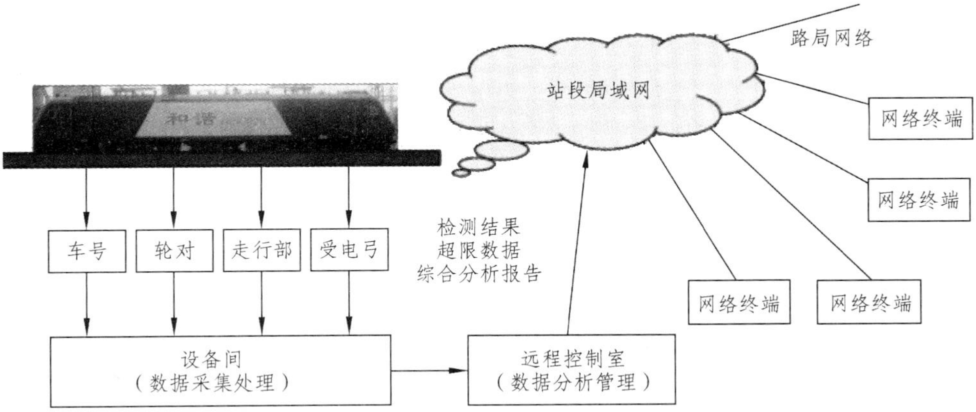

图 5-4　机车综合检测棚数据流向及数据管理网络

任务二　机车综合检测棚子系统认知

教学目标

1. 能力目标

掌握机车综合检测棚子系统的功能。

2. 知识目标

掌握机车综合检测棚三大系统的检测内容和工作原理。

3. 素质目标

培养学生的综合分析能力。

工作任务

任务名称	任务布置
综合检测棚功能认知	掌握机车综合检测棚子系统的功能。 掌握机车综合检测棚三大系统的检测内容和工作原理
小组讨论	
1. 问题导入	

（1）机车轮对故障动态检测系统包括哪几个子系统？

（2）轮对故障动态检测系统各子系统的功能是什么？

（3）机车走行部故障检测系统的构成和技术特点是什么？

（4）受电弓动态接触压力的检测基本原理是什么？

（5）受电弓及车顶动态检测系统基本工作流程是什么？

序号	机车综合检测棚子系统构成	功能
1		
2		
3		

2. 归纳总结

综合分析：结合本任务学习，请详细说明机车综合检测棚的工作流程

相关知识

一、轮对故障动态检测系统

轮对故障动态检测系统是一种非接触式轮对故障动态自动检测系统，适用于各型机车、地铁车辆、动车组和客车车辆等。系统安装在机车、车辆途经线路上，或整备场的机车检测棚内，自动完成机车轮对外形几何尺寸和踏面缺陷状况的在线动态自动检测。

（一）系统组成

轮对故障动态检测系统按系统布局可划分为基本检测单元、设备间、控制室和监控系统几个部分。其布局如图 5-5 所示。

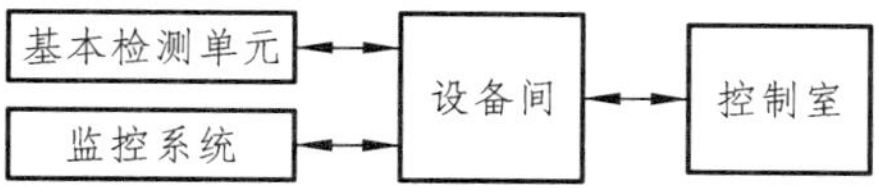

图 5-5 轮对故障动态检测系统布局

1. 基本检测单元

基本检测单元的主要作用是获取轮对外形的原始检测数据和踏面缺陷的原始检测数据，包括车号识别模块、轮对外形轮廓及内侧距检测模块、车轮直径检测模块、踏面缺陷探测模块、车轮不圆度（擦伤）检测模块等基本检测模块。为了辅助基本检测单元的工作，在基本检测单元的前后方分别设置了机车车辆接近检测单元和机车车辆离去检测单元。

2. 设备间

设备间的主要作用是实时采集和处理基本检测单元的测量信号，形成检测结果，并以一定的格式与远程控制室内的主机通信（通过网络），同时接收控制室主机的控制命令，向控制室主机发送状态信息和检测结果。另外，设备间还负责控制现场监控设备的工作，

处理监控信号。设备间内包括现场控制系统、数据采集系统、数据处理系统和监控系统主控机。

3. 控制室

控制室的主要作用是控制轮对故障动态检测系统的启停，监控现场设备运行状况，管理最终的检测结果，提供用户访问界面、数据输入/输出接口，实现数据联网管理。控制室内包括操作控制台、监控系统、数据库、数据综合分析及管理软件。

4. 监控系统

监控系统的传感器部分位于现场挡光防护通道内，主要由带云台低照度摄像机、车体判别传感器、红外微波双鉴探测器、声学报警器、照明灯及壁挂式音响组成，共同完成对现场的监视、防盗和发光报警，确保现场检测设备的安全。

（二）系统的功能和特点

1. 系统功能

（1）轮对外形尺寸自动检测：踏面磨耗、轮缘厚度、QR 值、车轮直径、轮对内距。

（2）踏面缺陷自动探伤：踏面剥离、裂纹。

（3）车轮擦伤及不圆度自动检测。

（4）车号及端位自动识别。

（5）绘制轮对外形检测曲线并与踏面标准外形进行比较显示。

（6）检测结果存储、查询、统计、对比、打印、超限报警显示以及数据联网管理。

（7）具有对检测出的数据进行分析、判断、整理的能力：① 通过对历史数据的综合分析，总结轮对的磨耗规律，绘制磨耗趋势图，预测轮对运用到限时间；② 通过数据的综合分析比较对轮对的技术状态做出综合评价，给出优化的综合维护保养方案，以指导轮对的检修。

（8）提供丰富的数据接口：向轮对维修设备提供传输数据接口（如不落轮镟轮车床、数控车轮车床）、机车车辆基本信息输入接口、走行公里数输入接口、人工反馈信息输入接口、段相关部门和铁路局集团有限公司的网络访问接口等。

（9）系统故障自诊断。

（10）配置红外微波防盗报警系统及监控录像系统，确保设备安全。

2. 系统特点

（1）效率高：采用在线动态检测方式，无须停车，无须解体轮对，检测速度快、效率高。

（2）安全性好：非接触检测，不影响列车正常运行，安全可靠。

（3）自动化程度高：检测过程自动完成。

（4）智能化程度高：提供检测数据的综合分析、判断和整理，给出优化的综合维护保养方案。

（三）主要技术指标

（1）外形尺寸检测精度：轮缘厚度：±0.2 mm；轮缘高度/踏面磨耗：±0.2 mm；QR 值：±0.4 mm；车轮直径：±0.6 mm；轮对内距：±0.2 mm。

（2）车轮擦伤（不圆度）检测精度：擦伤深度：±0.2 mm。

（3）踏面裂纹检测指标：裂纹或剥离长度（沿轮对轴向）：≥10 mm；裂纹或剥离深度（沿轮对轴向）：≥3 mm；探测深度：≤10 mm。

（4）环境参数：

环境温度：室外设备：－35～＋75 °C；室内设备：－20～＋50 °C。

相对湿度：月平均≤90%，最高≤95%。

海拔高度：≤1 000 m。

车速范围：通过速度：≤45 km/h；检测时通过速度：≤15 km/h；最佳检测速度：10 km/h（±20%）。

数据处理时间（100 轮）：≤2 min；

两列车通过间隔时间：>5 min。

（四）工作流程

轮对故障动态检测系统的数据流向及数据管理网络如图 5-6 所示。

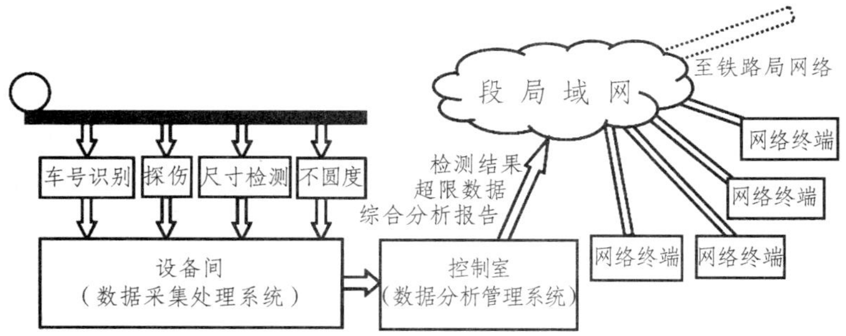

图 5-6　轮对故障动态检测系统数据流向及管理网络

当轮对通过基本检测单元时，各检测模块分别获取原始检测数据，包括车号信息、踏面缺陷探伤波形、外形轮廓曲线。所有原始检测数据被设备间内的数据采集处理系统收集并处理，得到最终的检测结果，并通过光纤网络系统传输到距离检测现场一定距离的控制室内，并保存在服务器的数据库内。数据分析管理系统（数据报表程序）分析数据库内的检测结果，以过车报文（含超限报警）及检测结果等形式呈现给用户，同时，可以通过机务段的局域网访问和管理轮对故障动态检测系统的检测结果。

（五）各子系统检测原理及流程

1. 轮对外形检测子系统

轮对外形检测子系统主要用于检测轮对关键外形尺寸和踏面外形轮廓曲线。

1）系统构成

轮对外形检测子系统主要由外形尺寸现场检测设备和位于设备间的控制处理设备组成。现场检测设备安装在整体道床上，如图 5-7 所示，主要由分布在轨道两侧的激光线光源（Laser Diode，LD）[见图 5-8（a）]、CCD（Charge Coupled Device）摄像机[见图 5-8（b）]、车轮检测触发传感器[见图 5-8（c）]、机车接近/离开传感器、计轴计辆判向传感器、车号识别系统[见图 5-8（d）]及 LD、CCD 开关罩保护机构组成。设备间的设备包括尺寸检测主机[见图 5-9（a）]、尺寸电气箱[见图 5-9（b）]及电气主控箱等功能单元，负责尺寸检测系统的电气控制、轮对外形图像信息的采集、分析、处理，以及与轮对故障动态检测系统远程主控程序的通信等。

（a）子系统全貌图

（b）子系统开启状态

图 5-7　轮对外形检测子系统现场设备

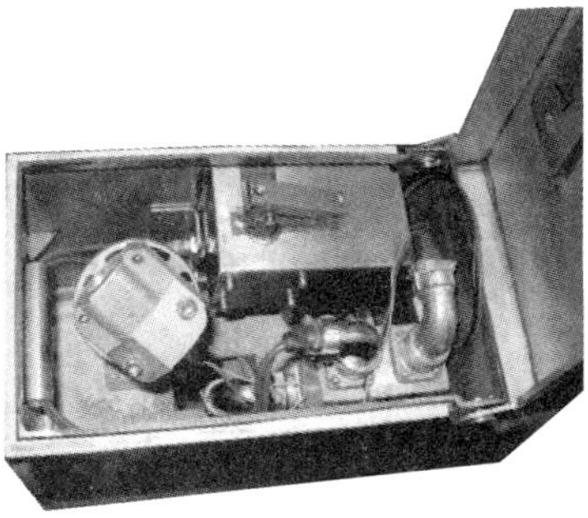

（a）LD 尺寸线光源

（b）CCD 摄像机系统

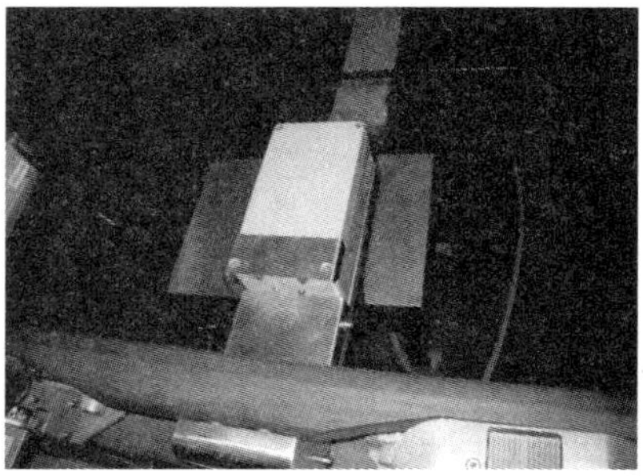

（c）检测触发传感器

（d）车号识别系统

图 5-8　轮对外形检测子系统现场设备构成

（a）尺寸检测主机

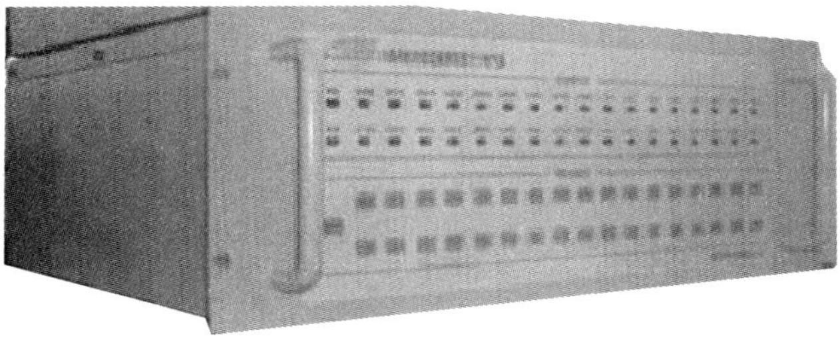

（b）尺寸电气箱

图 5-9　轮对外形检测子系统设备间设备构成

2）工作原理

车轮外形如图 5-10 所示，在对轮对检修时，主要通过检测轮缘高度 L_H、轮缘厚度 L_W、踏面磨耗 T_M 等来判断轮缘磨耗 L_M 的程度。基点是距内侧面基准 70 mm 处踏面上的一点，基点和轮缘顶点之间的高度为轮缘高度 L_H，距基点 12 mm 高处轮缘的厚度为轮缘厚度 L_W，实际测量的轮缘高度和标准轮缘高度之差为踏面磨耗，标准轮缘厚度和实际测量的轮缘厚度之差为轮缘磨耗。

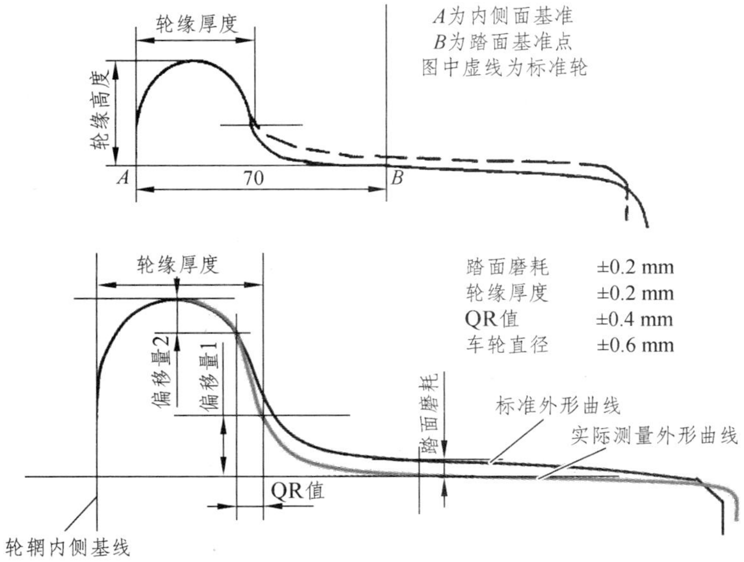

图 5-10　车轮轮缘尺寸轮廓示意图

轮对外形检测子系统采用光截图像测量技术来实现对车轮外形轮廓和轮对关键尺寸的非接触动态检测。光截图像测量原理如图 5-11 所示。在机车行进过程中，沿踏面法线方向用线状激光源照射车轮表面，使其在表面形成一光截曲线，然后利用与入射光面成一定角度的高速面阵 CCD 摄像机来拍摄车轮上的光截曲线，再经图像采集和图像处理系统，便可得到车轮外形曲线，但由于 CCD 摄像机是沿斜方向拍摄的，得到的曲线图像是畸变的，利用图像校正得到没有畸变的车轮外形曲线图像（见图 5-12），最后通过系统标定获得反映车轮外形的真实曲线，将校正后的曲线与标准车轮曲线比较，从而得到车轮外形尺寸参数的磨耗值。

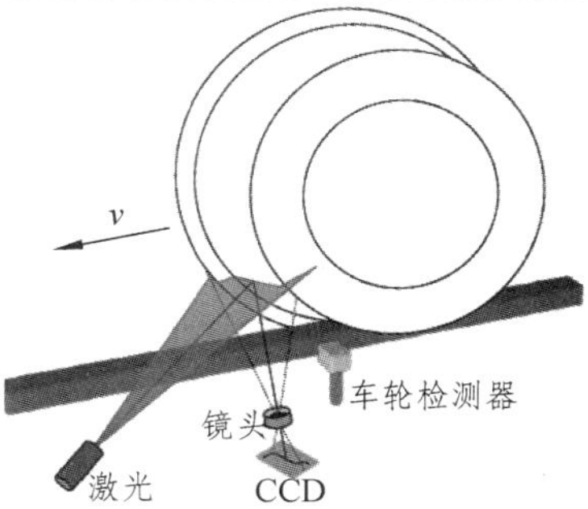

图 5-11　光截图像测量示意图

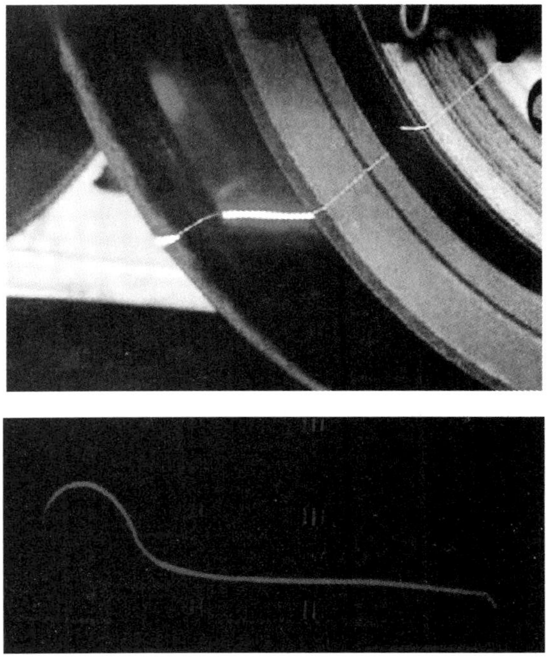

图 5-12　CCD 拍摄的光截图像

3）检测流程

当机车以限定速度驶入并触发列车接近检测传感器 D1 时，系统上电、LD/CCD 开罩进入检测状态。当轮对通过机车外形尺寸检测区间时，图像采集系统自动采集车轮外形光截曲线，经图像分析处理，获得轮对外形尺寸数据和外形曲线；车号识别系统、识别出车号及端位信息后上传至远程；当机车离去检测传感器 D2 检测到最后一个轮对通过后，结束检测，自动将轮对外形尺寸检测数据及外形曲线上传至轮对故障动态检测系统数据库（控制室内），供相关部门查阅及分析，并在客户端上以报表形式显示检测结果。

2. 车轮擦伤（不圆度）检测子系统

车轮擦伤（不圆度）检测子系统主要用于自动检测车轮踏面擦伤及不圆度，对踏面擦伤以数据报表形式显示每轮的最大擦伤深度。

1）系统组成

车轮擦伤（不圆度）检测子系统主要由 8 套平动机构、机车接近检测传感器、车体辨向计数传感器、信号调理箱及擦伤电气箱等组成，其系统布局如图 5-13 所示。平动机构主要包括擦伤杆、高精度位移传感器、测速装置、阻尼器、信号放大器等组成，如图 5-14 所示。

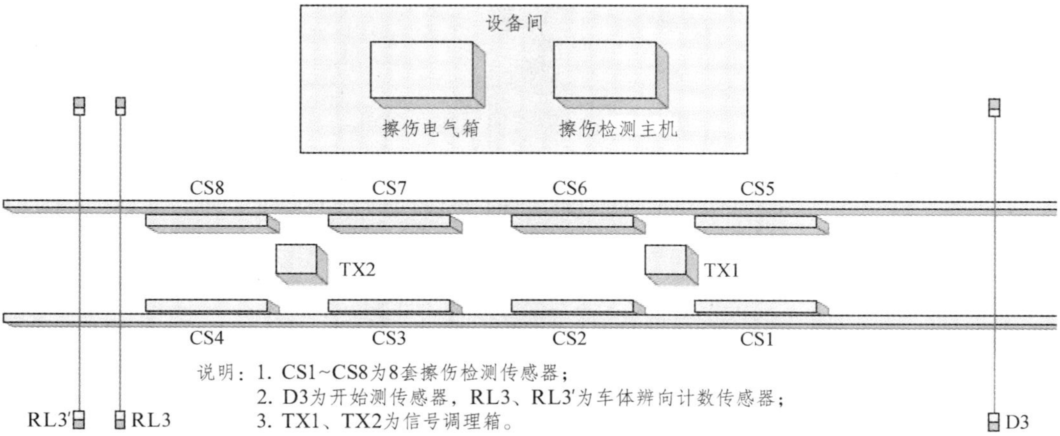

图 5-13　车轮擦伤（不圆度）检测子系统布局

（a）平杆机构全貌图

（b）平杆机构部件分布

（c）位移传感器

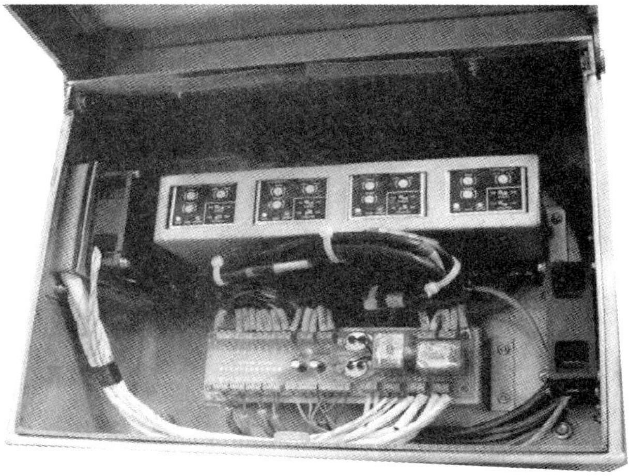

（d）信号放大器

图 5-14　车轮擦伤（不圆度）平动机构部件

2）工作原理

车轮擦伤（不圆度）检测子系统的基本原理是通过测量车轮一周的轮缘高度变化，实现对踏面擦伤及车轮不圆度的测量。如图 5-15 所示，车轮踏面受损后，其圆周的半径将减小，也就使得轮缘顶点 t 相对于钢轨的位置将低于 h。一般车轮轮缘顶部圆周上的 t 点是不会被破坏的，因此 t 点位置的变化信息包含车轮踏面受损的信息。所以通过测得 t 点的相对位移 h，经修正后就可得到当前车轮踏面的磨损和擦伤值。

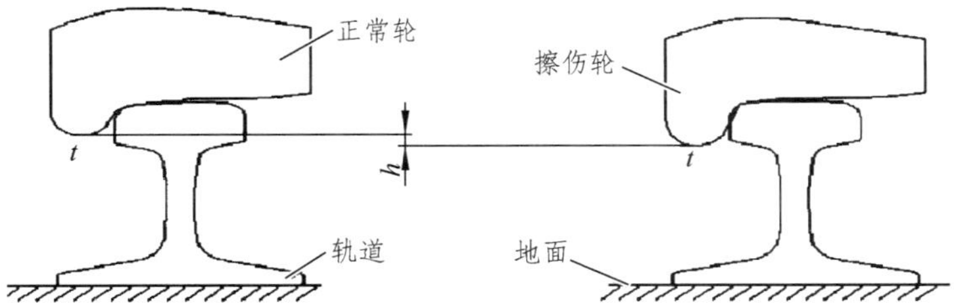

图 5-15　车轮擦伤（不圆度）检测子系统检测原理

3）检测流程

车轮擦伤（不圆度）检测子系统的检测流程受轮对故障动态检测系统的统一控制。当有机车、车辆到达时，车号识别系统识别出车号信息，车轮擦伤（不圆度）检测子系统在轮对故障动态检测系统主控程序控制下进入待检状态；当轮对通过擦伤检测系统各平动机构时，各通道实时采集传感器输出反映轮缘高度变化量的位移信号，通过分析、处理得到轮缘相对于踏面的高度变化数据，同时进行车体计数及判向；当机车、车辆通过检测区域后，主控程序下达检测结束命令，车轮擦伤（不圆度）检测子系统结束当前检测过程，分析、存储检测结果，以报表形式给出车轮踏面擦伤数据及不圆度数据，并将结果传递到控制室服务器上的数据库中保存，然后车轮擦伤（不圆度）检测子系统进入待机状态。

3. 车轮踏面探伤子系统

车轮踏面探伤子系统主要实现轮对踏面的缺陷检测，包括踏面剥离及剥离前期检测、踏面表面及近表面裂纹检测。

1）系统组成

车轮踏面探伤子系统由现场检测设备、探伤主机系统和控制室服务单元 3 个部分组成。轨道现场检测设备主要由 EMAT 探头和车轮检测传感器等检测设备及配套的接线盒组成，主要完成车轮到达检测和踏面缺陷检测。现场检测设备安装在一段定制的测量轨上，4 只探头分别交错安装在左右两条钢轨上（两两相隔一定距离），以确保同一轮对能进行两次测量，补偿单探头的探测盲区，提高检测精度，实物布局如图 5-16 所示。现场检测设备安装示意图如图 5-17 所示。LBE、LB1、LB2、LB3 和 LB4 为光电对射开关，LBE 用于检测车轮到达信号，通知系统做好检测准备；LB1 ~ LB4 分别对应探头 1 ~ 探头 4，负责四个探伤通道信号的触发发射采集。探头 1 ~ 4 为 EMAT 探头，用于发射和接收超声波，如图 5-18 所示。

探伤主机系统位于设备间，是探伤子系统的核心部件，控制整套系统的数据采集、分析、处理，以及与轮对故障动态检测系统的数据通信、上传检测数据等。

控制室服务单元位于控制室内，属于轮对故障动态检测系统，提供所有检测数据的服务管理，以及与段内各网络用户的数据访问接口。

图 5-16　车轮踏面探伤子系统现场检测设备布局

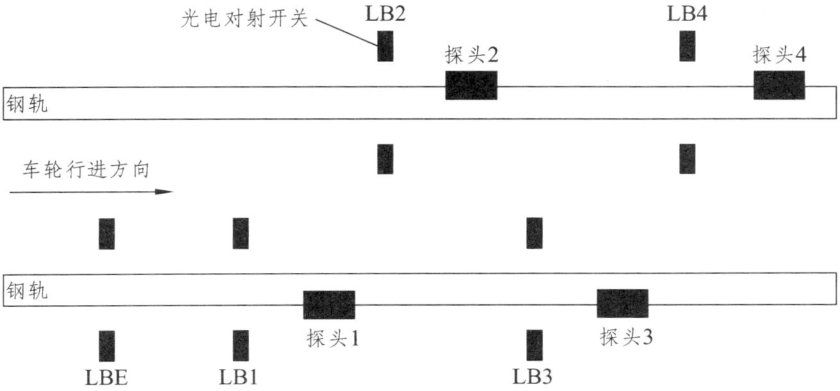

图 5-17　车轮踏面探伤子系统布局示意图

图 5-18　现场检测设备 EMAT 探头

2）工作原理

车轮踏面探伤子系统利用超声表面波的脉冲反射原理进行缺陷检测。当轮对沿钢轨运行到探头位置，轮对踏面接触探头的瞬间，EMAT 在车轮踏面表面及近表面激发出电磁超声表面波脉冲，超声表面波将沿踏面表面及近表面圆周以很小的损耗传播，如图 5-19 所示。

超声表面波（见图 5-20）在踏面双向传播（顺时针和逆时针），沿车轮表面及近表面传播一周后回到探头位置，EMAT 探头检测到返回的超声表面波后形成第 1 次周期回波（图 5-21 中 RT 波）；未衰减的超声波继续沿踏面传播，依次形成第 2 次、第 3 次周期回波……直到能量衰减到设备无法检测为止。

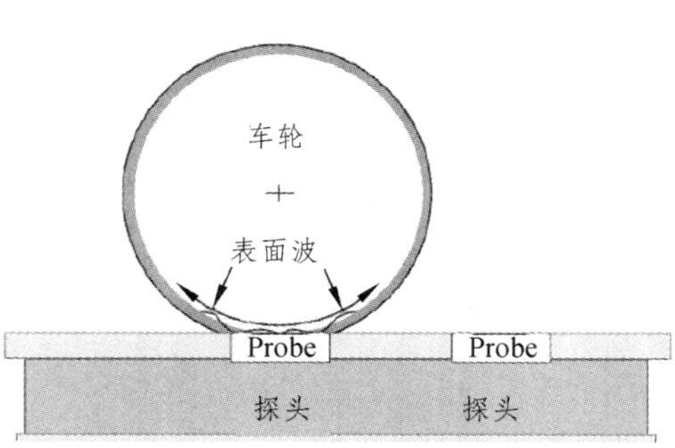

图 5-19　探头在踏面激发的超声表面波

图 5-20　表面波传播原理

当车轮踏面表面及近表面有裂纹或剥离等缺陷存在时，超声波在缺陷端面处一部分能量被反射，沿原传播路径返回并被探头检测到，形成缺陷回波（图 5-21 中的 E 波）；另一部分能量绕过缺陷端面继续传播，形成周期性回波（图 5-21 中 RT 波）。通过正常的周期回波（RT）与缺陷回波（E）的对比分析，可以定性分析当前轮对的踏面缺陷状况。

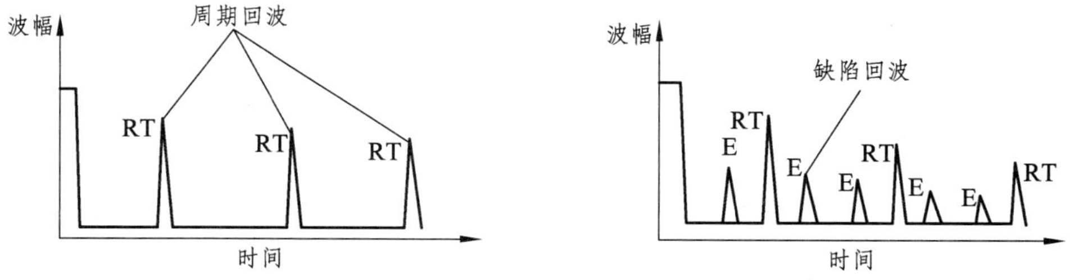

（a）无缺陷检测结果　　（b）缺陷检测结果

图 5-21　回波示意图

3）检测流程

车轮踏面探伤子系统的检测过程受轮对故障动态检测系统的统一控制。当有机车车辆到达时，现场控制单元发出机车车辆到达信息，车号识别系统和探伤检测系统启动，车号识别系统将识别到的车号端位信息传递给远程控制台，远程控制台根据车号信息将机车车辆信息（或者是编组信息）传递给轮对踏面探伤子系统。

当轮对通过轮对探伤系统检测区域时，轮对探伤系统完成车轮踏面的缺陷检测，并分析、存储检测结果；当机车（车辆）通过检测区域后，控制中心下达检测结束命令，车轮踏面探伤子系统结束当前检测过程，并将检测、分析结果传递给控制中心服务器，将数据保存到数据库，探伤主机再次进入待机状态。

4. 轮对故障动态检测系统设备检验和标定

1）目的

为了校验和校准轮对故障动态检测系统的技术参数，保障系统具有良好的技术状态和正常运行。

2）校验和标定周期

（1）系统正常运行时，每个月对系统进行校验一次。

（2）系统运用中出现下列情况时，须立即对设备进行校验。

① 出现大量异常数据，且通过与同一动车组历史检测数据比较不具有重复性时。

② 检测区段线路施工或维护后。

③ 设备检修和设备参数调整后。

3）校验方案

（1）尺寸检测模块校验：利用人工复核一辆动车轮对外形尺寸的方式对该模块进行校验。

（2）探伤检测模块校验：利用探伤样环对车轮踏面缺陷检测模块进行校验，以保证系统具有良好的踏面缺陷检测能力，其装置如图 5-22 所示。

图 5-22　探伤检测模块校验装置

（3）擦伤检测模块校验：利用擦伤校验装置对车轮擦伤检测模块进行校验。

4）模块标定

（1）轮对外形尺寸检测模块标定装置由标定支架、标定板及标准踏面块几部分组成，如图 5-23 所示。

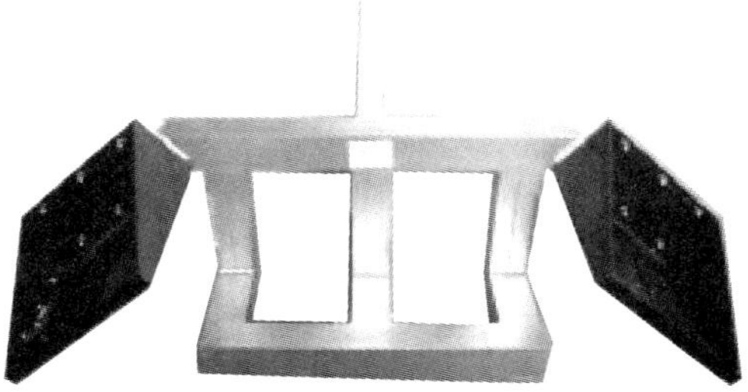

（a）标定支架

（b）点阵板

（c）标准踏面块

图 5-23　外形尺寸检测模块标定装置

5）激光线光源的标定

激光线光源的标定装置如图 5-24 所示。

步骤 1：拆卸要标定的激光线光源保护箱体，调节线光源安装支架上的升降螺栓，确定好线光源的高度，其高度以装上保护箱体后不阻挡投射到标定板上的光线和不顶箱盖为宜。

步骤 2：调节线光源安装支架上所有角度调节螺栓[见图 5-24（b）]，以调节激光线光源的仰角、转角等安装参数，使光源光强中心在踏面测量点处（点阵板上的“+”字标记位置）。

步骤 3：微调激光线光源安装参数，使激光线光源出射面（光刀面）与点阵板平面完全重合，即光线与点阵板底边和侧边的棱边完全重合[见图 5-24（c）]。

步骤 4：锁紧所有固定螺栓，在锁紧过程中要注意保持激光线光源的位置不变。

（a）激光线光源标定装置实物图

（b）角度调节螺栓

（c）激光线光源出射面调节

图 5-24　激光线光源标定装置

6）主要部件日常维护

触发传感器：保持干净清洁，确保无异常遮挡。

LD、CCD：检查是否存在水雾、污脏。丝杠定期进行润滑，加注航空润滑油脂。

擦伤杆检测机构：检查杆表面清洁，机构是否松动。

阻尼器调节：夏天压缩不超过 4 挡，拉伸不超过 3 挡；冬天压缩为 2 挡，拉伸为 1 挡。

空压机：排水、油位检查。

二、走行部故障动态检测系统

机车走行部是指位于机车下部引导机车运行的部件，包括轮轴系统、制动系统、弹簧减振装置、连接耦合系统、电机系统等多个区域。机车走行部的正常运行与铁路机车运行安全息息相关。机车走行部的部件对机车来说都属于外部部件，在运行过程中裸露在外。在机车运行过程中，由于自身老化、振动、外部环境等原因，走行部部件容易产生一系列的异常状况，如部件缺失、移位、变形等。在列车高速运行的过程中，任何一点细微的故障都有可能引发重大的安全事故。由于机车走行部结构复杂，检测项目繁多，以往国内外的机车走行部安全检测仍以人工检测为主，在每次机车入库时对其进行人工日常检修。然而，随着我国轨道运输系统的发展，普通人工检测已经完全无法满足现有的安全检测需求。随着机器视觉技术的发展，在机车走行部检测领域也有了一系列利用机器视觉系统来提高检测效率的措施，如我国的货车运行故障动态图像检测系统（Trouble of moving Freight car Detection System，TFDS）、动车组运行故障动态图像监测系统（Trouble of moving EMU Detection System，TEDS）、客车运行故障轨边图像检测系统（Train Coach Machine Vision Detection System，TVDS）等检测系统。这些检测系统主要通过安装在轨边的高速相机拍摄过车图像，对机车走行部等可视部件的外观图像进行采集，通过图像整体对比来对部件进行异常分析，并对异常部件进行自动报警，向监控中心提供图像信息和报警信息。

机车走行部故障动态检测系统根据机车的特殊结构和部件尺寸，利用在轨边安装高清线阵摄像头及 3D 成像模块，采集机车底部牵引装置、轴箱端盖、闸瓦或制动盘、撒砂器、齿轮箱、抱轴箱等关键部件图像，采用图像自动对比识别技术对图像进行自动故障分析，自动判别关键部件缺失、变形、漏油等异常情况，同时通过网络通道实时将识别结果和图像传输至检测中心进行故障预报，检车工作人员通过看图作业平台终端进行人工确认，利用三维重建技术对 3D 数据进行处理，可多角度查看关键部件信息，以提高检修人员作业质量和作业效率，提高机车运用中隐性故障的发现能力，实现全面检查和重点检查相结合，并提供故障基础信息收集、分析和管理等功能。

（一）系统构成

走行部动态三维检测系统（又称 LEDS-3D 系统），由轨边图像采集、探测站分析处理、调度中心报警终端等设备组成，具有对走行部、制动配件、底架悬吊件、钩缓连接、转向架、车体两侧下部及车号图像的采集、传输、存储、显示及异常图像自动分析预警功能。

系统总体架构分为三大部分：轨边探测站部分、列车检修基地检测中心部分和局级监控中心部分。轨边探测站部分包含轨边机房设备、轨边采集设备、图像分析设备；列车检修基地检测中心部分包含异常图像报警确认终端和图像信息浏览终端；局级监控中心主要包含图像信息复示终端和统计分析软件平台。整体布局结构如图 5-25 所示。

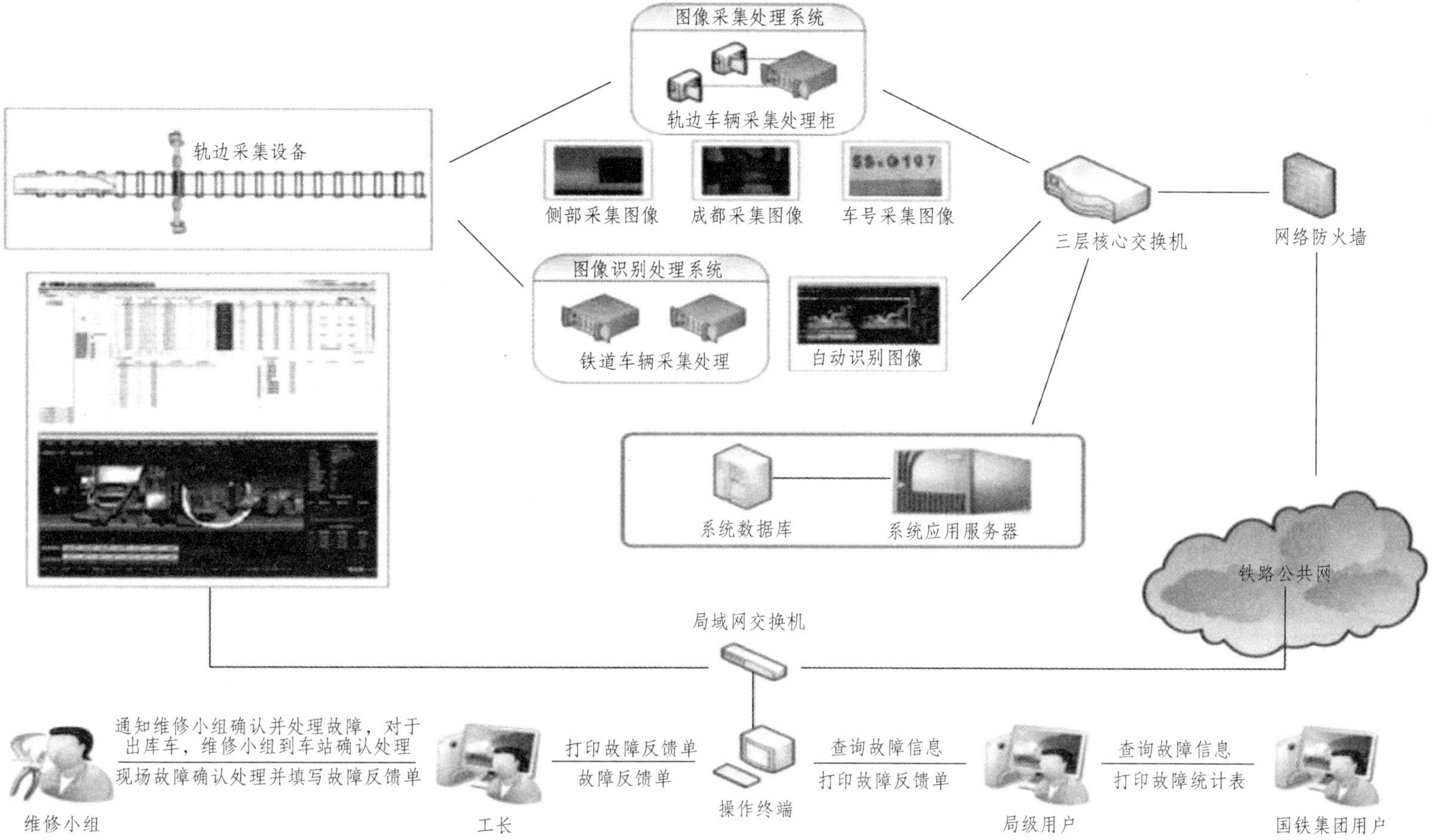

图 5-25　走行部动态检测系统结构

（二）系统的主要技术特点

（1）系统工作于无人值守模式，自动测速、自动计轴、自动获取车号及车型等信息实现机车部件图像与车号的对应关系。

（2）系统具备双向接车功能，通过线面集合技术采集运行中的机车底部及转向架可视部件的图像，实现全息无缝拼接。图 5-26 所示为机车底部整体图像，图 5-27 所示为机车侧部整体图像。

图 5-26　底部全息图

图 5-27　侧部全息图

（3）利用 2 个高清工业相机组成 1 个扫描单元，构建 1 个双目视觉采集通道，采集机车底部和侧下部的高清图像，呈现的机车二维图像如图 5-28 所示，通过双目技术得到左视图和右视图的视差图，进行三维成像（见图 5-29），利用深度立体信息有效降低因水渍、粉笔标识、灰尘引起的自动识别误报警数量，实现故障的高准确度自动判别与预警。

图 5-28　机车部件二维图片

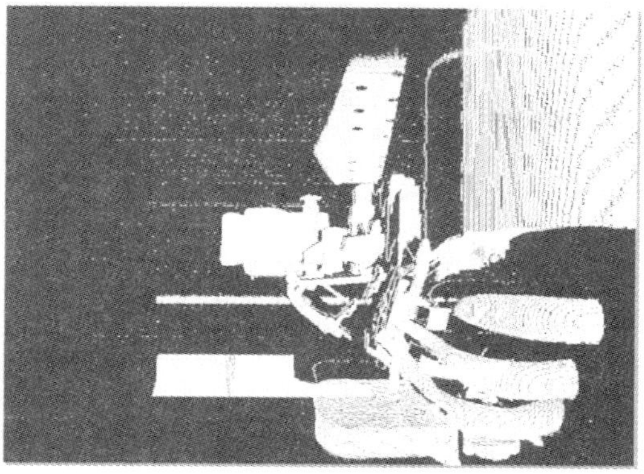

图 5-29　机车部件三维深度图

（4）模块化设计，实现线上快速替换恢复、线下精细维修的检修模式，减少维护人员上线时间，确保行车及作业人员安全。

（5）系统采用图像传输及处理加速器专利技术，可以实现低带宽下的异地图像实时浏览及监测，为异地检测和监控提供有效手段。

（三）系统工作流程

（1）设备开机、等待接车状态；

（2）列车经过时，收到远端磁钢信号，设备开始计轴计辆并判断车型，车型匹配成功后，开始接车；

（3）打开鼓风机、保护门、除尘风机、补偿光源；

（4）列车经过近端磁钢，车辆采集软件计算轴距及车速，根据车速确定线阵相机扫描频率，同时根据车型及拍摄部位确定变频时机，控制相机扫描拍摄；

（5）图像采集：计算机采集图片，进行压缩并传送至服务器；

（6）车辆信息采集：计算机同时上传车辆信息至服务器；

（7）服务器根据图片来源将各部件图片进行转换拼接，并将车辆基本信息入库，自动识别车号信息；

（8）浏览终端显示车辆信息以及图像信息；

（9）最后一辆车通过近端磁钢后超过延时时间，系统认定过车完毕，停止拍摄，关闭补偿光源、除尘风机、保护门等设备；

（10）重新进入等待接车状态。

整个系统工作流程如图 5-30 所示。

（四）应用实例

某段配属的机车主要为 HXD_{3C} 和 HXD_{3D} 型两种车型，日均入库整备机车 40 余辆，针对每日入库机车，走行部动态检测系统报警数有 1 000 多条，通过近半年的应用总结和积累，发现机车走行部故障多集中于端部气管路及车钩、制动单元系统、过分相装置、撒砂装置、油压减振器、电机齿轮箱等部位。

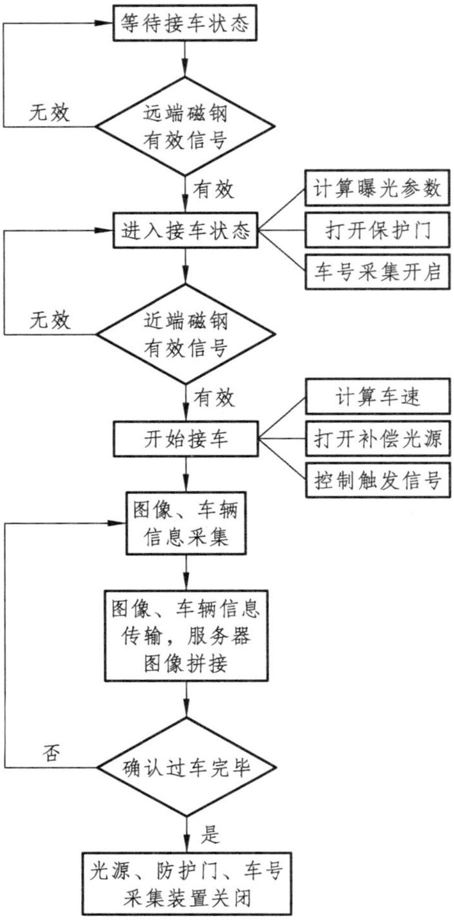

图 5-30　系统工作流程

案例 1：2017 年 6 月 2 日，HXD_{3C}0950 号机车入库时，走行部动态检测系统对比自动过分相装置后报警“1 端右侧自动过分相装置角度不正”，自动过分相装置对比如图 5-31 所示。现场检查确认为真实报警，检修人员调整自动过分相装置角度，检查试验各部件状态良好。

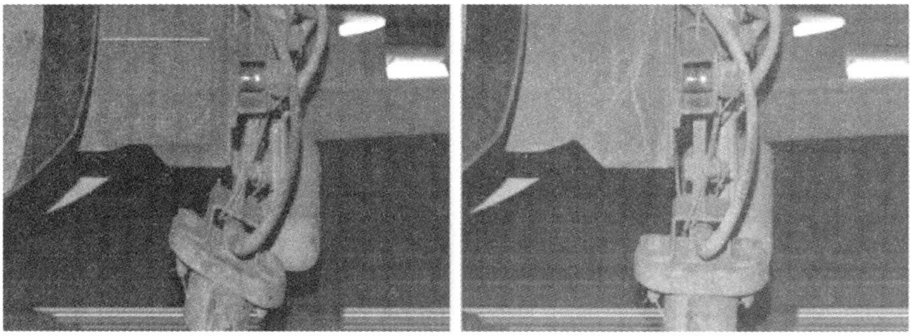

图 5-31　过分相装置故障对比图

案例 2：2017 年 6 月 15 日，HXD_{3C}0973 号机车入库，走行部动态检测系统对比报警“右 4 撒砂管风管脱落”（见图 5-32），现场核实为真实报警，检修人员更换风管后正常。

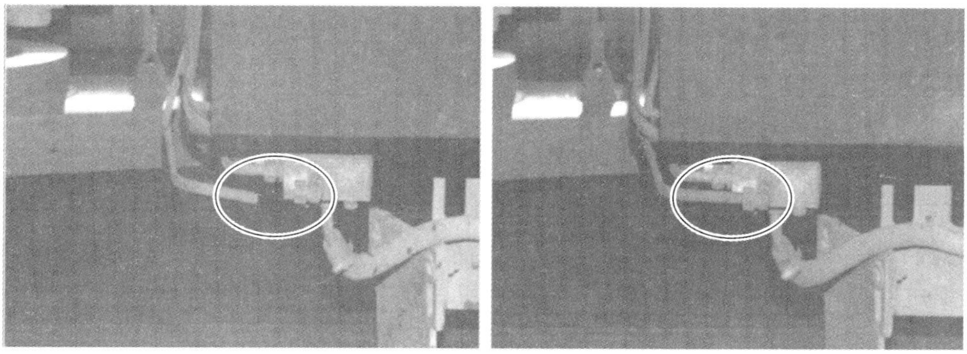

图 5-32　撒砂装置故障对比图

三、受电弓和车顶动态检测系统

受电弓是电力机车的重要电器元件，通过与接触网直接接触，并将接触网的高压电流传递给机车内部高压电气设备，为机车提供各种能量来源，承担着连接、传输电力的重要作用。电力机车受电弓和接触网相互之间的安全可靠成为铁路运输安全运营强有力的保障。

受电弓参数和状态检查是日常检修作业中的必要环节。受电弓及车顶动态检测系统可自动实现对碳滑板尺寸参数检测、升弓压力测量、车顶状态可视化观测等功能，系统全自动运行，检测精度高，可有效减轻车顶作业人员的劳动强度。

受电弓及车顶动态检测系统采用高速、高分辨率图像分析测量技术和现代传感器技术，实现受电弓关键特性参数的在线动态自动检测，其主要检测项点包含 3 部分：

（1）碳滑板参数检测。采用动态非接触式图像测量技术分析处理并记录受电弓滑板磨耗值、中心线偏差值。

（2）升弓压力检测。采用高精度传感器检测技术，动态自动检测受电弓工作位接触压力。

（3）车顶状态可视化观测。采用视频录像监控技术，对机车车辆的车顶进行实时录像。

（一）系统构成

受电弓及车顶状态动态检测系统由基本检测单元、现场控制中心、远程传输通道和远程控制中心 4 个部分组成，如图 5-33 所示。

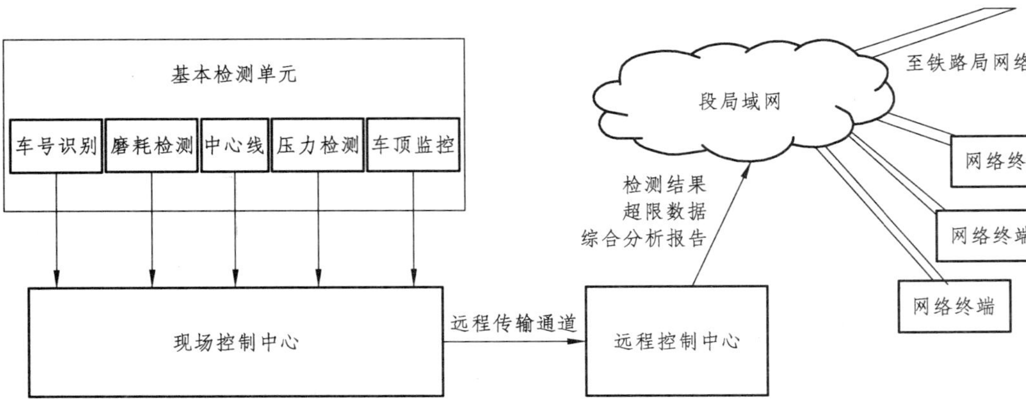

图 5-33　受电弓及车顶状态动态检测系统结构

受电弓及车顶动态检测系统安装在电力机车入库线路上，如图 5-34 所示，采用高速、高分辨率、非接触式图像分析测量技术，主要包含滑板磨耗检测子系统、中心线检测子系统、压力检测子系统和车顶状态监控子系统，实现了对机车受电弓滑板磨耗、中心线偏移、工作压力等关键特性参数的动态自动检测和车顶异物及关键部件状态的室内可视化观测。在极端恶劣天气下，系统无须停车，无人值守就可进行动态自动检测，有效减轻了车顶作业人员的劳动强度，大大缩减检查时间，广泛适用于各型机车。

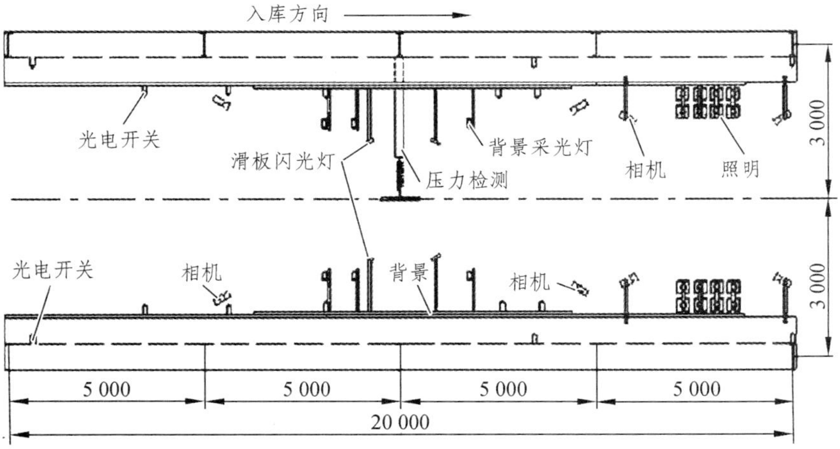

图 5-34　受电弓及车顶状态动态检测系统基本组成（单位：mm）

（二）工作原理

1. 滑板磨耗检测子系统

采用图像测量法实现受电弓滑板磨耗情况的非接触动态检测。机车通过检测设备时，采用 2 组高分辨率高清晰度相机，按照如图 5-35 所示设计角度对受电弓碳滑板进行拍照，每个磨耗相机采集半个碳滑板图像，将 4 组相机拍摄的图像通过拼接技术合成整体碳滑板，最终利用图像分析处理技术，形成受电弓滑板厚度曲线，计算获得最大厚度、平均厚度、最大磨耗差等参数信息。动态非接触式图像测量技术在雨、雪等恶劣天气条件下，均可达到不停车、不停电、不占用机车整备时间对机车进行检测的目的；不仅不受气候条件影响，而且检测效率高，同时全程无须人工干预，极大地提高了系统的可靠性。

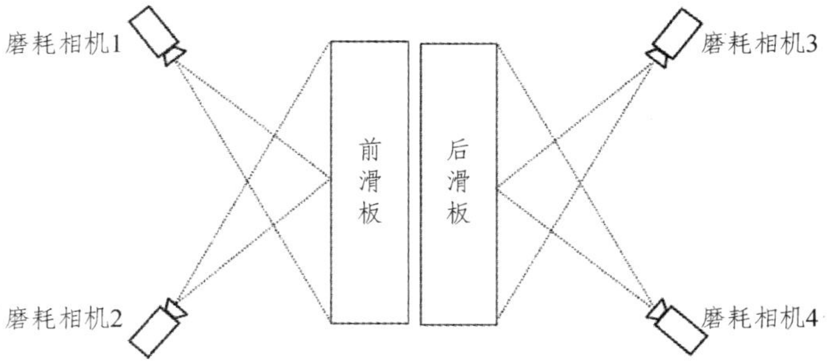

图 5-35　滑板磨耗图像测量法原理

2. 中心线检测子系统

采用图像测量法实现受电弓滑板中心线偏差的非接触动态检测。机车通过检测设备时，采用 2 组高分辨率高清晰度相机，按照如图 5-36 所示设计角度对受电弓两端羊角进行拍照，所获取的图像中包含受电弓羊角相对于轨道中心线的位置信息，后经实时图像处理，得到受电弓中心相对于轨道中心的偏移量。

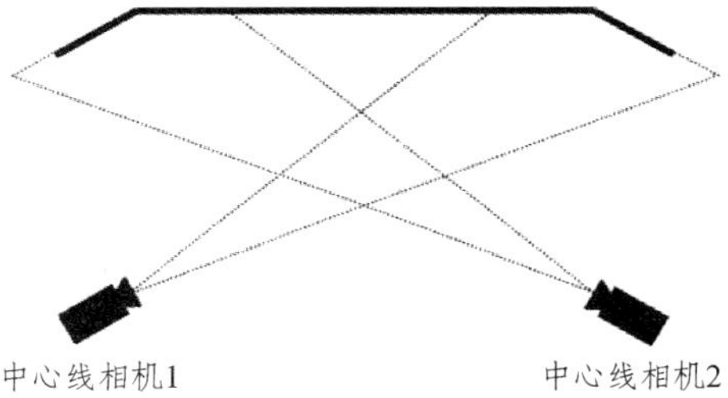

图 5-36　中心线偏差图像测量法原理

3. 压力检测子系统

系统使用杠杆原理检测受电弓动态接触压力，如图 5-37 所示。机车通过检测设备时，受电弓对接触网有一个向上作用的力 F（动态接触压力），通过杠杆原理，将力通过压力装置的测量臂传递到尾部的拉力传感器，通过测量拉力传感器输出，即可得到原始压力数据。当受电弓运行到压力开始光电传感器时，系统开始采集压力数据，直至受电弓运行到压力结束光电传感器时停止采集。通过对这一时段压力数据变化情况的分析，结合车速和温度等因素进行修正和补充，得到受电弓工作位的基本压力特性。

在压力检测单元的前方和后方的接触网上，安装有双弓隔断装置，避免同时升双弓或多个受电弓之间相互压力的干扰，保证压力检测单元检测的准确性。技术人员结合机车修程内人工测量的标准压力值，每半年会对压力检测系统进行校验和标定，避免测量时因升弓高度不一致造成的测量结果不一致。

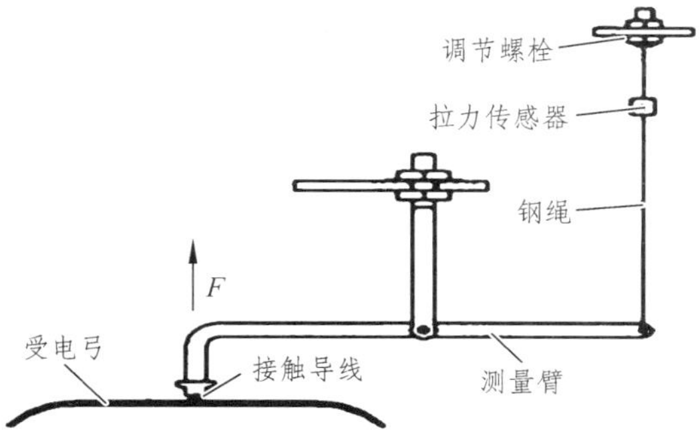

（a）检测原理

（b）压力检测实物图

图 5-37　受电弓动态压力检测原理

4. 车顶状态监控子系统

当机车进入检测棚的监控区时，车顶状态监控子系统开始录像，同时控制中心大屏幕转换到车顶监控视频以便实时观察。系统使用 4 组高清晰、高分辨率相机从不同角度拍摄车顶通过的全过程，采用高速无损视频压缩技术对监控录像进行压缩，存储在计算机硬盘上。

当机车离开系统监控区时录像停止。操作人员可在高清、高分辨率大屏幕上回放录像，对车顶异物和车顶关键器件状态进行检查。如发现异常情况，可对相关情况填写记录，系统将用户填写的情况和对应的高分辨率图像存储在数据库，可生成报表或进行历史查询。

（三）工作流程

（1）机车进入压力检测区触发“压力开始”光电开关。
（2）检测程序发出压力采集指令，传感器开始压力采集。
（3）机车驶出压力检测区触发“压力结束”光电开关。
（4）检测程序发出结束采集指令，传感器停止压力采集。
（5）压力程序读取数据经处理后输出结果至显示终端。
（6）机车进入磨耗检测区触发“磨耗开始”光电开关。

（7）CCD 相机采集受电弓滑板磨耗及中心线照片。

（8）机车驶出磨耗检测区触发“磨耗结束”光电开关。

（9）采集卡采集滑板磨耗及中心线照片并上传检测程序。

（10）检测程序进行数据处理并输出结果至显示终端，完成检测。

远程控制中心将检测结果、超限数据和综合分析报告一方面存储在主机当中，用于机务段检修人员后期查阅及核实，另一方面将数据采集结果通过传输线缆传输给铁路局段局域网。

（四）应用实例

某段 2018 年总计配置电力机车 86 台，机车每次回段整备，都会通过机 6 股的受电弓检测设备，系统对碳滑板参数进行检测并记录数据，利用 Python 语言编译程序，自动获取 86 台电力机车在受电弓系统中的碳滑板厚度历史数据，作可视化处理形成散点图，直观分析碳滑板磨耗趋势和系统检测准确性。

电力机车分Ⅰ端和Ⅱ端受电弓，机车运用过程中只升其中一端，每台受电弓有两条碳滑板，从Ⅰ端到Ⅱ端，分别记为 A、B、C、D，即Ⅰ端弓为 AB 碳滑板，Ⅱ端弓为 CD 碳滑板。

图 5-38 为 $HXD_{3C}0787$ 机车碳滑板磨耗趋势图，从图中可以看出，在 7 月 30 日左右，$HXD_{3C}0787$ 号机车的 4 条碳滑板厚度陡然升高，并维持在 40 mm 左右，后经调查分析，这是由于统一更换新碳滑板所导致，在数据的趋势分析过程中，如果单位时间内的磨耗趋势加剧，分析者就应该加强注意，这可能是由于更换碳滑板所致，也有可能是受电弓存在故障，导致碳滑板磨耗突然加剧，这种情况应重点分析，查找数据变化根本原因。

只需要对滑板磨耗测量结果进行处理，便可以准确掌握受电弓滑板磨耗剩余量和使用寿命，图 5-39 即为滑板图像合成和滑板磨耗曲线。

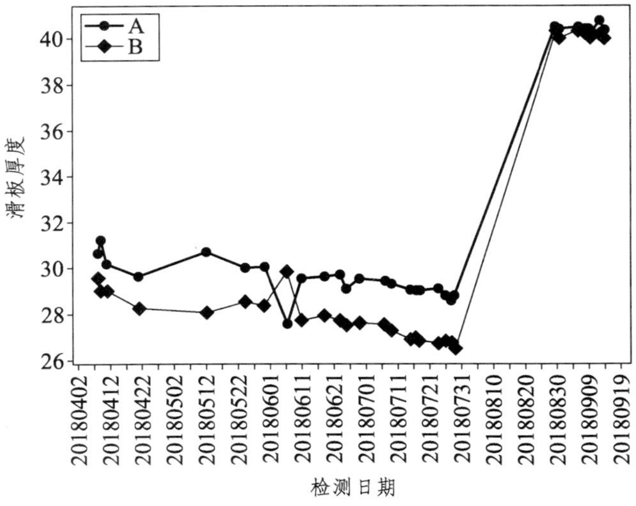

（a）$HXD_{3C}0787$ 号机车 A、B 滑板磨耗趋势

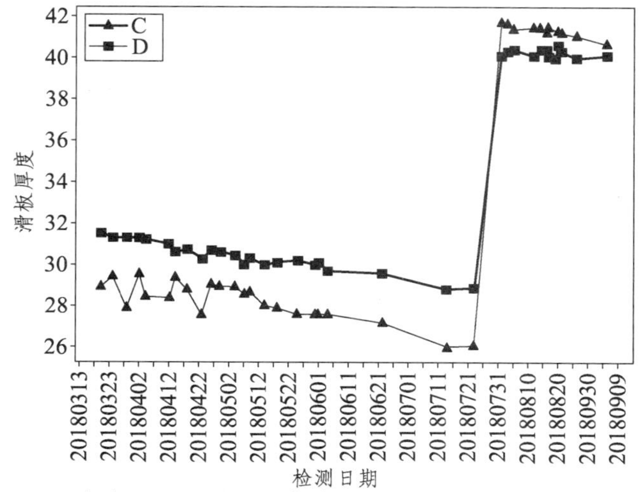

（b）$HXD_{3C}0787$ 号机车 C、D 滑板磨耗趋势

图 5-38　$HXD_{3C}0787$ 号机车碳滑板厚度变化趋势

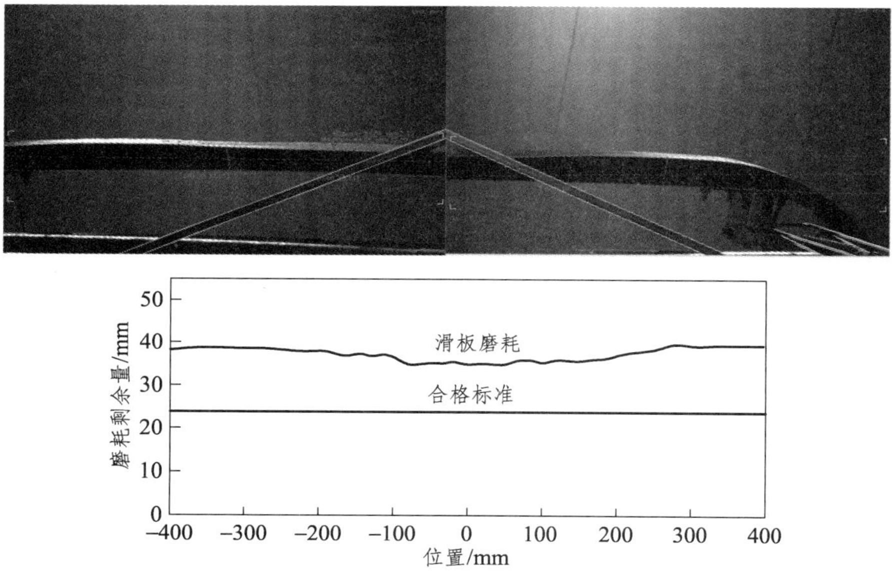

图 5-39　滑板图像合成和磨耗曲线

铁路小故事

挑战极限、勇创一流的青藏铁路精神

早在 100 多年前，孙中山先生在《建国方略》中就提出了把铁路修到拉萨的设想，青藏铁路的开通圆了中国人的百年梦想，西藏的社会经济正在飞速发展。

一组组数字，记载着悲壮与残酷：1953 年修建青藏公路时，平均每修 1 千米就有 1

人牺牲；1985 年公路改建时，一个工程部门在 3 个月里，仅止痛片就用掉 13 万片；海拔高于 4 000 米的线路超过 960 千米，极端气温达 −40 °C……2001 年 6 月 29 日，经过多轮论证，青藏铁路格尔木至拉萨段工程正式开工。十万筑路大军满怀建功立业的壮志，迅速集结，高擎“筑国脉、架金桥、扬国威、促团结”的旗帜，坚定地迈向“生命禁区”。氧气瓶与钢轨、道钉、枕木一道，成为施工现场最为常见的物件。工人们常常背着 5 千克重的氧气瓶施工，难受了就吸几口氧，缓一缓再接着干。在海拔 4 600 多米的昆仑山隧道工地，一年不到工人们就耗尽了约 12 万瓶氧气。“艰苦不怕吃苦，风暴强意志更强，缺氧不缺精神，海拔高追求更高！”铁路建设者以惊人的毅力和勇气，冒严寒、顶风雪、战缺氧，挑战生命的极限。2006 年 7 月 2 日 00:31，拉萨火车站内，从格尔木出发的“青1”次首趟进藏列车缓缓驶入站台。中国向世界宣告：铁路修到了拉萨！

青藏铁路在世界建造史上铸就了一座世纪丰碑，创建了无数奇迹，结束了国外媒体对青藏高原不可能修建铁路的预言，结束了西藏不通铁路的历史，攻克了“高寒缺氧”“多年冻土”“生态脆弱”三大世界性难题，采取有效医疗保障措施实现了建设期高原病“零死亡”，最大限度地保护了自然环境，保护了野生动物，建成世界上海拔最高、运行速度最快的高原冻土铁路，对我国铁路建设乃至世界铁路建设有着深远的影响。青藏铁路是中国人自己自主创新、锐意进取的结果，“挑战极限，勇创一流”的青藏铁路精神，必将激励一代又一代的中国人为实现中华民族伟大复兴的中国梦而努力奋斗！

复习思考题

1. 机车标准化整备作业流程是什么？
2. 简述机车综合检测棚的构成及其在机车整备作业中作用。
3. 机车轮对故障动态检测系统包括哪几个子系统？各子系统的功能是什么？
4. 机车走行部故障检测系统的构成和技术特点是什么？
5. 简述受电弓动态接触压力的检测基本原理。
6. 受电弓及车顶动态检测系统基本工作流程是什么？

项目六 PART SIX

铁路车号自动识别系统

铁路车号自动识别系统（ATIS）能够实现以下功能：

（1）车次、车号自动识别，为铁路运输管理系统提供车次、车号等实时的基础信息；

（2）代替人工抄录车号，保证数据真实性、及时性、准确性和连贯性；

（3）提高编组站作业效率，减轻了作业人员的劳动强度；

（4）提供运输确报信息，实现运输确报现代化管理；

（5）与货票系统结合，实现货流统计分析；

（6）实现局间货车使用费的自动清算。

（7）实现货车实时跟踪管理现在车数量、现在车分布统计分析、货车产权鉴别、机车车辆运行跟踪查询；

（8）实现货车动态管理机车车辆技术履历信息查询、机车车辆检修信息统计分析、列检所作业量统计分析、国有企业自备货车资产管理；

（9）确保行车安全，实现故障机车车辆准确预报；

（10）与红外线轴温探测系统结合，可精确预报热轴机车车辆的车号和所在列车的车次，准确处理热轴故障；

（11）为机车车辆安全动态监测系统、超偏载系统等提供准确的车次、车号信息；

（12）建立故障机车车辆档案，实现全路信息共享，进行动态及跟踪管理。

车号自动识别系统是一个庞大的系统工程，需要各部门密切配合，互相协作。

任务一　铁路车号自动识别系统（ATIS）

教学目标

1. 能力目标

了解铁路车号自动识别系统应用的意义。

2. 知识目标

掌握铁路车号自动识别系统的结构组成、工作原理和应用。

3. 素质目标

掌握铁路车号自动识别系统的应用。

工作任务

任务名称	任务布置
铁路车号自动识别系统（ATIS）	掌握铁路车号自动识别系统的功能、结构组成和工作原理，了解其应用
小组讨论	
1. 问题导入 （1）对于移动的机车车辆，如何采集机车车辆信息？ （2）实现对机车车辆实时跟踪管理的关键设备是什么？	
2. 归纳总结 （1）铁路车号自动识别系统的功能是什么？ （2）铁路车号自动识别系统由哪些结构组成？ （3）铁路车号自动识别系统的工作原理是什么？	

相关知识

一、结构组成

ATIS 由电子标签、地面识别设备（AEI）、集中控制管理计算机系统及复示终端设备、车站 CPS 设备、信息跟踪查询终端设备、标签编程系统、国铁集团中央数据库管理系统、分局 AEI 监控中心设备等部分组成。

（一）电子标签（TAG）

铁路电子标签有机车车辆标签、机车标签和集装箱标签。电子标签相当于每辆车的"身份证"，外形如图 6-1 所示，标签内存储器中存有车号信息和机车车辆技术参数。标签密封后安装在被识别机车、货车底部的中梁上，由微带天线、虚拟电源、反射调制器、编码器、微处理器和存储器组成，标签本身是无源的，它是靠地面识别设备发射的微波信号提供能量使其工作。电子标签设计简单、工作可靠、识别精度高，具有很长的使用寿命并且不需要维护，且直接接收地面天线信号，受电磁波等干扰较小，使得读取信号准确度大大提高。

（a）电子标签 1

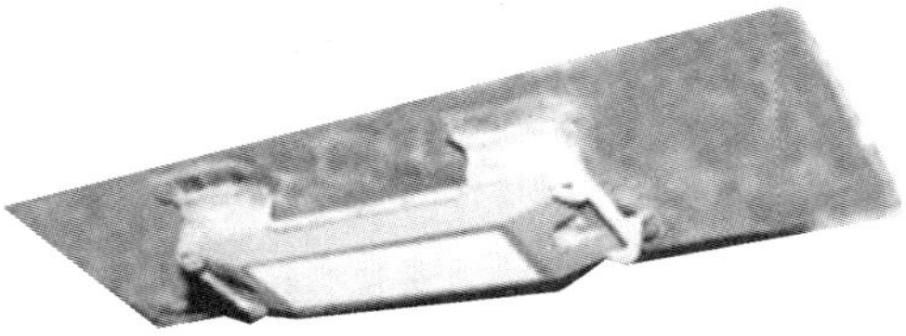

（b）电子标签 2

图 6-1　机车电子标签（TAG）

（二）地面识别设备（AEI）

AEI 由安装在轨道间的地面天线、车轮传感器、环路线圈及安装在探测机房的 RF 微波射频装置、读出计算机（工控机）等部分组成，如图 6-2 所示，安装在铁路干线运行区间站，局、分局交界口，编组站，对运行的机车及机车车辆进行准确的识别。

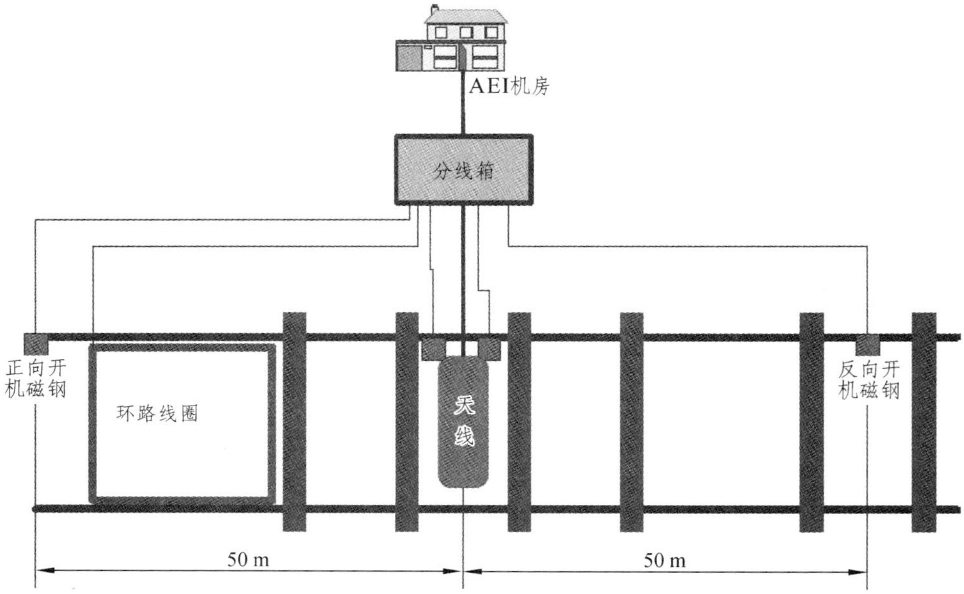

图 6-2　AEI

（1）地面天线。地面天线如图 6-3 所示，安装在两轨枕之间。地面天线的作用是发射微波信号和接收标签反射回来的调制信号，能够实时准确地完成对列车及机车车辆标签信息的采集，并将采集的信息进行处理，通过专线传至车站 CPS 设备。

图 6-3　地面天线

（2）读出计算机。读出计算机用于采集标签信息、测速、计轴、计辆、标签定位与车站 CPS 设备通信、自检。

（3）RF 射频装置。RF 射频装置是微波发射、接收和解调的装置。

（4）车轮传感器。车轮传感器如图 6-4 所示。车轮传感器又称为磁钢，实质上它是一种接近开关，它安装在机车车辆进入和驶出识别区段的线路上，主要作用是采集车轮信号，能检测线路是否有机车车辆通过。磁钢分为无源磁钢和有源磁钢两种，无源磁钢的原理一般是车轮等导磁体切割磁力线产生感应电动势，低速车感应不灵敏，可能会造成延迟触发或丢失检测信号现象；有源磁钢能够感应磁场的变化，当导磁物体接近有源磁钢时，有源磁钢输出正脉冲，当导磁物体从接近位置远离有源磁钢时，有源磁钢输出电压为 0 V，测速范围为 0 ~ 150 km/h。

图 6-4　车轮传感器（磁钢）

（三）集中控制管理计算机系统及复示终端设备

集中控制管理计算机系统及复示终端设备由计算机、打印机、通信模块及软件构成，安装于编组站、交界口车站及列检所等场所，完成对列车标签信息的显示功能，并提交各个有关部门使用。

（四）信息跟踪查询终端设备

信息跟踪查询终端设备设在分局、路局机车车辆调度中心，可以查询机车车辆跟踪管理信息、机车车辆的运行区间位置、机车车辆检修状况信息报告、交界口车流统计结果等。

（五）标签编程系统

在机车车辆标签安装前，利用标签编程系统将机车车辆信息写入标签内存装置，可在机车车辆段或工厂进行编程写入，操作数据对用户开放。

（六）国铁集团中央数据库管理系统

国铁集团中央数据库管理系统是全路标签编程站的总指挥部。把标签编程站申请的每批车号与中央车号数据库进行核对，对重车号重新分配新车号，再向标签编程站返回批复的车号信息。它既是集中统一处理、分配和批复车号信息的中心，又是信息管理和信息查询的中心。

二、工作原理

（一）地面识别技术的关键——微波反射技术

（1）当列车即将进站时，列车的第一个轮子压过开机磁钢时开始计数，大于等于 6 此时开启微波射频装置（RF），微波射频装置在没有列车通过时保持关闭状态。微波射频装置开启后，安装在轨道的地面天线开始工作，向每辆车底部的电子标签发射微波载波信号，激活标签，识别标签。

（2）标签在微处理器的控制下，将标签内信息通过编码器进行编码，通过调制器控制微带天线（在一个薄介质基片上，一面附上金属薄层作为接地板，另一面用光刻腐蚀方法制成一定形状的金属贴片，利用微带线或同轴探针对贴片馈电构成的天线），开始向地面发射信息。

（3）地面天线立即接收发射回的标签内信息，并传送到铁路旁的探测机房。

（4）由机房内无人值守的地面读出计算机将接收到的已调波信号进行解调、译码、处理和判别。

（5）然后将处理后的信息送入车站机房的集中管理系统（CPS）。

（6）当列车的最后一辆车的轮子压过关门磁钢时，关闭射频装置，准备下次机车车辆到来时工作。

车站机房的集中管理系统（CPS）对多台识别设备进行管理，按照铁路 TMIS 的通信协议规程，将识别后的信息向铁路 TMIS 等系统传送，即向目的地存储转发。

（二）信息处理技术的关键——CPS 多线程、多目标、存储转发技术

CPS 具有多线程多目标存储转发机制的特点，可以同时向多个目标发送报文，具有较高的发送效率。CPS 转发程序具有准确无误、不丢失报文的特点，有一定的实时性，是一个存储转发装置。当 CPS 收到 AEI 报文时，转发程序立刻向各个预定义目标发送报文，如果此时到达某个目标的网络线路不通，转发程序会把未成功发送的报文存储起来，等线路通时，转发程序自动把以前未成功发送的报文发送出去。CPS 转发程序具有广泛的适用性，是车号自动识别系统中一项重要的软件工程。

（三）防止标签出现重号错号技术的关键——容错技术

出现重车号不但会严重影响车号信息的使用效果，而且会造成 ATIS 整个工程的失败。因此，需建立一套完善的、严格的、科学的管理制度和作业流程，避免标签出现“重号、错号”。在计算机方面，要求开发出的标签编程管理软件应具有合理的流程、严密的防错、纠错及容错技术。目前主要的容错技术有相关项目一致性校验法、重要项目两次输入一致校验法、比较过滤校验法、理论与实际结合校验法和断点续接容错技术。

1. 相关项目一致性校验法

对一辆车的信息输入完毕后，要按［校对 C］键，否则本次输入为无效，如果校对后出现“车号与车种不符！是否按错号处理，请确认”异常信息时，要认真分析车号和

车种这两个相关项。比如棚车车号范围为 3 000 000 ~ 3 499 999；如果选择了棚车的车种，而却输入了一个 430 000 的车号，则认为该号为错号，如果确实是错号，单击[确定]；否则应仔细检查车号车种的输入值是否有误。确保相关联的项输入一致，对保证车号输入的准确性又加了一道防线。

2. 重要项目两次输入一致校验法

在标签编程站，车号是最重要的输入项。为了避免误操作造成的错车号，对车号要进行两次输入两次校验。第一次输入校对后，如果提示“输入正常”信息，则输入框内的输入信息被清空，再将“现在车号”进行第二次输入，再校对。然后再按［两次输入一致］校验键，比较两次输入的车号，如果无异常提示信息，说明两次输入车号完全一致，车号输入正确，可进入下一机车车辆的信息输入；不一致时，需重新输入两次车号，直至正确。

3. 比较过滤校验法

每个标签编程站确保输入的一批车号信息正确无误后，可向国铁集团车号中央数据库申请此批车号的批复。当国铁集团数据库接到申请后，采用比较过滤法，自动把申请的车号逐一与中央车号库进行比较，如果申请的车号已经被分配过了，说明申请的车号为重车号，必须过滤掉此车号，即此车号不再分配，则重新分配一个新车号；不重号的仍用原申请车号。最后国铁集团中央库将批复的此批车号反馈回标签编程站，由信息编码计算机输出到标签编程器，并写入编程器上安置的电子标签内；同时将打印的 3 份标签内容记录贴在标签正反面和附表上；再把贴好的标签拿到站段对号入座安装在每辆现车底部中梁的指定位置上。全部安装完毕并检验无误后，上网向国铁集团中央库再次确认此批车号，此批确认后的车号不再分配，这样才能避免已分配过的车号再被重新分配。

4. 理论与实际结合校验法

一列车的每辆车的标签安装完成后，在安装现场由检查员、验收员进行检查验收，他们使用便携式读出器逐一读出每辆现车车底标签内的信息后，首先仔细与现车车体记录及安装单逐一核对；再将便携式读出器送到标签编程站，由计算机读出其内存的内容，并自动与计算机存储的有关车号的信息核对，如果无异常提示信息，说明实际工作中车号标签没有错装、重装现象，核实结果证实“理论”与“实际”相一致。

5. 断点续接容错技术

有时编程系统发生故障（断电、死机、机器故障等），如果防范措施不当，就会出现重传、重输、漏传和漏输的现象，重车号错车号也就难以避免，甚至造成标签编程系统工作混乱，从而影响整个 ATIS 的顺利运行。

在标签编程站，比如车号信息还未完全输入，系统发生故障，待系统恢复后，通过采用断点续接技术，计算机能够把新输入的车号信息与以前已输入过的车号信息自动连接在一起。

车号全部输入完毕，在向国铁集团中央库申请车号批复时，系统出现故障或线路中断时，同样待系统恢复正常后，采用断点续接技术，系统会自动从断点处继续申请批复车号，故障前已申请的车号无须重新申请。

计算机在向标签编程器的标签写入车号信息时，如果发生故障，故障排除后，同样利用断点续接技术，还可以从断点处继续写入，无须重写，即以前的标签编程有效，标签既不会作废，也不会漏写、重写和错写信息。

三、应用案例

车号自动识别系统中的 AEI，若将 AEI 的核心组件微波射频模块独立取出，使其成为一个标准件，进而可将其集成到其应用系统之中，为这些应用系统添加车号识别功能，如图 6-5 所示。

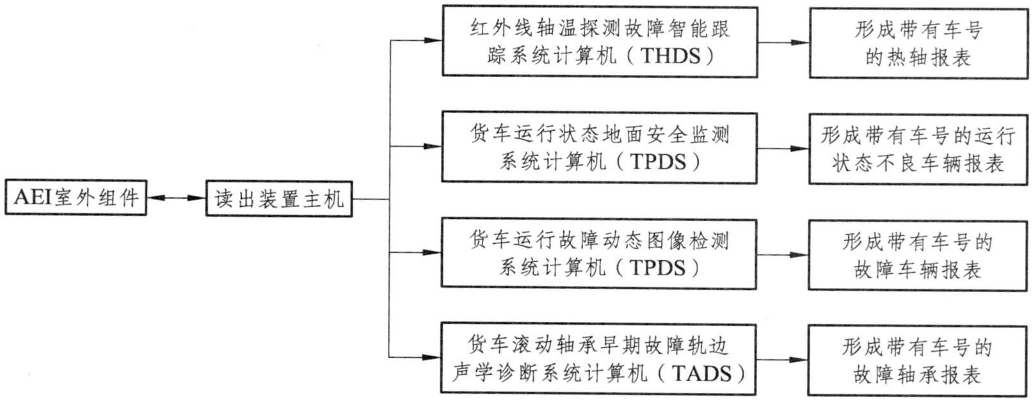

图 6-5　车号自动识别系统的应用

任务二　TPDS 在机车上的应用

教学目标

1. 能力目标

能够说出 TPDS（货车运行状态地面安全检测系统）的垂直力和横向力测试原理；能够明白 TPDS 探测站的功能。

2. 知识目标

了解 TPDS 系统的研制背景；掌握 TPDS 系统的主要功能和特点；掌握 TPDS 系统的工作原理；掌握 TPDS 探测站的组成和主要性能指标。

3. 素质目标

掌握探测站的工作原理。

工作任务

任务名称	任务布置
TPDS 在机车上的应用	了解 TPDS 系统的研制背景； 掌握 TPDS 系统的主要功能和特点； 掌握 TPDS 系统的工作原理； 掌握 TPDS 探测站的组成和主要性能指标
小组讨论	
1. 问题导入 （1）车轮踏面擦伤是如何识别出来的？ （2）如何识别运行状态不良的机车车辆？	
2. 归纳总结 （1）TPDS 系统的主要功能和特点是什么？ （2）TPDS 系统的工作原理是什么？ （3）TPDS 探测站的组成和主要性能指标有哪些？	

相关知识

一、TPDS 的研制背景

近年来，随着铁路的提速，空载机车车辆脱轨事故频繁发生，货车超载现象严重。然而，由于机车车辆自身运行状态仅凭人工和机车车辆静态检查难以得到准确判断，货车装载情况在各种称量设备未完全投入运用条件下还不能得到有效控制，因此，迫切需要研制开发一种能将货车超偏载、机车车辆运行状态检测、车号自动识别及信息传输集成在一起的机车车辆运行状态安全检测装置。

近年来，世界各国都在研制各种检测装置以期对机车车辆超偏载、车轮踏面擦伤机车车辆运行状态进行监控，但迄今还没有一种功能完备、能在较高行车速度条件下稳定、可靠、准确进行检测的系统。其根本原因是：

（1）在设置测量区的普通轨道上，难以消除轨道维修规范允许存在的轨道高低、水平等不平顺，这些不平顺势必引起被测机车车辆产生浮沉、点头、侧滚等振动，使轮载、轴载、转向架荷载本身都偏离静载值而增减变化，产生附加动荷增量。行车速度越高，引起的附加动荷增量就越大，附加动荷增量造成的误差也随之增大。当速度为 20～80 km/h 时，普通轨道上养护维修标准允许存在的轨道不平顺引起的附加动荷载可达静轮载的 5%～40%，因此，即使测量传感器和二次仪表等的误差为零，也不可能测出准确的静轮载数值。

（2）设置测区的普通轨道难以构成真正的支撑平面，不可避免地存在维修规范允许的轨道扭曲，即使当速度为零时，也会使转向架的 4 个车轮不在同一个轨道平面内而产生“轮重转移”，造成测得的轮载较实际静轮载有较大差异，可达 3%～10%，使测量精度大幅度降低。由于以上原因，设置在普通轨道上的传统检测装置由于有效检测长度短（300 mm 左右），只能检测出瞬时动荷载，因而得不出准确的静轮重，也不可能测得精度满足要求的偏载、减载率、平均轴重、通过总重，检测得到的超载值也必然含有很大的动载荷成分。

为提高检测精度，通常采用增加有效检测区长度来实现。增加测区长度的方法一般有两种。一是增大轨枕间距来增长测区，这种方法在日本、美国和德国得到较普遍的应用。但轨枕间距不可能大幅度增加，因而测区长度也不可能大幅度延长，并且枕距增大后，人为地造成轨道不平顺，会直接影响检测结果的准确度（精度）和列车通过测试区的运行状态，该方法对车轮踏面擦伤的捕获率仍然较低。第二种改进方法是在多跨轨枕间距内设置多个测区，以增多检测区的数量，但检测区只可能断续设置，因而无法获得连续的机车车辆动态运行状态参数。

20 世纪 90 年代初，中国铁道科学研究院找到了国外超偏载检测装置在较高行车速度条件下，精度不能满足要求的根本原因和解决问题的技术关键，开发研制了轨道负荷、机车车辆状态安全监测系统，克服了国外已有检测装置的不足，大幅度提高了检测精度，并实现了机车车辆超偏载、车轮踏面擦伤和轮重减载检测等功能集中于一体的新系统。但这一检测装置在识别机车车辆运行状态方面还存在欠缺，主要不足表现为无法获得机车车辆在走行过程中各车轮作用于轨道的横向力，不能评价机车车辆横向运动性能。

基于对保障铁路行车安全的需要，铁道科学研究院在已完成的轨道负荷、机车车辆状态安全监测系统的基础上，不断扩充监测功能，并经过多年探索与试验，研制了新一代的实时多功能全自动货车运行状态地面安全监测系统，简称 TPDS。该监测系统主要用于监测直线段货车运动稳定性，兼有车轮踏面擦伤和机车车辆超偏载监测功能，通过对轮轨垂直力和横向力的连续测量获得轮轨相互作用变化特征，结合美国 FRA 关于机车车辆安全评定的动力学指标，基于网络综合评判来识别运动状态不良的机车车辆。车轮面擦伤识别基于踏面擦伤车轮在轮轨间产生的冲击荷载大小，并修正不同行车速度和轴重所产生的影响。机车车辆超偏载测量是基于移动垂直力测量的新方法，采用高平顺性整体框架式测试平台，在测试平台上安装二板式压力传感器，在钢轨轨腰处安装剪力传感器，组合成一个长度为 4.8 m 的轮轨垂直力和横向力的连续综合测区，从而获得通过机车车辆各车轮在钢轨上产生的连续的轮轨力及其变化特征。监测系统集成铁路车号识别系统 AEI 车号信息，输出结果中各种数据与车号完全匹配，对机车车辆运行状态的评判采用多点综合、网络评判策略，所有探测站检测信息通过网络传至基层、路局和国铁集团信息管理服务管理器，服务器专用软件完成统计分析、综合评判、结果查询和显示、列车跟踪、信息报警等工作。

二、TPDS 的主要功能和特点

（一）TPDS 的主要功能

1. 识别运行状态不良机车车辆

TPDS 由于采用了较长的高平顺性测试平台和连续测量轮轨垂直、横向荷载技术，从测试的轮轨力波形、量值大小可捕获蛇行失稳机车车辆的主要动力学特征，如蛇行失稳导致车轮侧摆和机车车辆侧滚引起的轮载交替增减载变化，机车车辆侧摆引起的横向力增大等，可为监视和控制蛇行失稳机车车辆提供重要信息。由于 TPDS 已把轨道不平顺对机车车辆振动的激扰作用降低到最低水平，测试结果能较真实地反映机车车辆自身的动力学特性，使检测结果的可靠性大大提高。通过对测试数据的处理分析，对动力学指标出现超限的机车车辆进行报警，有关部门可采取扣车修整处理等措施来制止超标机车车辆在线路上运行或限速运行，确保铁路提速过程中的行车安全。

2. 监测机车车辆总重、前后转向架重、轴重、轮重和机车车辆超偏载

TPDS 具有较高的计量精度（列车以 45 km/h 及以下速度通过时超载检测精度优于 0.5%；45 ~ 60 km/h 速度通过时超载检测精度优于 1%；60 km/h 以上重车超载检测准确度优于 3%），可在列车运行过程中实时获得机车车辆总重、前后架重、轴重和机车车辆超偏载情况，并将监测信息及时传递给铁路货运管理部门，严格控制机车车辆的超偏载，减少对机车车辆、线路、桥梁等基础设施的破坏，同时，这些基础数据还可使铁路运输增收大量流失的运费。

3. 识别车轮踏面擦伤

TPDS 由于采用了长测量区，可对车轮全周长范围内的踏面擦伤进行检测，踏面擦伤捕获率较已有检测设备高。又由于是直接测量踏面擦伤引起的轮轨冲击力，通过数据处理可以采用当量概念来量化车轮踏面擦伤的严重程度，当量值的大小可作为对有严重踏面擦伤机车车辆报警的依据，通过建立车轮踏面擦伤的数据库可得到机车车辆现状分析和铁路安全管理的重要信息。

4. 统计轨道负荷当量通过总重

世界各国铁路轨道等级的划分，轨道结构类型的选择、线路维修、大修周期、养护费用的投入、工务部门效益的评估等，都是依据通过总重、平均轴重等运输条件来确定的。

我国铁路部门以往对通过总重、平均轴重等重要数据都是根据运量估算获取，无法将货物超载、车轮踏面擦伤引起的冲击作用在通过总重统计中体现，准确度不能满足要求。TPDS 可将具体线路通过的列车数量、列车总重等基础数据进行统计，并将车轮踏面擦伤冲击力换算为当量通过重量，从而为铁路部门获得准确的通过总重、平均轴重等重要信息提供手段，为线路的科学管理、养护维修投入、工务计费收费等提供必要的技术依据。

（二）TPDS 的主要技术特点

货车运行状态地面安全监测系统的主要技术特点是：

（1）用于监测直线段货车运动稳定性，兼有车轮踏面擦伤和车辆超偏载监测功能。

（2）通过对轮轨垂直力和横向力的连续测量获得轮轨相互作用的变化特征，结合美国 FRA 关于车辆安全评定的动力学指标，基于网络综合评判来识别运动状态不良的车辆。

（3）车轮踏面擦伤识别是基于踏面擦伤车轮在轮轨间产生的冲击荷载大小，并修正不同行车速度和轴重所产生的影响。

（4）车辆超偏载测量是基于具有自主知识产权的移动垂直力测量新方法。

（5）采用高平顺性整体框架式测试平台，在测试平台上安装二维板式压力传感器，在钢轨轨腰处安装剪力传感器，组合成一个长度为 4.8 m 的轮轨垂直力和横向力的连续综合测区，从而获得通过车辆各车轮在钢轨上产生的连续的轮轨力及其变化特征。

（6）监测系统集成铁路车号识别系统 AEI 车号信息，输出结果中各种数据与车号完全匹配。

（7）对车辆运行状态的评判采用多点综合、网络评判策略，所有探测站检测信息通过网络传至铁路分局、路局和国铁集团信息管理服务器，服务器专用软件完成统计分析、综合评判、结果查询和显示、列车跟踪、信息报警等工作。

三、TPDS 的工作原理

TPDS 利用设在轨道结构中的测试系统对过往车辆进行轮轨力检测，根据检测结果判定车辆的运行状态、超偏载、车轮擦伤等。传统轮轨力测试方法——钢轨剪力法，一般有效检测区长度只有 300～400 mm，行车速度较高时，轮轨间垂直力和横向力的检测精度、车轮踏面擦伤的检测率都很低。TPDS 采用移动垂直力测试、板式传感器等新技术，实现了轮轨垂直力和横向力的连续测试，再加上高平顺测试平台、状态不良车辆识别技术、车号自动识别技术等，不但大幅度提高了较高速度条件下垂直力的检测精度，增长了测量区，还可对车轮全周长范围内的踏面擦伤进行检测，提高踏面擦伤的检测率。最重要的是增加了车辆横向性能测试功能，该装置安装在直线段，可准确地识别货车是否蛇行失稳及失稳的严重程度。

（一）TPDS 的垂直力测试原理

为了满足检测要求，克服目前国内外检测装置的缺点，TPDS 采用了在较高速度条件下提高检测精度的技术措施和一种全新的移动垂直力综合检测新方法，如图 6-6 所示。

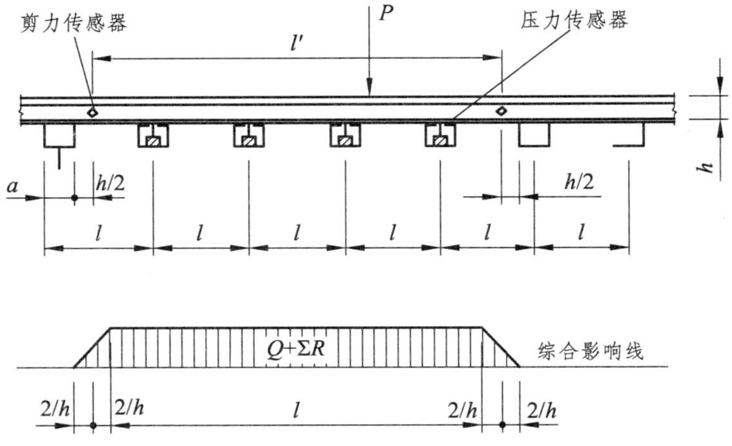

图 6-6　移动垂直力综合检测方法

技术措施是：大幅度加长连续测量区，用长测量区内轮载波动变化曲线的平均值代替瞬时值，大幅度降低附加动荷载误差的影响，从而大大提高检测精度，并提高识别车轮踏面擦伤的准确性。用整体性和抗轨道扭曲能力更强、平顺性和稳定性更好的特殊框架式轨道结构取代测试区的普通轨道结构，进一步减小、控制测量台体内轨道扭曲、高低和水平不平顺，尽可能消除造成动载荷增量误差的根源，提高测试区和测区前后 50 ~ 100 m 范围内轨道的平顺性；用花岗岩等硬质道砟更换石灰岩道砟，尽可能振动压实道床后再铺轨枕，提高轨道的铺设精度，更严格地控制轨道不平顺，减小机车车辆的振动，降低附加动荷增量。

移动垂直力综合检测方法的特点是：在不增大轨枕间距、不恶化轨道平顺性的条件下即可大幅度增加有效检测区长度。其基本原理是：在两剪力传感器之间设置若干个轨下垂直压力传感器，组成一个综合检测区，两种传感器采集的数据通过计算机合成处理，从而得到测试区内的垂直力之和，由于有较长的连续检测区，便能测得一段较长时间内车轮垂直力增减变化过程数据的平均值，而不是波动过程的某个瞬时值。这不仅提高了检测精度，还大大提高了检测装置适用的速度范围，同时，这一新方法还彻底打破了常规检测装置的检测功能单一性，使得同时测量机车车辆超载、偏载、平均轴重、通过总重、车轮踏面擦伤成为可能。

（二）TPDS 的横向力测试原理

轮轨之间横向作用力的测试是 TPDS 实现评判机车车辆自身横向运动状态的重要方面。具有代表性的传统的测试轮轨横向荷载的方法是剪力法和轨腰弯矩差法，这两种方法都是通过在钢轨上粘贴应变片来实现的，其共同特点是在钢轨上测量，且需在钢轨上粘贴应变片。这样，钢轨的轨型、磨耗情况必然会对测量结果带来影响，同时，其使用寿命也远远达不到需要检测系统长期稳定可靠工作的要求。因为钢轨上粘贴应变片测量轮轨横向荷载难以解决连续、高精度测量的问题，同时钢轨上粘贴的应变片也难以保证测试的长期稳定性（或寿命），在保持系统稳定的灵敏度，不受外界电磁场、温度、湿度等方面均没有可靠的保证导致整个系统的稳定性无法保证。此外，剪力法是在两轨枕之间的钢轨上一个长度范围内测量横向力，属于有效长度很短的间断测量；轨腰弯矩差法虽然被认为是横向力连续测量法，但实际上仍是间断测量，只是采用了多点横向力测量的组合，近似连续测量，即便如此，这种测量方法中，横向力标定困难，数据处理烦琐，测试精度远远达不到检测系统的精度要求，且占用数据采集通道多，不利于较长测试区段连续测量横向力，更不适合在要求长期稳定可靠工作的 TPDS 中应用。

由于识别机车车辆横向动力学性能需要获得反映机车车辆横向运动状态的横向轮轨作用力的主要特征，即需要检测到足够长时间的轮轨横向荷载。因此，实现轮轨横向力连续测量是 TPDS 完成机车车辆自身横向运动状态评判的技术关键。

TPDS 采用了在较高速度条件下检测精度高、适应长期稳定可靠工作要求的实现横向力连续检测的技术措施和测试原理。

技术措施是摒弃传统的在钢轨上粘贴应变片测量轮轨横向荷载的方法，充分利用框架式轨道测试平台的结构特点，并考虑轮轨横向荷载在轨道部件间的传递特性，借用测试轮轨垂向荷载方法的基本思想，将钢轨视为传递轮轨横向荷载的载体，而在钢轨的支承点上测量钢轨受机车车辆作用施加在框架结构中轨枕上的作用力大小；测量钢轨支承点处横向荷载与测量垂向荷载的位置相同，采用能同时测量垂向荷载和横向荷载的传感器，从而保证横向荷载的测试具有与垂向荷载测量相同的相位和长期稳定性。

测试原理是根据轮轨作用横向荷载在钢轨上的受力影响线，通过标定获得钢轨支承点处实际承受横向荷载的比例，再依据车轮在测试区的位置，由钢轨支承点处承受横向荷载的组合而得到车轮在整个测试区的连续横向荷载及变化情况。

四、TPDS 探测站的组成和主要性能指标

（一）TPDS 探测站的组成

探测站安装货车运行状态地面安全检测装置，实时检测通过机车车辆的运行状态。下面以 GCU-100Bb 型货车运行状态地面安全监测系统为例进行介绍，该系统主要由以下部分组成（见图 6-7）。

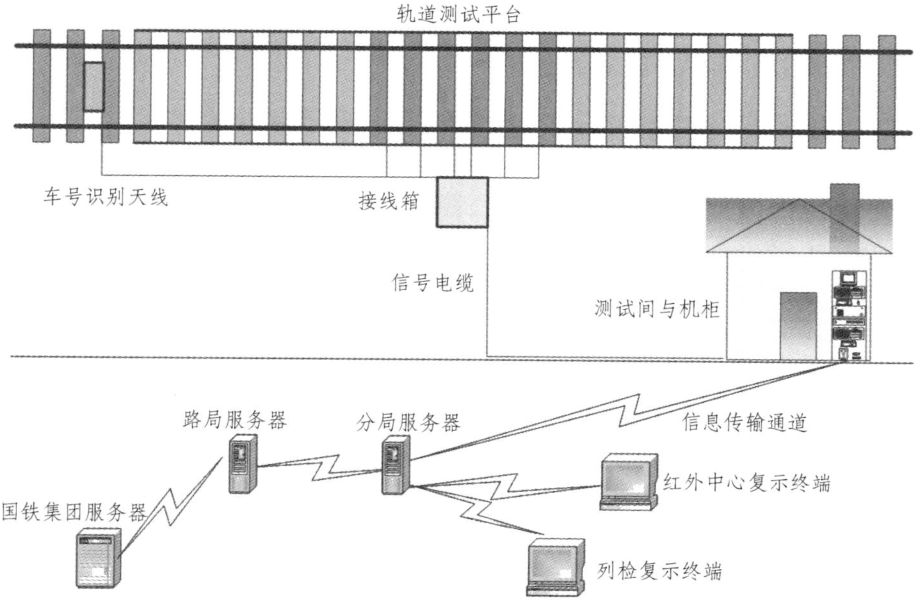

图 6-7　GCU100Bb 型 TPDS 系统构成示意图

（1）轨道测试平台与传感器：包括轨道测试平台 1 套（20 根轨枕，间距 760 mm）传感器 1 套（12 只二维压力传感器、8 只剪力传感器）、接线箱与接线盒、信号电缆。

（2）车号识别装置；包括开关磁钢、计轴/测速磁钢、天线、电缆。

（3）测试间与监控机柜：包括机柜、传感器调理单元、监测工控机、测点服务器、不间断电源、车号识别工控机、数据远传单元。

1. 框架式轨道测试平台

为了实现 TPDS 的检测功能，尤其是能够识别车辆自身运动状态的功能，要求测试区轨道结构能大大提高轨道的平顺性（即轨道长期保持高平顺性），才能确保测量数据准确、装置稳定可靠；同时，在识别车辆运行状态时，应消除轨道方面的影响因素，才能保证测试结果真正反映车辆自身的动力学特征。为此，本 TPDS 采用了带有 3 条纵向梁的框架结构式测试平台，框架主体为轨枕，轨枕间相互连接，如图 6-8 所示。

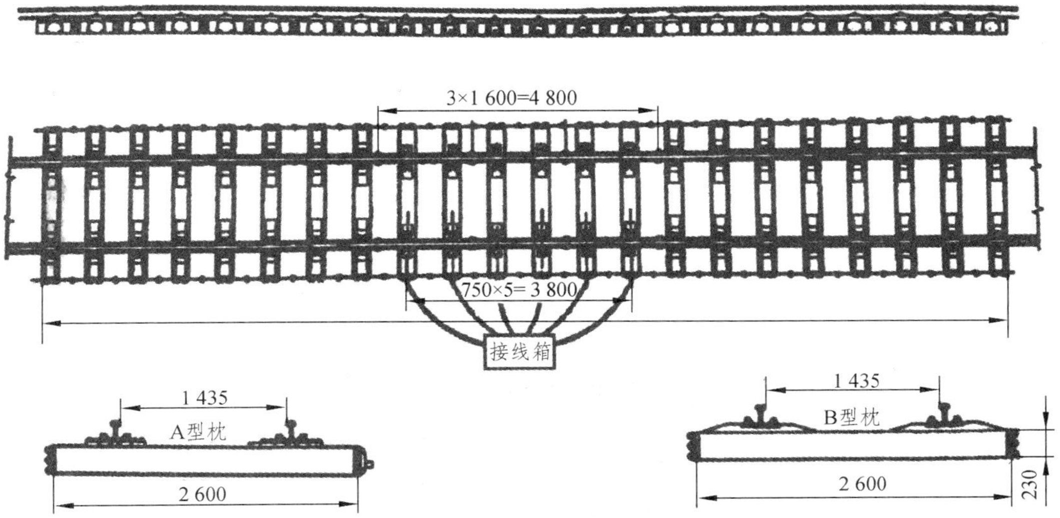

图 6-8　框架式轨道测试平台总图

从测试区轨道结构可以看出，纵向除了轨枕以外还有 3 条纵向梁，使结构的整体性和抗扭曲的性能都大大提高，当测试区内某一轨枕出现吊板时，相邻的轨枕通过纵向梁承担部分吊板轨枕的荷载，使吊板引起的线路不平顺减小到最低水平。这样的整体结构可以保证测试区内轨道的高平顺性和长期稳定性，从而可以保证检测系统的可靠性。同时，框架式轨道测试平台安装在普通碎石道床上，具有安装方便、养护维修方便灵活的优点。

采用框架式测试平台还可以使连续有效检测区的长度根据需要设置（目前标准设置长度为 4 800 mm），一方面大幅度提高检测精度，另一方面大幅度加长连续测量区，从而可捕获车辆蛇行失稳波长的信息（测区长度还可根据需要加长或分区）。从试验效果来看，采用这一轨道测试平台可保证在 60 km/h 速度条件下超偏载检测精度满足国铁集团有关检定规程的要求，在 40 km/h 速度条件下称重计量可达到低速动态轨道衡的精度要求，同时显著提高了车轮踏面擦伤的捕获率，在识别车辆运行状态方面可捕获车辆走行性能的主要特征。

测试平台的主要技术指标如下：

（1）测试平台具有足够的强度、刚度和良好的稳定性。

（2）测试平台设计载荷单台面为每节车辆 100 t，每节车辆最大 200 t。

（3）测试平台在制造过程中需要经过大型回火炉处理，有效地消除了因钢板焊接产生的内部应力，防止设备产生变形，确保了产品长期使用的稳定性。

（4）钢轨和机械平台部分之间需要安装绝缘防护装置，除了适用于有轨道电路线路的功能外，还对传感器防止雷击损害起到一定的保护作用。

2. 二维板式传感器

新的检测方法需要在有效测试区内安装若干个同时测量轮轨作用垂向和横向载荷的传感器，且传感器还必须是一个轨道部件来保证对钢轨几何形位的控制和约束。本 TPDS 采用了新型二维板式传感器来实现测力和保持轨道的几何形位。

新型二维板式传感器是一种上部与钢轨紧固、下部与轨枕紧固、上下都有约束的新型传感器，它可同时测量轮轨相互作用的垂向和横向载荷，且具有对钢轨的扣压力。二维板式传感器在保持轨道几何形位方面与普通轨道部件的作用相同，从而实现了对钢轨小翻、上浮及轨距扩大的控制，不用安装轨距拉杆和限位装置，二维板式传感器本身就是极好的限位装置，如图 6-9 所示。新型二维板式传感器的这些特点使监测系统能安装在行车密度高、运行速度快的铁路正线，并能长期保持结构的稳定性和行车安全。

图 6-9　新型二维板式传感器

试验证明，二维板式传感器具有精密的对称性高精度（误差小于 003%）能承受剧烈的冲击振动，在野外日晒、雨淋、温度大幅度变化的条件下稳定可靠，能长期保持完好。长期应用实践表明，这种传感器完全能够满足设计和使用要求，既实现了测力的准确性，又保证了轨道的高平顺性和检测系统的可靠性。

二维板式传感器的主要技术指标如下：

（1）综合精度为 0.05%。

（2）输出阻抗≥700 Ω。

（3）安全过载为 150%，极限过载为 300%。

（4）使用温度 – 20 ~ + 50 °C。

（5）传感器灵敏度一致，灵敏度为 2 mV/V。

（6）二维信号独立。

（7）具有防电磁干扰和防雷击性能。

3. 不打孔式剪力传感器

剪力测量是本 TPDS 进行轮轨垂直力测试的重要组成部分，在移动垂直力测量新方法中，剪力和压力的合成才能得到轮轨相互作用的垂直力。传统剪力传感器必须在钢轨中和轴处打孔安装，这种方法测力信号较大，且安装稳定、简单，但它破坏钢轨断面和钢轨工作状态，对钢轨的使用寿命有一定影响。为此，本 TPDS 采用新的测试原理，使用新研制出的不打孔剪力传感器，该传感器在不破坏钢轨断面和工作状态的情况下，能准确测量钢轨所受的剪力，且可获得高精度剪力信号（见图 6-10）。

图 6-10　不打孔式剪力传感器

不打孔式剪力传感器的主要技术指标如下：

（1）精度为 0.05%。

（2）输出阻抗≥350 Ω。

（3）安全过载为 150%。

（4）使用温度 – 20 ~ + 50 °C。

（5）传感器灵敏度为 1.85 mV/V。

（6）具有防电磁干扰和防雷击性能。

（二）探测站设备的技术指标和工作条件

1. 技术指标

（1）检测范围：最大轴重为 250 kN。

（2）监测速度范围：识别车辆蛇行运动失稳车辆运行速度不限，识别车轮踏面擦伤检测速度为 20 ~ 120 km/h。

（3）检测精度：重车超载检测准确度列车以 40 km/h 及以下速度通过时优于 5%，40 ~ 60 km/h 速度通过时优于 1%，60 km/h 以上速度通过时优于 3%。

（4）允许超载：额定载荷的 250%。

（5）输出方式：原始数据可存储、报表统计分析，可自动报警，将各种超限数据报告监视部门，检测数据可进行网络传输和共享。

（6）输出报告内容：列车通过时间，各种车辆总重、架重、轴重、轮重和轨道当量通过总重，车辆超载和前后、左右偏载，车轮踏面擦伤等级、轴位和轮位，车辆轮重减载率、脱轨系数、横向力及其变化特征，蛇行失稳车辆位置。结合车号识别系统可输出车号。

2. 工作条件

（1）被测车辆应符合铁路运输要求，轨距为 1 435 mm 的各种类型的四轴车辆。

（2）钢轨轨型：50 kg/m、60 kg/m、75 kg/m。

（3）线路条件：符合《货车运行状态地面安全监测系统设备安装技术条件》。

（4）工作环境：

① 仪表系统为 0 ~ +50 °C，湿度≤85%。

② 机械称台为 45 ~ +60 °C，湿度≤95%。

（5）电源：AC 220 V（−20% ~ +15%），50 Hz。

（6）功率消耗：不大于 3 kV · A。

铁路小故事

从“和谐号”到“复兴号”，开启中国铁路的崛起之路

“和谐号”动车组的发展历程，是中国高速铁路从引进、吸收、起步、发展到超越的过程。从“和谐号”到“复兴号”，见证了中国高铁从追赶到引领的强势崛起，是一场速度向质量和品牌的华丽转变，也预示着中国走上了拥有自主知识产权的复兴之路。

“复兴号”动车组是中国标准化动车的开端，在“复兴号”中国标准动车组研制过程中，占比 84%的“中国标准”构建出我国高铁的核心竞争力和话语权。“中国标准”体现的不仅仅是中国制造，还实现了从“中国制造”到“中国创造”的跨越。逐步全面系统掌握高铁核心技术的同时，中国更是抱着“共济天下”的开放分享理念。随着“一带一路”建设的推进，中国高铁早已迈出“走出去”的步伐，在土耳其承建安伊高铁，在印度尼西亚建设海外第一条中国标准的雅万高铁，在广袤的非洲大陆上架起了惠及千万家的蒙内铁路……让其他国家享受到中国科技进步的成果，也是中国制造承载的中国担当。

从“和谐号”到“复兴号”，是从中国高铁建设和装备变化看中国制造业的急流勇进。“复兴号”既体现出中国高铁技术的腾飞，又贯彻了加快建设创新型国家的精神，是我国建设交通强国的有力支撑，助力我国早日实现科技强国梦。

复习思考题

1. TPDS 的研制背景是什么？
2. 铁路车号自动识别系统的功能是什么？
3. 铁路车号自动识别系统由哪些结构组成？
4. 铁路车号自动识别系统的工作原理是什么？
5. 简述车轮传感器的工作原理。
6. 简述 AEI 的组成与作用。
7. TPDS 探测站的组成和主要性能指标有哪些？

联网平台

中国机车远程监测与诊断系统（CMD 系统）中，通过联网平台实现机车不同应用场景的数据传输，确保了数据传输安全，实现对机车信息的集中汇总、统一处理，有效保障了机车在运行中产生的大量车载实时数据、运行记录数据、视频信息及时发送到 CMD 地面综合应用系统，实现对机车远程实时监测和诊断。

任务一　以太网

随着机车微机网络控制系统应用的逐渐深入，机车内部各控制单元间结点数不断增多，传输数据量也越来越大，特别是对显示数据、故障信息以及维护信息等通信数据的完善和增加，导致机车网络占用率高，网络负荷较大，不能实时、有效传送信息。在和谐系列机车和动车组上应用的列车总线有 TCN、WorldFIP、ARCNET、RS485、LonWorks 等，但这些总线由于传输速率低，数据吞吐能力有限，组网拓扑结构单一，只能基本满足列车上各种设备的控制监视需要，无法满足大数据量的通信。为解决这类通信问题，大多数机车已经开始使用多种网络同时通信，以达到实现机车整体功能的目的，其中以太网在数据传输速率、显示通信、故障通信或重联网通信等方面运用的优势较为明显。

教学目标

1. 能力目标

掌握列车以太网的特点和不足。

2. 知识目标

了解列车网络的结构和主要功能；熟悉几种工业以太网网络拓扑结构特点；掌握几种典型电力机车以太网的拓扑结构技术参数、特点、通信网络以及系统设备。

3. 素质目标

培养学生的综合分析能力。

工作任务

任务名称	任务布置
以太网	了解列车网络的结构和主要功能。 熟悉几种工业以太网网络拓扑结构特点。 掌握几种典型电力机车以太网的拓扑结构技术参数、特点、通信网络以及系统设备

小组讨论		
1. 问题导入 （1）列车网络的结构和主要功能是什么？ （2）列车以太网的特点和不足有哪些？ （3）列车以太网网络拓扑结构的特点是什么？ （4）HXD3B 型机车以太网的构成和技术特点有哪些？ （5）请对比分析 HXD3 型机车和 HXD3B 型机车的以太网技术参数		
序号	FXD3 型机车 ECN 以太网特性	ECN 以太编组网技术参数
1		
2		
3		
4		
5		
6		
7		
2. 归纳总结 综合分析：结合本任务学习，请详细说明 FXD3 型机车 ECN 以太编组网拓扑结构和特点		

相关知识

一、列车网络的结构及主要功能

（一）列车网络的结构

列车的车载故障诊断系统一般分为 3 个层次，因此，与其相适应的数据传输系统，即列车网络也分为 3 个层次：

（1）列车总线：连挂编组之间连接用的网络。

（2）车辆总线：车辆内部或者编组内部的网络。

（3）局部总线：车辆内各设备之间通信用的网络。

（二）列车网络的主要功能

列车通信网络的主要功能是作为沟通各个控制、诊断单元的信息通道，实现数据传输和信息交流，从而达到协调控制和资源共享的目的。传统的列车网络传输的数据和信息分为：

（1）过程数据：主要用于列车控制，传递命令和状态信息，数据量不大但要求可靠性高，要保证实时性和确定性，一般为周期性传送。

（2）消息数据：主要用于故障和诊断信息，数据量长短不一，一般按需发送，需要一定的实时性。

（3）监视数据：用于监视设备状态，检测静默的设备、转移总线主权、初运行等的数据，某些是周期性传送的，但另一些是按需传送。

（4）流媒体信息：主要用于乘客信息系统和视频监控，传递视频和音频信息，数据量大，实时性要求不高，但对抖动有一定要求。

列车网络应具有良好的实时性和可互操作性，由于列车现场环境比较恶劣，列车网络还应具有较强的电磁兼容性和对列车环境的适应性，其关键技术在于数据传输的确定性与实时性、网络的安全性与可扩展性、设备的稳定性与可靠性。

二、工业以太网的特点

工业以太网是在传统以太网基础上发展起来的，适用于工业控制领域的网络技术，与商用以太网（即 IEEE 802.3 标准）兼容，在材质的选用、产品的强度和抗干扰性方面更能满足工业现场恶劣环境的需要。工业以太网具有如下优点：

（1）数据传输速率高。传输速率从最初 10 Mb/s 过渡到 100 Mb/s，直至发展到 1 Gb/s 甚至 10 Gb/s，通信速率的提高，使网络碰撞概率大幅降低，从而提高其实时性和数据传输的确定性。

（2）可以采用网关或防火墙等使工业以太网络与外部网络隔离，通过采用权限控制和数据加密的机制提高网络的安全性。

（3）组网灵活方便。以太网支持多种物理介质，支持总线、星形、环形、梯形等拓扑结构，可扩展性强，同时可采用多种冗余方式，提高网络的性能。

（4）应用广泛。基于 TCP/IP 的以太网是一种标准的开放式网络，这种特性非常适合于解决列车设备兼容和互操作的问题。

（5）成本费用低。以太网是目前应用最为广泛的计算机网络技术，受到广泛的技术支持，相对于目前使用的 TCN、ARCNET 等列车网络，其硬件价格相对低很多。

（6）容易与信息网络集成。采用以太网能够非常方便地接入信息系统，实现信息的共享，方便地面工作站通过以太网下载数据，获取列车运行过程中的实时信息。

不足之处及解决方案：

然而，以太网采用 CSMA/CD 介质访问方法，当数据发送失败时，将随机延时再重发，所以通信本质上是非确定的。为此，在列车通信网络的实际应用中，以太网仅用于传输数据量大的非实时信息，如音/视频、车载广播系统、下载固件程序等。而实时控制信息仍采用 MVB、WTB 网络进行传输，这使得列车通信网络变成了一个异构网络，不仅增加了网络复杂度，而且不同网络之间的互通也存在瓶颈。

为了满足列车对通信网络的高速度、高带宽、强实时的应用需求，将列车通信网络统一为以太网显得十分必要。为解决以太网传输的实时性、确定性问题，2014 年起，国际电工委员会 IEC/TC9 WG43（铁路电气设备系统专业委员会）工作组先后颁布了实时列车车载以太网 IEC 61375-3（车辆级网络）和 IEC 61375-2（列车级网络）的系列标准通信标准。该标准在 IEEE 802.3 标准的基础上对通信协议进行了实时扩展，以确保铁路控制系统的延时要求，同时将做到与标准以太网无缝连接，使实现大量信息传输、故障精确定位、旅客娱乐信息服务及多网合一等功能成为可能。

三、网络拓扑结构

IEC 61375-3-4：2014《固定编组以太网 ECN》标准中的冗余可以分为终端设备级冗余和网络级冗余，为满足实际应用方案的冗余要求，可以选择一种或多种冗余用于 ECN 网络构建中。终端设备冗余可以采用设备冗余或者设备接口冗余，通过冗余链路接入 ECN 网络。网络级冗余可采用具有冗余的网络拓扑结构。ECN 的网络拓扑可分为 Level 1、Level 2 和 Level 3 的 3 种冗余级别。

IEC 61375-1 中介绍的典型网络拓扑结构包括线形、环形和梯形。对于终端设备来说，可以将一个终端设备同时配置两个以太网接口，分别连接到两个交换机上构成互为冗余的通信链路，这种连接方式在标准中称之为“双回归”。ECN 的典型拓扑分为 5 种：线形拓扑、环形拓扑、线形双回归拓扑、环形双回归拓扑、梯形双回归拓扑。表 7-1 对 5 种典型的 ECN 网络结构，针对其冗余度、网络稳定性级别、复杂程度等方面对其进行了对比。

表 7-1　典型的 ECN 网络结构性能对比

网络拓扑结构	冗余度	网络稳定性级别（数值越高越稳定）	复杂程度
线形拓扑	Level 1	1	简单
环形拓扑	Level 2	3	一般
双回归线形拓扑	Level 3	2	一般
双回归环形拓扑	Level 4	4	一般
梯形拓扑	Level 5	5	复杂

通过 5 种拓扑结构的对比，发现双回归环形网络拓扑结构具有冗余度高、稳定性较高却不复杂的特点。

四、以太网在机车上的应用

（一）以太网在 HXD3 机车上的应用

HXD3 机车网络控制系统为分布式计算机体系结构，按功能可划分为列车控制级、车辆控制级和传动控制级。列车网络控制系统以 TCMS 为核心，列车总线采用实时以太网技术实现机车重联控制，车辆总线以及设备级总线采用 RS485 总线，网络系统拓扑结构如图 7-1 所示。

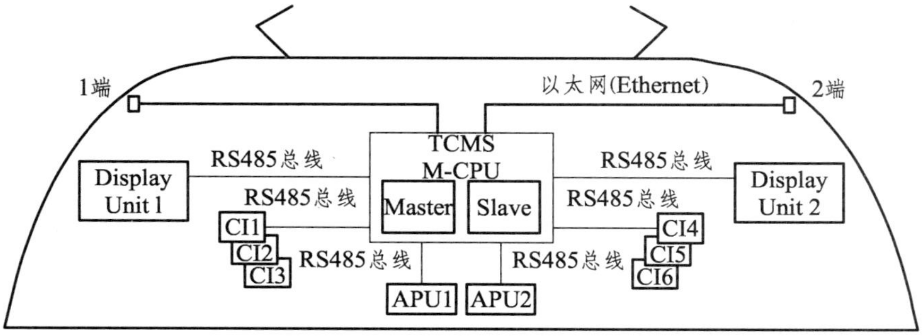

图 7-1　HXD_3 型机车网络系统拓扑结构

HXD_3 型电力机车网络控制系统以 TCMS 列车监控系统为中心，分别与显示单元 Display Unit 1 ~ 2、主变流器 CI（Convertor/Inverter）1 ~ 6、辅变流器 APU（Auxiliary Power Unit）1 ~ 2 通过 RS485 总线进行通信，构成星形网络。重联机车通过 10 M 以太网进行通信，采用局域网 IEEE 802.3 协议，TCMS 同时完成列车级信息与车辆级信息的转换。TCMS 的控制单元（MCPU）由相同的两重系统（主机、冗余机）构成，可根据不同情况自动完成切换功能，实现资源的优化配置，TCMS 与各控制设备的通信性能参数见表 7-2。网络控制系统硬件组成部分主要有：列车监控系统 TCMS（主机和冗余机）、分别位于机车 1 端和 2 端的显示单元、6 个主变流器、2 个辅助变流器。TCMS 和显示单元、主变流器、辅助变流器之间通过 RS485 总线相连。

表 7-2　TCMS 与各控制设备的通信性能参数

适用范围	总线	通信制式	传输速率	协议
与显示单元	RS485 总线	4 线/全双工	38.4 Kb/s	东芝标准协议
与 CI	RS485 总线	2 线/半双工	100 Kb/s	基于 HDLC 协议的东芝标准协议
与 APU	RS485 总线	2 线/半双工	9.6 Kb/s	基于 HDLC 协议的东芝标准协议
与他车 TCMS	10 M 以太网总线	半双工	10 Mb/s	UDP/IP

HXD_3 型机车以太网独立完成了列车控制指令、设备状态信息、故障信息的传送，在实时性和确定性方面完全达到了机车运行的要求，其传输速率高、传输数据量大、结构简单、造价低、易于维护，具有较高的性价比。HXD_{3C} 型机车和 HXD_{3D} 型机车的网络控制系统均与 HXD_3 型机车相类似。

（二）以太网在 HXD_{3B} 机车上的应用

1. 网络控制系统简介

HXD_{3B} 型机车采用先进的分布式微机网络控制系统，其通信方式基于 TCN 列车通信网络和以太网。具体的网络拓扑结构如图 7-2 所示。

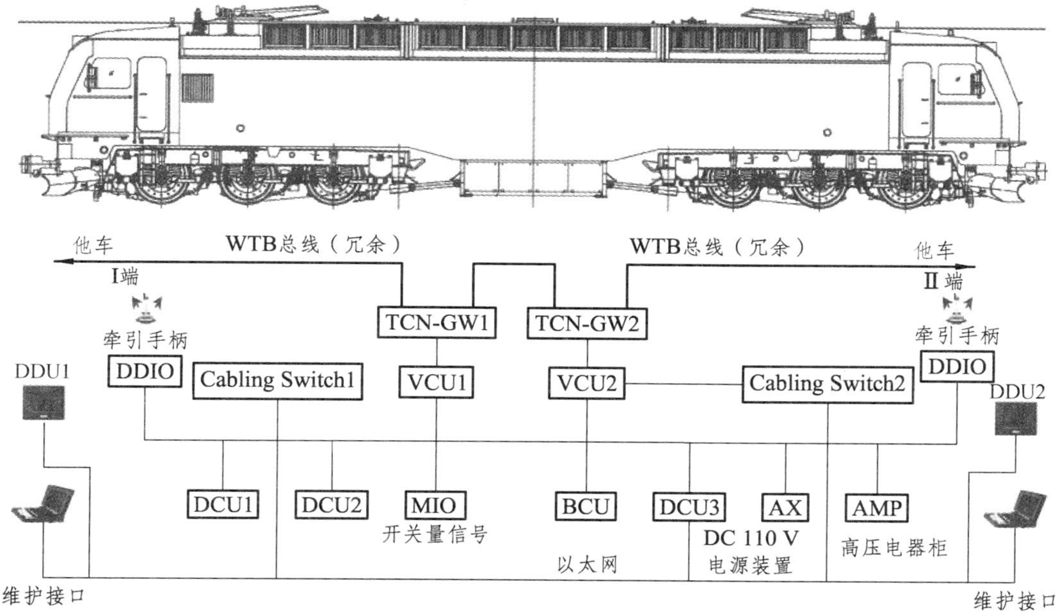

图 7-2　HXD_{3B} 型机车微机网络控制系统拓扑结构

每辆 HXD_{3B} 型机车的微机网络控制系统由 2 组机车控制单元 VCU、2 组网关 TCN-GW、3 组牵引控制单元 DCU2、2 组以太网交换单元、2 组司机显示单元 DDU、1 组制动控制单元 BCU 以及分布于各个电器柜内的输入/输出（I/O）模块和高压柜内的 AMP 模拟监测保护装置等构成。整套微机网络控制系统采用模块化设计，所有设备均采用冗余配置模式，从而提高了机车微机网络控制系统的可靠性，实现了机车的冗余控制。

HXD_{3B} 型机车的列车网络是 TCN 与以太网双网并存的方式。TCN 网络用于传输实时性要求高、数据容量较小的信息，如控制信息、状态信息、检测信息等。而对于传输数据量较大，实时性要求不高的任务则由工业以太网来完成。

2. HXD_{3B} 型机车以太网的主要技术参数和特点

HXD_{3B} 型机车网络控制系统采用全双工交换式以太网，具有传输速率高、传输信息量大、可扩展性好等特点，主要用于完成 VCU 与显示单元之间的信息传递，以及软件下载、信息采集、程序调试等维护工作，但不参与机车控制。以太网与 WTB 列车总线通过网关 GW 进行连接，网络拓扑如图 7-3 所示。HXD_{3B} 型机车工业以太网的主要技术参数见表 7-3。

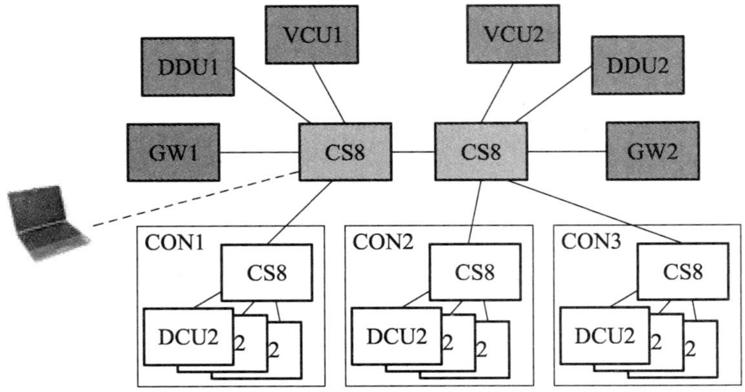

图 7-3　HXD_{3B} 型机车网络拓扑

表 7-3　HXD_{3B} 型机车工业以太网的主要技术参数

序号	特性	技术参数	说明
1	通信协议	TCP/IP	—
2	通信介质	100BASE-TX 屏蔽双绞线	包含两对双绞线
3	传输速率	100 Mb/s	—
4	连接器	4 针 M12 连接器	采用 D 型编码
5	通信方式	全双工	—
6	冗余	关键节点冗余	—

HXD_{3B} 型机车采用的工业以太网具有以下特点：

（1）采用全双工交换式以太网，将不同的终端（包括 DDU、GW、VCU 等）连接至 CS 交换机（8 端口非管理型）。首先，交换机的引入将网络分割成很多小的冲突域，隔离了各个端口的数据流，使原来的共享式带宽变为独占式带宽，并且交换机还为每个端口设置了缓冲区，能够自动根据数据优先类别，直接把数据发往相应的缓存队列，从而大大提高了以太网的实时性和确定性。全双工的通信方式使端口间 2 对双绞线分别同时接收和发送数据，不会发生冲突，提高了信道的利用率。

（2）与标准以太网应用不同，各车载设备与以太网交换机之间采用 D 型编码 4 针 M12 连接器，从而保证连接的可靠性。

3. TCN 列车通信网络

TCN 列车通信网络采用二层总线结构，由绞线式列车总线 WTB 和多功能车辆总线 MVB 组成。其中 WTB 用于实现重联机车之间的信息交换；MVB 用于实现机车内部设备之间的信息传递。WTB 列车总线采用两路动态冗余（通道 A 和通道 B），当其中一路出现故障时，另一路仍可实现信息传递。HXD_{3B} 型机车最多可实现 3 台机车的重联，重联机车 WTB 总线连接如图 7-4 所示。

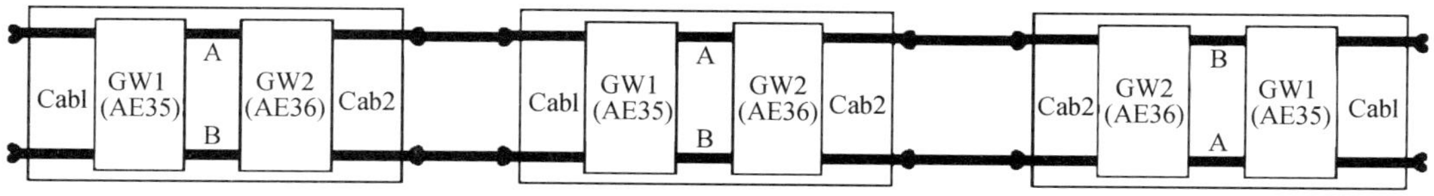

图 7-4　重联机车 WTB 总线连接

WTB 列车总线的传输介质为双绞屏蔽线，最多可连接 32 个节点（无中继器），传输距离为 860 m（无中继器），传输速率为 1 Mb/s。

MVB 多功能车辆总线用于连接机车内部的各个网络设备，机车总线管理器位于 TCMS 柜内的机车控制单元 VCU1 和 VCU2 内。为提高系统的电磁兼容性能，HXD_{3B} 型机车 MVB 多功能车辆总线的传输介质采用两种类型的介质：ESD + 双绞屏蔽线和光纤（OGF）。ESD + 双绞屏蔽线主要用于电气屏柜内部器件的连接，光纤（OGF）主要用于屏柜之间的连接。MVB 总线采用总线和星形混合的拓扑结构，具体拓扑结构如图 7-5 所示。

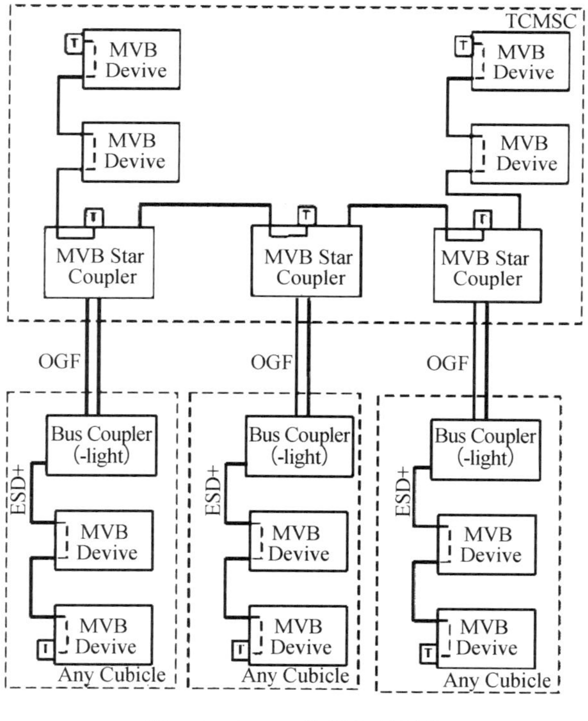

图 7-5　MVB 总线拓扑结构

MVB 总线采用双路冗余结构进行数据传输，同时为提高系统的可靠性，MVB 总线被分割成三段，设为第一段、第二段及第三段，三段传递的信息是相同的，各个电气屏柜均采用双段信息输入，当某一段 MVB 总线通信故障时，其他两段仍可实现信息传递，从而确保机车的安全可靠运行。

4. 系统设备

（1）机车控制单元 VCU。

机车安装有两个 VCU，采用热备份冗余方式。正常情况下 VCU1 为主控单元，VCU2 为从控单元。VCU1 发生故障时，VCU2 将自动投入工作，不影响机车的正常运行。

机车控制单元主要完成以下功能：实现列车的控制，包括控制受电弓、主断、空气压缩机、牵引系统及电传动系统等；故障诊断与保护；管理显示单元；控制直流电源回路；管理通信网络等。

（2）网关 TCN-GW。

列车总线 WTB 和机车总线 MVB 之间通过 TCN 网关连接，网关采用冗余配置，当其中一个网关出现故障时，另一个网关可接管全部功能。两个网关串行接到冗余的 WTB 线上（WTB_A 和 WTB_B），WTB 故障由网关检测，在 WTB_A 出现故障时，有效的网关将自动切换到 WTB_B 上。

（3）牵引控制单元 DCU2。

每台机车有 3 个变流柜，每个变流柜由 4 个相同的 DCU2 硬件单元体构成。根据安装的软件决定它们相应的功能，其中 DCU2/L 为网侧变流器控制单元，DCU2/M1 和 DCU2/M2 为电机变流器控制单元，DCU2/A 为辅助变流器控制单元，通过它们完成整车驱动级的控制。

（4）显示单元 DDU。

每台机车有 2 个显示单元 DDU，分别安装在 I、II 端操纵台面板上。司机显示单元 DDU 用于实现司机与机车微机网络控制系统之间的人机对话。机车取消了 CCBII 制动系统显示单元，CCBII 制动系统的各种信息显示及操作均可由 DDU 完成。

（5）接口单元（I/O）。

HXD_{3B} 型机车的微机网络控制系统采用了三种类型的 I/O 装置：操纵台输入/输出模块（DDIO）；数字量输入/输出模块（MIO）；模拟量输入/输出模块（AX），它们分散安装在机车的各个电气屏柜内。

DDIO 模块安装在司机室操纵台内，用于读取司机操作指令（如扳键开关组、司控制器等操纵设备）；同时还可以输出模拟信号，用于驱动显示仪表（如力矩表等）。每个 DDIO 模块有 20 路 DC 110 V 输入信号，12 路 DC 110 V 输出信号，2 路模拟量输入信号和 2 路模拟量输出信号。

MIO 模块安装在机械间内的高压电器柜、辅助配电柜、低压电源柜、空气管路柜、辅助滤波柜、行车安全柜等处，通过 MVB 总线与 VCU 连接。每个 MIO 模块由数量不等的基本模块和一个电源及通信模块构成，每个基本模块有 12 路 DC 110 V 输入信号，6 路 DC 110 V 输出信号，电源及通信模块用于提供电源及管理 MVB 通信。

AX 模块安装在机械间内的高压电器柜和低压电源柜内，每个 AX 模块有 4 路模拟量输入信号和 2 路模拟量输出信号。

（三）以太网在 FXD_3 机车上应用

复兴号 FXD_{3-J} 型 160 km/h 动力集中动车组动力车的网络控制系统，遵循模块化、标准化的设计原则，在 FXD_3 型八轴交流客运电力机车的 ECN 以太编组网技术的基础上，引入 TCN 网络技术，成为新一代具有自主知识产权的列车网络控制系统。动力车之间（或动力车与控制车之间）通过绞线式列车总线（WTB）进行信息传输，实现列车重联控制；每节动力车内部以 MVB（多功能车辆总线）+ ECN 为传输指令、信息的载体，与各控制装置（包括牵引变流器、辅助变流器、司机室显示单元等）进行通信，实现动力车牵引变流器和异步电动机的实时控制、辅助变流器实时控制、传动系统的逻辑控制、动力车运行状态显示、故障信息记录与存储、故障自排除、自动切换以及动态冗余等功能。

1. 动力车网络控制系统构成

动力车网络控制系统为分布式计算机体系结构，按功能可划分为列车控制级、车辆控制级和传动控制级。动力车网络控制系统拓扑结构如图 7-6 所示。

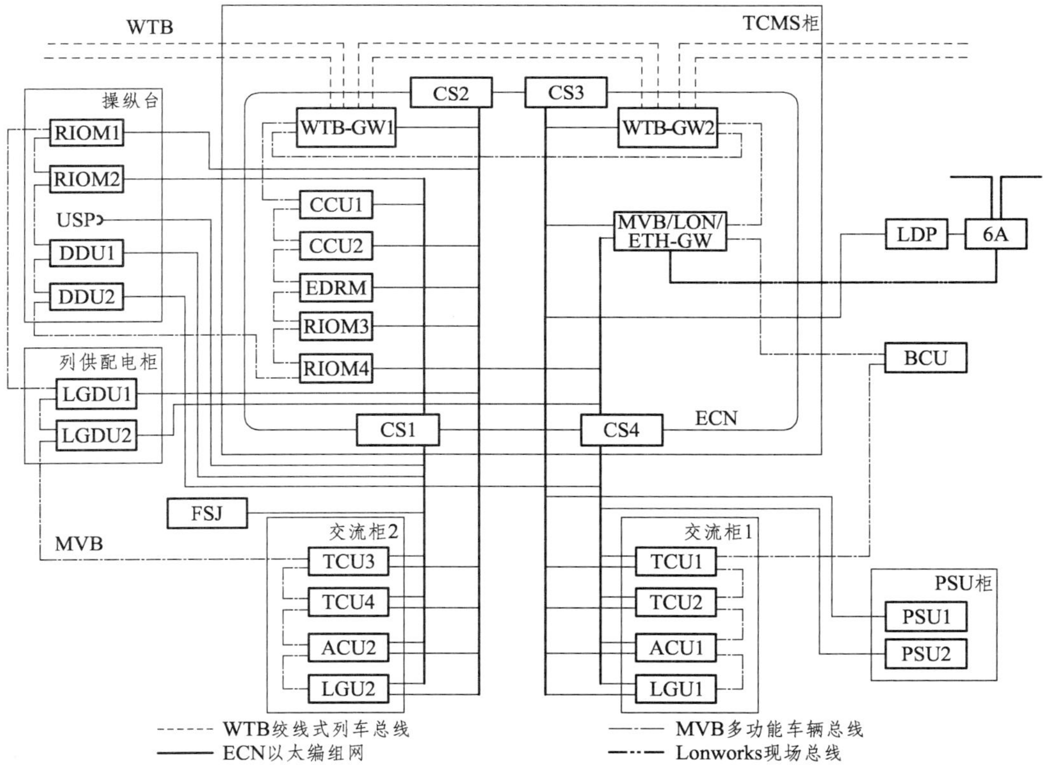

TCMS—机车控制监视系统；CCU—中央控制单元；WTB-GW—网关；EDRM—事件记录单元；RIOM—远程输入输出单元；DDU—司机室显示单元；CS—车辆以太网交换机；MVB/LON/ETH-GW—多功能网关；TCU—牵引控制单元；ACU—辅助控制单元；LGU—列车供电控制单元；BCU—制动控制单元；PSU—蓄电池充电单元；LGDU—列车供电配电单元；FSJ—风速监测装置；LDP—机车车载综合信息监测装置；USP—用户服务端口；6A—机车车载安全防护系统。

图 7-6　动力车网络控制系统拓扑结构

该微机网络系统采用模块化设计，所有重要设备均采用冗余配置方式，并同时连接在 MVB 总线及 ECN 以太网上，提高了动力车网络系统的冗余性和可靠性。列车级网络采用 WTB 总线，用于动力车与动力车（或控制车）之间的列车级控制指令、故障信息等数据的传送及动态编组的实现。

2. 网络特点

（1）具有高冗余性、可靠性。

动力车网络控制系统在列车级、车辆级网络通信上具有非常完善的冗余设置，各网络设备在设计上也具有很强的冗余性，并具备自检功能。这些措施在很大程度上提高了网络系统的可靠性，保证了网络系统的功能实施及动力车的安全运行。

（2）ECN 以太网采用 TRDP 协议。

ECN 以太网通信协议使用符合 IEC 61375-2-3 Edition1.0 标准的专为铁路用途开发的列车实时数据协议 TRDP，为提高数据传输的实时性，过程数据采用 UDP 组播传输，过程数据的收发为 PUSH 模式。TRDP 协议的应用，满足了动力车网络控制系统对控制数据的实时性要求，提高了网络控制系统的可靠性。

（3）可扩展性。

ECN 以太网采用环形拓扑结构，组网灵活方便，能够根据用户的需求适当地增加或减少接入网络的电子设备。

（4）实现互联互通。

动车组网络控制系统互联互通的概念为：不同厂商的动力车和控制车、动力车与动力车之间实现匹配（头车任意互换编组、互控），相同或不同厂商的两列短编组列车实现任意方向的重联运营。该动力车已实现了与 $FXD_{1\text{-}J}$ 系列动力车或控制车的重联控制，符合国铁集团对动车组网络控制系统互联互通的要求。

3. 通信网络

动力车网络控制系统的数据通信符合国际标准 IEC 61375 的要求。列车网采用 WTB 总线进行数据通信，车辆网采用 MVB 总线，同时布设符合 IEC 61375-3-4 和 IEC 61375-2-3 标准的以太网进行组网，实现车辆网的双网冗余配置。列车级和车辆级之间的数据转换采用 WTB 网关实现。

（1）列车级网络。

列车级网络采用 WTB 总线贯穿所有拖车与其他动力车（或控制车）相连。WTB 总线是专为铁路机车（车辆）重联而开发的高可靠和实时的现场总线，特别适合用于需要频繁进行编组的列车。WTB 总线的传输介质为双绞屏蔽线，最多可连接 22 节车辆或 32 个节点（无中继器），传输距离为 860 m（无中继器），数据传输波特率为 1 Mb/s。

动力车网络系统 WTB 总线采用 A、B 线路冗余，当正在工作的一组列车总线出现问题时，网关能自动控制切换到另一组工作，提高了列车级网络的可靠性。

（2）车辆级网络。

车辆级网络采用 MVB 总线 + ECN 以太网的固定网络配置，这两种网络同时工作，互为冗余。中央控制单元、WTB 网关、司机室显示单元、牵引变流器控制单元、辅变流器控制单元等重要设备同时连接在 MVB 总线和 ECN 以太网上；制动控制单元只连接在 MVB 总线上；其他不参与控制的设备（如 LDP、PSU、FSJ 等），只采用 ECN 以太网进行通信。此外，以太网还用于软件下载及程序调试等维护用途。

① MVB 总线。

MVB 总线用于连接各车辆内的电子部件和控制系统，数据传输波特率为 1.5 Mb/s，物理层采用电气中距离介质 EMD。数据通过 A、B 两个通道（即同一条 MVB 电缆内有两对双绞线）传递，即使一个通道出现故障，数据仍可通过第二个通道传递，能够保证动力车的安全可靠运行。MVB 网络拓扑如图 7-7 所示。

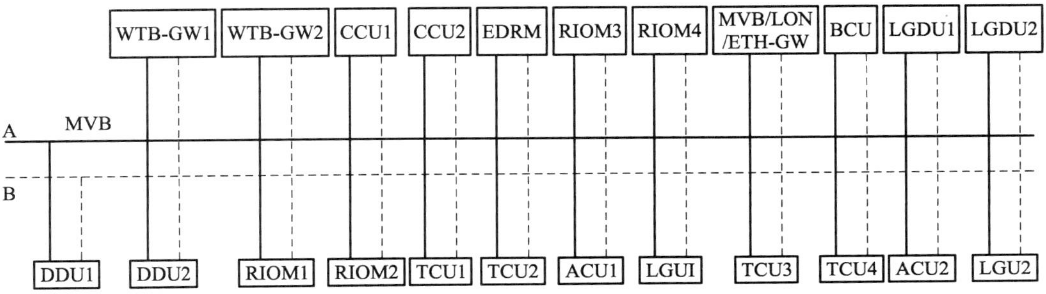

图 7-7　MVB 网络拓扑

② ECN 以太编组网。

动力车 ECN 以太编组网符合 IEC 61375-3-4 标准，采用双回归环形网络，通信速率为 100 Mb/s，物理层为 100BASE-TX，通信模式为全双工，其网络拓扑如图 7-8 所示。

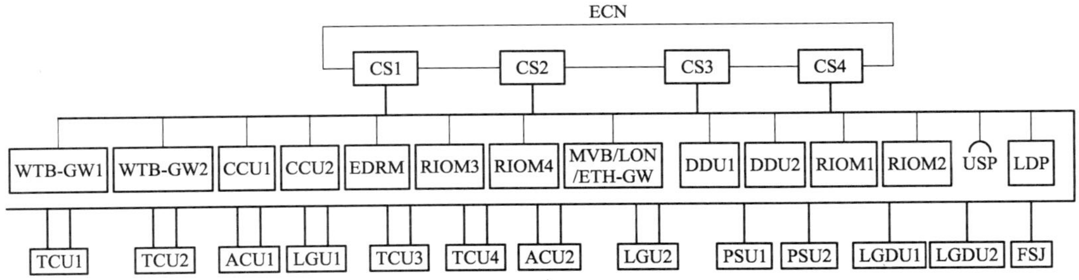

图 7-8　ECN 以太网网络拓扑

该以太网为交换式以太网，所有终端设备（ED）通过以太网线连接到 4 个 CS 交换机，互为冗余的 2 个 ED 连接到不同的交换机，4 个交换机之间组成以太环网。这种结构可以保证任意一个交换机掉电或任意一根以太网电缆中断时，以太网功能不降低。CS 为网管型交换机，每个交换机具有 12 个以上以太网接口。交换机和终端设备均支持符合 IEC 61375-2-3 Edition1.0 标准的 TRDP 列车实时数据协议。过程数据基于 UDP 组播传输，传输周期为 20 ms，过程数据的收发采用 PUSH 模式，由链路层保证数据的完整性，传输数据延迟小于 10 ms。ECN 以太网具有传输速率高、实时性强、可靠性高等优点。ECN 主要技术参数见表 7-4。

表 7-4　ECN 以太网主要技术参数

序　号	特　性	技术参数
1	标准	IEC 61375/IEEE 802.3/IEEE 802.3u
2	连接方式	以太环网
3	连接器	M12 D-Coded 连接器
4	线缆	超 5 类屏蔽双绞线
5	端口设置	100Base-TX（100 Mbps/全双工）
6	协议	UDP/IP，TRDP，IGMP
7	传输模式	单播/组播

网络控制系统默认采用以太网优先的通信策略。对于既有 MVB 接口又有以太网接口的网络设备，在发送数据时，将相同的数据同时发送到 MVB 总线和以太网；接收数据时，默认采用以太网接收，当以太网通信故障时则切换到 MVB 总线进行数据接收。

4. 系统设备

（1）中央控制单元 CCU。

中央控制单元 CCU 为动力车微机网络控制系统的核心部件，主要完成列车级控制、车辆级控制、车辆级总线管理及设备通信状态的诊断、故障保护、故障记忆，以及与显示单元的交互等功能。动力车微机柜内设置两个完全相同的 CCU，均为 MVB 4 类设备，运行中热备冗余，一个 CCU 激活，为主设备；另一个备用，为从设备。当激活的主 CCU 发生故障时，备用的从 CCU 自动激活，升为主设备，继续执行主 CCU 的工作。

（2）WTB 网关。

动力车微机柜内设置两个 WTB-GW 网关，用于完成列车级的总线管理、列车总线 WTB 与车辆总线 MV 的数据转换，以及列车总线 WTB 与车辆 ECN 以太网的数据转换等功能。该网关具有初运行功能，当动车组重联编组发生改变时，能自动完成编组中各节点地址分配、方向识别、设备状态、过程数据和消息数据的传输能力。两个 WTB 网关运行中双激活，当其中一个网关出现故障时，另一个网关可接管全部功能。

（3）牵引控制单元 TCU。

动力车设有两个变流柜，每个变流柜设置两个牵引控制单元 TCU。每个 TCU 负责一个轴的四象限变流器控制及牵引电机逆变器的控制、接触器的控制、保护检测、信号处理和网络信息传输等功能。

（4）辅助变流器控制单元 ACU。

动力车设有两个辅助变流器，每个辅助变流器对应独立的控制单元 ACU，分别安装在两个变流柜内。ACU 主要实现整流器控制、逆变器控制、故障诊断、保护及网络信息传输等功能。逆变器输出控制方式有 VVVF（变压变频）方式和 CVCF（恒压恒频）方式。

（5）司机室显示单元 DDU。

动力车操纵台上设置两个完全相同的司机室显示单元 DDU，并互为冗余。正常状态下，操纵台左侧的显示单元为制动显示单元，显示制动系统的信息；操纵台右侧的显示单元为微机系统显示单元，显示 TCMS 的信息。当任何一个显示单元发生异常时，非故障显示单元可在合屏模式、牵引模式、制动模式间进行手动切换，维持动力车运行。司乘人员可以通过这两个司机室显示单元发布部分控制操作指令，并监视各子系统工作状态、故障信息、操作及维修提示信息等。

司机室显示单元为触摸屏，周围设有硬按键，当触摸屏失灵时，仍可通过硬按键对屏幕进行操作，从而保证了显示单元的可靠性。

（6）远程输入输出单元 RIOM。

远程输入输出单元 RIOM 位于司机室操纵台和微机柜内，用于采集司机操作指令（如扳键开关、司控器操作等）、设备状态（如风机开关状态等），以及采集来自拖车车辆的控制信号；同时输出信号用于驱动操纵台上的按钮指示灯、蜂鸣器，控制动力车上的各继电器、接触器等。除模拟量以外的输入输出信号，均通过两根硬线分别连接到两个 RIOM 上，实现了设备冗余及通道冗余的功能。

（7）多功能网关 MVB/LON/ETH-GW。

多功能网关安装在微机柜内，用于完成动力车微机系统与拖车 LonWorks 信息（如动力车过分相状态、拖车编组信息、拖车报警信息、车门状态及列供干线信息等）的交互，LonWorks 数据传输波特率为 78 kb/s。

拓展知识

一、TCN 网络

TCN（Train Conmmunication Network）网络是专门为铁路机车/动车组的控制而开发的。网络系统包括绞线式列车总线 WTB 和多功能车辆总线 MVB，它们之间通过网关（节点）进行协议转换。列车总线 WTB 是对纳入德国标准 DIN43322 的 Siemens 公司 SIBAS 总线的改进，主要用于车辆之间的重联通信，能自动识别车辆在列车编组中的位置和方向，从而满足开式列车需要频繁编组等特殊要求。车辆总线 MVB 主要来源于 Adtranz 公司的 MICAS 总线，主要用于车辆内控制设备的互联。TCN 网络采用基于总线管理器的集中式介质访问控制，并支持介质和总线管理器的冗余，因而具有较强的实时性和较高的可靠性。

TCN 网络技术主要得到了 Siemens 和 Adtranz 等公司的联合开发项目的支持，而一致性测试则得到了欧洲铁路研究所组织的测试项目的支持。在国际铁路联盟 UIC 等用户组织的支持下，该技术最终于 1999 年 9 月被采纳为列车通信网络标准 IEC61375-1。另外，还完成了 TCN 网络一致性测试标准（IEC61375-2）的制定工作。

近年来，TCN 网络技术在欧盟国家和地区范围内还得到了许多控制部件供应商的支持，除 Siemens 公司和 Adtranz 公司以外，还有芬兰的 EKE 电子公司、意大利的 Far-system 公司和捷克的 Unicontrol 公司以及瑞士的 Wagon 公司等，他们都开发出符合 TCN 标准的产品。目前，TCN 网络技术的开发和应用主要由西门子（Siemens）公司和庞巴迪

（Bombardier）公司为主导，其主要应用于互操作性和控制实时性要求高的国际联运高速列车、重载列车和地铁列车等关键的轨道交通领域。我国也将其采纳为铁路标准之一。

二、WTB 列车总线

WTB（Wire Train Bus）被设计成通过手插式跨接电缆或自动连接器来实现车辆之间的互联的铰接式列车总线，适用于频繁改变其组成的列车组（如国际 UIC 列车组或市郊列车组）。

WTB 是以德国 DIN 43322 和意大利 CD 450 高速列车的数据通信经验为基础而制定的。WTB 最初被设计成使用 12 线 UIC 电缆，这种 UIC 电缆传送直流信号，以便控制电灯、扩音器和门。虽然 SNCF（法国国铁）将此电缆用作数据通信，但是它的性能不能满足将来的应用要求，因此决定在 UIC 电缆中增加能以 1 Mb/s 速率传送数据的专用屏蔽双绞线。MTB 电缆的布置采用冗余原则，在车辆的每一侧各有 1 根电缆。

WTB 的传输速度为 1 Mb/s，无须中继器便可覆盖 860 m，即最大通信距离为 860 m（此距离相当于 22 节 UIC 车辆的长度），最多可连接 62 个节点。

WTB 最显著的特色是，它能以连续顺序给节点自动编号和让所有的节点识别何处是列车的右侧或左侧。每当列车组成改变时（如连挂或摘除车辆），WTB 总线各节点执行初运行过程，该过程在电气上将各节点连接起来，并给每个节点分配连续地址。每个节点包括 2 个 HDLC 通道，每个通道对应 1 个方向。

三、MVB 多功能车辆总线

MVB（Multifunctional Vehicle Bus）多功能车辆总线是将位于同一车辆或不同车辆中的标准设备连到 TCN 网络上的一种总线，它是一种高可靠性的实时通信总线，是由 IEC 制定的列车控制网络标准的组成部分。多功能车辆总线主要用于车辆电气设备互联通信，这些设备可以是可编程车载电子设备，也可以是一些简单的传感器及执行机构。MVB 最多可以寻址 4 095 个车载设备，其中有 256 个是可以参与消息通信的站。

多功能车辆总线具有传输实时性好、可靠性高和易于网络互联的特点，其数据传输的速率为 1.5 Mb/s，为冗余总线结构。数据编码技术和冗余总线管理机制使系统不会因节点的故障而影响数据通信质量；支持无处理器的简单节点和多层网络地址识别，可通过网关与其他网传输数据。

MVB 可传送 3 种类型的数据：

（1）进程数据：源寻址数据，周期性广播，最快的周期为 1 ms。

（2）消息数据：按需传送，目标寻址的单播或广播。

（3）监视数据：以事件鉴别、总线主权传送、设备状态传送为目的的数据交换。

MVB 可采用以下 3 种不同的物理介质，它们都在相同速度（1.5 Mb/s）下工作；

（1）20 m 以内采用电气短距离介质（ESD）。依照 IEC 8264（RS485）标准的差分传输导线对在无须电气隔离的情况下，在 20 m 内的传输距离最大可支持 32 个设备。若使用电气隔离，则传输距离可更远。适用于底板总线和近距离设备的信息变换。

（2）200 m 以内采用电气中距离介质（EMD）。每段最多支持 32 个设备，采用双绞屏蔽线和变压器作电气隔离，容许使用标准的 IEC 1158-2 变压器和收发器。适用于连接经常接入和断开的轨道车辆。

（3）2 000 m 以内采用光玻璃纤维（光纤）介质（OGF）。采用点对点或星耦连接。通过星耦器汇出，传输距离可达 2 000 m，推荐用于长距离和恶劣环境条件下，如较高电磁干扰的环境（如机车上）。

MVB 总线由以上介质中的一个或几个总线段构成，不同物理介质的总线段之间可通过中继器相连，最长可扩展至 2 000 m。MVB 的电气介质的网络拓扑为总线结构，而光纤介质通常采用有源或无源适配器的星形结构。MVB 设备地址在配置时进行分配，在运行过程中将不会改变。

MVB 由一个专用的主节点控制，它可以被冗余的主节点支持以增加可靠性。MVB 由集成的总线控制器支持，通过物理接口进行互联通信，并支持无处理器的简单设备的数据收发。MVB 控制器在物理层提供冗余，一个设备在两个互为冗余的线路上发送数据，但仅从一条线路上接收数据，同时监视另一条线路，任意一条总线故障都不会中断数据传输。MVB 由总线管理器对网络进行管理，总线管理器是唯一的主设备。为增加可靠性，可能有多个总线管理器，它们以令牌方式传递主设备控制权。在一个给定时间，仅有一个管理器在总线上工作。

MVB 具有高度完整性，以防止数据错误。由于采用可靠的曼彻斯特编码以及其校验的方式，故能够达到 IEC 870-5FT2 级（HD = 8）的标准。

任务二　WLAN

机车整备一直是机务段工作的重中之重，特别是各设备文件的转储、分析都需要人工大量参与，效率低下、费时费力。且各设备之间相互独立，需要专门人员对数据进行拷贝、上传、分析，造成人力、物力的极大浪费。WLAN 无线转储系统正是为了解决这一问题应运而生。基于 IEEE802.11 标准的 WLAN 技术是当今使用最广的一种无线网络传输技术，WLAN 使用 ISM 2.4 GHz 和 5.8 GHz 公共频段，使用者只要遵循工信部相关标准，即可自行组建无线局域网，无须电信运营执照，不存在通信费用，却能获得极高的数据传输带宽。当前最通用的 WLAN 标准为 IEEE 802.11n，是在 IEEE802.11g 和 IEEE802.11a 基础上发展起来的，核心技术是采用 MIMO、OFDM，理论速率最高可达 600 Mb/s（目前业界主流为 300 Mb/s）。最新 IEEE802.11ac 标准是在 IEEE802.11n 标准上建立起来的，继续沿用 IEEE802.11n 的 MIMO 技术，信道工作频宽由 IEEE802.11n 的 40 MHz 提升到 80 MHz，甚至可达 160 MHz，再加上约 10%的实际频率调制效率提升，最终理论传输速度将跃升至 1 Gb/s。

WLAN 无线转储系统就是在机务段整备场构建 IEEE802.11a/b/g/n 标准的无线通信网络，机车通过地面 WLAN 与地面转储服务器间高速传输数据，实现车载记录文件无线转储及 CMD 系统地面综合应用子系统、机务段整备系统、6A 平台分析系统、6A 走行部分析系统之间进行数据交换。

教学目标

1. 能力目标

掌握 WLAN 无线转储系统的构成和功能、关键技术和数据传输管理策略。

2. 知识目标

了解无线转储系统的构成；了解机车整备场机房 WLAN 无线转储系统的构成和功能；理解无线转储系统的关键技术；掌握无线转储系统的数据传输策略。

3. 素质目标

培养学生的综合分析能力。

工作任务

<table>
<tr><th>任务名称</th><th colspan="2">任务布置</th></tr>
<tr><td>WLAN</td><td colspan="2">了解 WLAN 无线转储系统的构成和各子系统的功能。
理解无线转储系统的关键技术。
掌握无线转储系统的数据传输策略</td></tr>
<tr><td colspan="3">小组讨论</td></tr>
<tr><td colspan="3">1. 问题导入
（1）机车整备场机房 WLAN 无线转储系统的构成和功能有哪些?
（2）WLAN 网络 2.4G 和 5.8G 性能有何差异?
（3）何谓断点续传?
（4）WLAN 连接具体流程是什么?
（5）心跳机制的工作原理是什么?
（6）无线转储系统的应用特点是什么?</td></tr>
<tr><td>序号</td><td colspan="2">无线转储系统关键技术</td></tr>
<tr><td>1</td><td colspan="2"></td></tr>
<tr><td>2</td><td colspan="2"></td></tr>
<tr><td>3</td><td colspan="2"></td></tr>
<tr><td>4</td><td colspan="2"></td></tr>
<tr><td>5</td><td colspan="2"></td></tr>
<tr><td colspan="3">2. 归纳总结
综合分析：结合本任务学习，请详细说明无线转储系统文件下载和上传流程</td></tr>
</table>

相关知识

一、系统构成

无线转储系统由部署在机务段的 WLAN 网络、整备场机房内的 WLAN 无线转储系统和机务段机房内的数据交换中心构成，如图 7-9 所示。

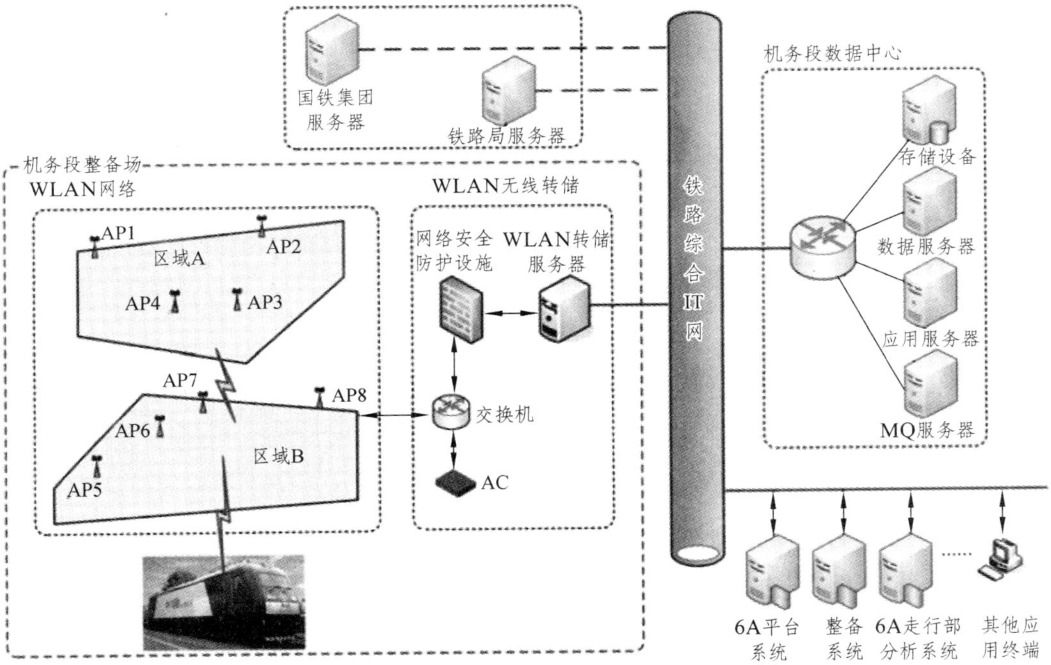

图 7-9 无线转储系统

（一）机务段 WLAN 网络

机务段 WLAN 网络安全可靠，实现网络内机车车载 WLAN 终端设备的无线接入；通过 WLAN 网络实现车载 WLAN 终端与地面服务器间的数据高速通信。整备场一般为长方区域，部署几个覆盖基站和一个中心数据汇聚基站。WLAN 网络部署要充分考虑现场复杂电气环境，考虑各种金属物体对信号的屏蔽、反射、散射及恶劣自然条件等因素的影响。同时钢轨正上方 7 m 处高压网的电压为 AC 25 kV，机车升降弓时可能会产生电弧，安装在附近的 WLAN 网络设备应具备一定的防护能力。车载 WLAN 终端天线距离钢轨高度一般为 4.1 m，AP 天线高度和角度需根据该要求进行设计。

WLAN 网络用于实现在计划覆盖区域内的无缝覆盖，机车在该区域内处于低速运行或静止状态时，地面 AP 应能与车载 WLAN 终端建立安全可靠的无线连接并实现高速数据通信。AP 之间宜采用 MESH 结构，减少工程布线难度，所有根 AP 宜部署在机房附近。WLAN 网络结构采用瘦 AP + AC 的方式，SSID 应对外广播，不能阻塞广播包。

某段共 4 组基站 AP，每组分 2 个，1 个 2.4G，1 个 5.8G。AP1 位置在整备场东桥洞附近扳道房顶，AP2 和 AP3 在整备车间 2 楼楼顶，AP4 在整备场西侧匣楼顶，各基站选用 120°定向天线，信号覆盖距离 5 km。某段 AP 基站及测试点分布见图 7-10。各测试点信号强度及 FTP 上传下载速度测试见表 7-5。现场实际车载设备下载速度为 200 ~ 1 000 kb/s。

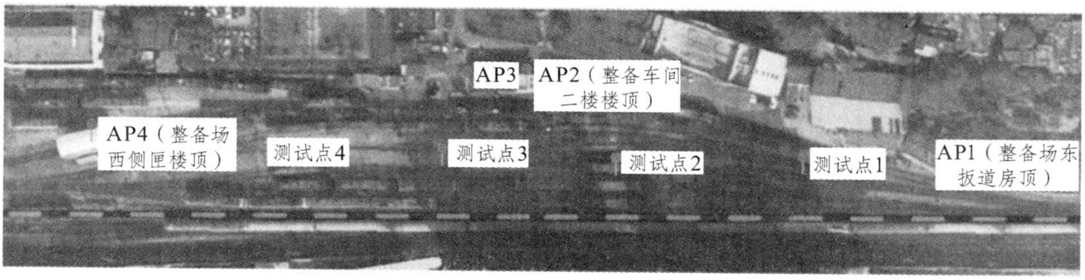

图 7-10　某段 AP 基站及测试点分布

表 7-5　AP 基站信号强度测试

测试点	2.4 G				5.8 G			
	信号强度/dB	Ping 延时/ms	下载速率/（Mb/s）	上传速率/（Mb/s）	信号强度/dB	Ping 延时/ms	下载速率/（Mb/s）	上传速率/（Mb/s）
1	－41	<20	3.3	4.38	－66	<20	5.16	5.01
2	**－51**	**<20**	**3.9**	**9.14**	－49	<20	4.25	3.84
3	－53	<20	3.33	2.07	－67	<20	4.99	7.01
4	－34	<20	4.3	6.34	－39	<20	5.87	8.31

（二）整备场机房 WLAN 无线转储系统

整备场机房 WLAN 无线转储系统主要由转储服务器和无线控制器组成，实现对文件转储的控制和 WLAN 无线网络的管理。管理车载终端与 WLAN 转储服务器连接、注册及数据传输过程，汇集和存储数据，以及通过铁路综合 IT 网实现转储数据的转发；具备机车记录文件无线转储功能和机车整备试验文件下载功能。无线控制器用来集中化控制无线 AP，是一个无线网络的核心，负责管理无线网络中的所有无线 AP，包括下发配置、修改相关配置参数、射频智能管理、接入安全控制等管理。转储服务器用来实现与进段机车的报文数据交互，下载车载设备文件，并将下载文件分发给数据交换中心。

某段部署在整备场机房的 WLAN 无线转储系统结构见图 7-11，该系统主要由服务器机柜、网络机柜、WLAN 转储服务器、无线控制器、交换机、硬件防火墙、KVM 设备组成。其中在 WLAN 转储服务器上布置 1 套无线转储管理软件。

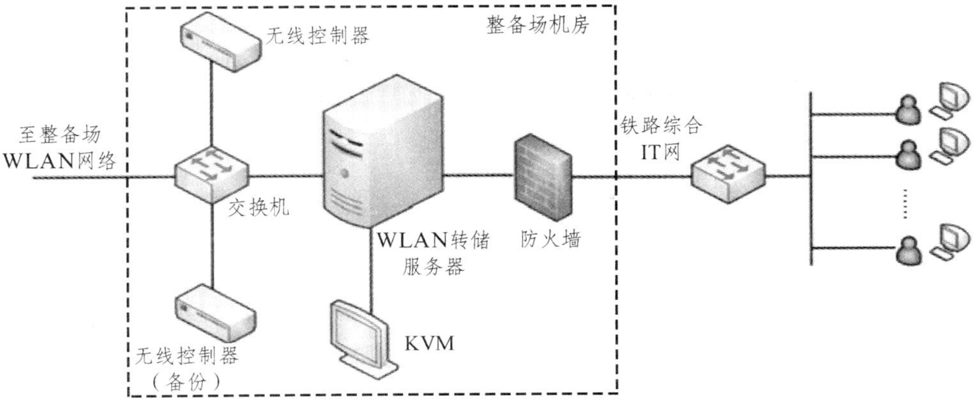

图 7-11　整备场机房 WLAN 无线转储系统

（三）数据交换中心

数据交换中心部署在机务段机房内，主要由具备 FTP 功能的转储服务器构成，完成本地与铁路综合 IT 网之间的数据交互，具备将车载设备文件分发给各解析子系统和设备升级程序上传功能。

二、无线转储系统关键技术

（一）网络传输断线重连技术

无线网络传输中，网络连接完全断开及无线网络不稳定所引起的通信异常情况都会造成网络传输中断。WLAN 无线转储系统引入断线重连机制，采用通信双方的心跳报文机制，车载程序实现对网络状况及无线信号强度的监测，保证网络连接断开或不稳定情况下机车重连在线。

（二）基于 FTP 的断点续传技术

基于FTP的断点续传技术解决了机车传输较大文件时遇到网络不稳定情况而传输中断需要重新开始传输的问题。断点续传能够在机务段 WLAN 网络下实现较大的数据量传输，传输可靠、速度快。

断点续传实质是在上传（或下载）时，在某一时间点任务中断，客户端记录此时中断位置（即断点）；待到网络正常后，之前未完成的上传（或下载）任务再次开始时就会从所记录的断点处继续传送。

（三）AP 快速切换技术

整备场多 AP 全覆盖，整个网络中的 SSID 和密码都一致。同一个 AC 下 AP 之间，保证车载综合信息监测装置（LDP）终端在一个子网内部，从一个 AP 覆盖范围移动到另一个 AP 覆盖范围时，通信不中断，无须重新登录和认证。

机车无线终端第一次接入 AP 后采用正常的 802.1x 认证过程，认证通过后将使用的

PMK 信息保存在缓存中。相邻 AP1 和 AP2 提供的蜂窝都使用同一个 SSID，机车能够在 AP1 和 AP2 之间漫游。AP1 和 AP2 连接同一个 AC，AP1 向 AP2 切换时 AC 只需更新其表便可使用连接到 AP2 的 LWAPP 隧道寻找无线终端（机车），切换 AP 后不必再进行烦琐的 802.1x 认证和密钥交换，在 AC 内将旧关联缓存数据移交到新关联，直接使用缓存中的 PMK 信息，加快了切换速度。

（四）多频段传输技术

现阶段机务段 WLAN 无线转储系统 WLAN 网络采用多标准对终端设备进行多频段支持。其中 IEEE802.11b/g 标准工作在 2.4 G 频段，IEEE802.11n 标准工作在 5.8 G 频段，二者对比见表 7-6。

表 7-6　WLAN 网络 2.4 G 和 5.8 G 性能对比

频段	传输距离	传输速率	穿透力	穿透损耗量	抗干扰	反射/衍射力
2.4 G	远	低	弱	低	干扰多	强
5.8 G	近	高	强	高	干扰少	弱

由表 7.6 可知：2.4 G 频段使用 ISM 频段，干扰较多。5.8 G 频段共划分为 5 个信道，每个信道宽度为 20 MHz，每个信道与相邻信道都不发生重叠，因而干扰较小。5.8 G 频率较高，在空间传输时衰减较为严重，如果距离稍远，性能会严重降低。

因此，考虑机务段的复杂环境，搭建 WLAN 无线转储系统采用多标准，实现 2.4 G 和 5.8 G 多频段覆盖，保证 WLAN 无线传输的高效、稳定。

（五）服务集标识符技术

通过对多个无线接入点 AP 设置相同的 SSID，无线工作站出示正确的 SSID 才能访问 AP。机务段可以对 SSID 和密码进行修改，并提交给国铁集团，机车通过自检信息获取 SSID 名称，收到 SSID 信号时，机车向国铁集团服务器申请对应的 SSID 密码，连接成功后才能进行信息报文数据交互。

三、无线转储系统数据传输策略

无线转储系统通过校验数据包和利用应用层数据传输应答机制保障数据内容的完整性，通过无线通信模块的监控机制保障良好的数据发送环境，制定安全连接策略保障 WLAN 网络安全。文件上传（或下载）时，通过信号检测机制提高数据发送效率和成功率，通过数据分类发送提升重要数据发送的实时性，通过数据压缩减少数据发送总量，通过数据断点续传提升数据重传效率。

（一）安全连接策略

为了保证无线网络的安全及确保机车进入整备场时能够连接到无线网络，当整备场无线网络需要接入 CMD 系统通过车载 LDP 转储数据或整备场注册信息发生改变时，机务段使用人员需要在地面转储系统中填写或修改注册信息，否则机车进入整备场时不能连接整备场无线网络下载数据。注册信息列表通过 3G 网络和整备场无线网络进行更新。确保国铁集团级 CMD 系统地面子系统存储全路所有整备场无线网络的 SSID、密码。

在途运用机车通过 3G 网络更新注册信息列表。车载子系统发送的自检信息包括机务段注册信息版本标识，地面子系统检测到自检信息的版本标识与服务器版本标识不一致时，向机车发送全路所有整备场的无线网络 SSID，机车在整备场匹配到所需要连接的 SSID 后，向地面系统请求所匹配 SSID 对应密码，进行 WLAN 网络连接，密码错误时重新进行请求。WLAN 连接流程如图 7-12 所示。

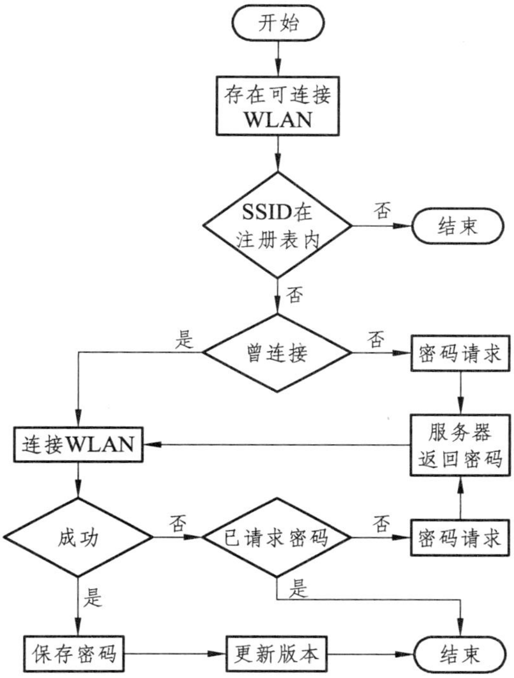

图 7-12　WLAN 连接流程

机务段通信服务器（文件转储服务器）接入机务段 WLAN 网络，采用 UDP 方式广播报文，LDP 收到广播信息后，向机务段通信服务器发起建立连接命令报文，地面反馈连接应答报文，连接命令重发间隔为 3 s。

（二）心跳机制

心跳是在 TCP 长连接中客户端和服务器之间定期发送的一种特殊数据包，通知对方自己还在线，以确保 TCP 连接的有效性。

因为网络的不可靠性，有可能在 TCP 保持长连接过程中，由于某些突发情况会造成服务器和客户端的连接中断。在这些突发情况下，如果恰好服务器和客户端之间没有交互，就不能在短时间内发现对方已经掉线。为了解决这个问题，引入心跳机制。

心跳机制工作原理：在服务器和客户端之间一定时间内没有数据交互时，客户端或服务器会发送一个特殊数据包给对方，当接收方收到这个数据报文后，也立即发送一个特殊数据报文回应发送方。当某一端收到心跳消息后，判断对方在线，确保 TCP 连接的有效性。

WLAN 无线转储系统在应用层上实现自定义的心跳机制。LDP 与地面建立连接后，每隔 1 s 向机务段通信服务器发送心跳，机务段通信服务器的广播信息作为转储服务器心跳。机务段通信服务器在转储前，应对 LDP 心跳进行判断，如果心跳正常，则可开始转储操作。

（三）车地文件传输策略

1. 文件下载

机车在线时，6A、AT1（走行部）、LDP、LKJ 及 TCMS 各设备自身记录文件存储在各自设备上；机车入库后，机务段通信服务器发送转储命令到 LDP，转储命令包括文件开始日期、天数、设备类型等；LDP 收到转储命令后，向各设备请求文件；各设备按规则对需要的文件进行压缩打包；各设备把打包好的文件发送到 LDP；LDP 把压缩文件转储到机务段通信服务器（文件转储服务器），转储过程显示文件转储进度，LDP 转储完成后，备份已转储的文件。无线转储系统文件下载示意图如图 7-13 所示。

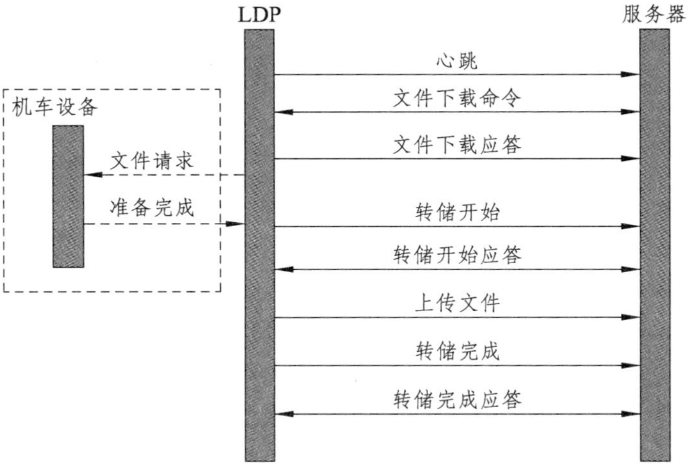

图 7-13　文件下载示意图

2. 文件上传

在心跳正常情况下，机务段通信服务器向 LDP 发送文件上传命令；LDP 收到文件上传命令后，向机务段通信服务器发送文件上传应答报文；LDP 开始进行 FTP 操作，从机务段通信服务器下载文件，并向机务段通信服务器发送“上传中”状态；FTP 操作完成后，LDP 发送转储完成报文到机务段通信服务器。无线转储系统文件上传示意图如图 7-14 所示。

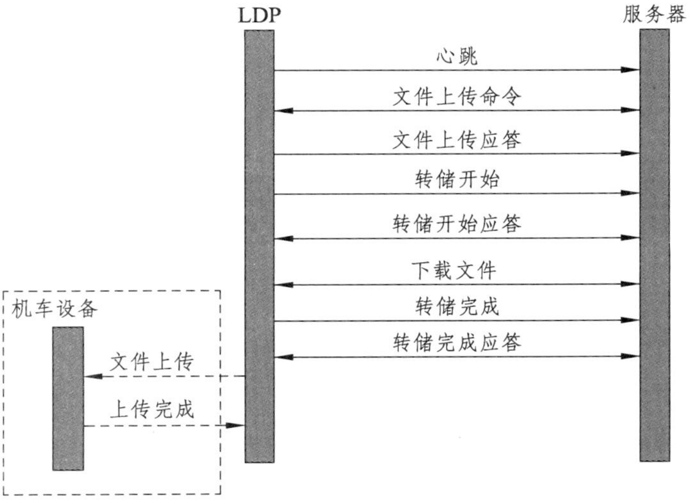

图 7-14　文件上传示意图

（四）数据存储与分发

WLAN 无线转储软件将 TCMS、LKJ、6A、AT1（走行部）、LDP 等设备数据从机车下载到地面转储服务器对应的文件目录中，通过数据交换中心将各设备文件分发到对应解析服务器，对文件数据进行解析。

其中 6A 服务器、走行文件存储服务器等作为 FTP 客户端，数据交换平台作为 FTP 服务器端，各解析服务器每隔几秒刷新一次 FTP 服务器列表，有文件就执行取走操作，各解析服务器取文件完毕并解压成功后，通知数据交换平台服务器操作完成，数据交换平台更改文件名并移动至 FTP 目录外备份。

四、无线转储系统应用特点

WLAN 无线转储系统建立了机车各设备到各设备分析软件的通道，采用安全连接机制、心跳机制、断线重连及断点续传技术，实现机车到站段各设备文件自动下载、统一平台，保证文件高效及时转储，自动、手动多模式文件转储管理，提高工作效率，缩短机车整备时间，降低人工成本。

（一）文件转储高效、及时

入段机车接入 WLAN 网络后便可根据用户设定进行设备文件自动转储。实际运用过程中，机车入段时在接入 WLAN 网络到整备场过程中，设备文件便可完成转储，文件转储高效、及时。

在 WLAN 无线转储客户端软件中可以查看设备文件的历史转储记录，如某段 HXD_{3D}-0042 机车，在 2016 年 11 月 16 日入段后对 AT1（走行部）设备文件进行自动下载，该文件大小 27.337 MB，平均下载速率为 297.8 kb/s。

（二）设备文件转储安全可靠

通过报文协议对机车设备文件数据操作，包括文件上传（或下载）过程中的数据MD5校验，保证文件数据的可靠性、完整性。

WLAN 无线转储系统实现了车、段、信息中心联控，加强对 WLAN 网络安全、无线转储服务器安全管理，智能连接，动态更新，保障数据安全。

（三）自动、手动多模式管理

WLAN 无线转储客户端软件实现了对机车文件数据的自动/手动下载，在自动下载没有成功的情况下，用户选择下载时间段、设备文件类型、机车型号等条件进行手动下载；在下载配置模块中，可对本段机车是否自动下载进行配置。

任务三　北斗系统和 GPS 信息接收装置

在列车定位技术研究方面，国内最初基本依赖电视定位器件和轨道电路定位测距来不断修正信息，该方式不仅定位精度不高，而且还受恶劣天气的影响，容易出现故障；随着全球定位系统的出现，GPS 技术用于铁路交通运输中，并成功在机车车辆运输中投入使用。但是随着我国自主研发的北斗卫星系统的出现以及商业化，出于国防及战略考虑，北斗系统开始融入我国现代铁路交通中。

北斗卫星导航为地球同步轨道卫星，覆盖整个亚太地区，是全球首个在定位、授时之外具备短报文通信的卫星导航系统，其报文通信功能是 GPS 和 GLONASS 等卫星导航系统都不具备的特殊功能。

为实现机车全方位定位跟踪，车载子系统采用北斗（BD）/GPS 双定位定向技术。GPS 即全球定位系统，具有全球地面连续覆盖、全天候、功能多、抗干扰性强等特点，其采用单点定位与差分定位技术提供全球定位服务，已在测绘、交通、搜救、探险等领域得到广泛应用；北斗（BD）是一种全天候、全天时提供卫星导航信息的双星定位区域导航系统，服务区域为中国及周边国家和地区，可在任何时间、任何地点为在其服务区域内用户提供精确的地理经纬度信息，并可提供双向短报文通信与精确授时服务。车载子系统将 GPS 与 BD 定位技术结合使用，实现双定位定向，其中一个不能正常工作时，另外一个补充工作，实现机车全方位定位跟踪。

CMD 系统车载子系统通过北斗模块获取到机车实时定位信息，通过 CMD 系统的 4G 通道和北斗短报文通道持续周期性（70 s 一次）向地面提供机车状态和位置等关键信息（每包 78 B），信息落地后，国铁集团数据中心通过专线从北斗地面数据中心获取信息，对机务人员实时掌控机车位置、安全指挥调度都具有十分重要的意义。

教学目标

1. 能力目标

能识别北斗系统和 GPS 信息接收装置；能掌握车载北斗系统和 GPS 信息接收装置安装要求。

2. 知识目标

了解北斗系统和 GPS 定位系统的基本原理；理解北斗系统和 GPS 定位系统对机车运用工作的作用。

3. 素质目标

培养学生做好本职工作、爱岗敬业、无私奉献的职业态度；培养学生的角色确认、沟通表达、小组合作、计划组织的团队合作能力；培养学生的安全意识、遵章守纪等自制能力；培养学生的任务规划、收集资料、独立思考、自我评价等自主学习能力。

工作任务

<table>
<tr><th colspan="2">任务名称</th><th colspan="3">任务布置</th></tr>
<tr><td colspan="2">北斗系统和 GPS 信息接收装置</td><td colspan="3">掌握车载列车安全定位设计原则和 GPS 信息接收装置安装要求。
掌握北斗系统和 GPS 定位系统的基本原理。
理解北斗系统和 GPS 定位系统对机车运用工作的作用</td></tr>
<tr><td colspan="5">小组讨论</td></tr>
<tr><td colspan="5">1. 问题导入
（1）有哪些方法和设备可以实现列车位置的精确定位？
（2）北斗系统和 GPS 装置各有哪些优缺点？
（3）GPS 信息接收装置由哪些部分组成？安装在机车的什么位置？
（4）何谓北斗与 GPS 的双模冗余组合？
（5）学习记录：你认为北斗系统和 GPS 装置应具备哪些功能？</td></tr>
<tr><td colspan="2">北斗天线适应性设计要素</td><td colspan="2">GPS 装置的功能</td><td>对铁路机务工作的作用</td></tr>
<tr><td>1</td><td></td><td>1</td><td></td><td rowspan="6"></td></tr>
<tr><td>2</td><td></td><td>2</td><td></td></tr>
<tr><td>3</td><td></td><td>3</td><td></td></tr>
<tr><td>4</td><td></td><td>4</td><td></td></tr>
<tr><td></td><td></td><td>5</td><td></td></tr>
<tr><td></td><td></td><td>6</td><td></td></tr>
<tr><td colspan="5">2. 归纳总结
（1）GPS 信息接收装置安装于机车时，需要注意什么？
（2）关于北斗系统，还能提出什么问题？</td></tr>
</table>

相关知识

一、列车安全定位设计原则

列车安全定位系统设计应遵循精确性、可靠性、连续性、可用性和完好性原则。由于当前北斗二代系统卫星数量不足以独立完成铁路定位并达到较高的定位性能，因此采用现已成熟的 GPS 系统进一步补充和增强系统卫星信号资源，即采用北斗与 GPS 的双模冗余组合的方式，从而提高列车定位的精度。同时，为保证列车运行全过程的定位连续性，设计采用组合导航系统，遵循组合导航系统的原则搭建列车组合定位系统。组合定位技术是指用两种或两种以上的定位传感器对同一航行体进行测量，继而可以采用多传感器组合定位的方式提高系统的任务可靠性和容错能力。冗余设计已成为可信结构设计常用的方法之一，组合定位系统中包含冗余的定位信息，如组合恰当，在工作中可利用冗余信息检测出有故障的子系统，可选择弃用它，并将剩余的正常子系统重新组合（系统重构），从而使系统能够持续执行定位任务。

二、基于北斗的列车定位系统技术框架

按照定位需求和设计原则，基于北斗卫星导航系统的列车安全定位系统分为车载子系统和地面子系统两大部分。车载子系统在定位过程中起主要作用，即进行列车自主定位。地面子系统为车载子系统提供定位辅助。车载设备与地面设备通过 GSM-R 建立通信，进行数据交换。系统结构如图 7-15 所示。

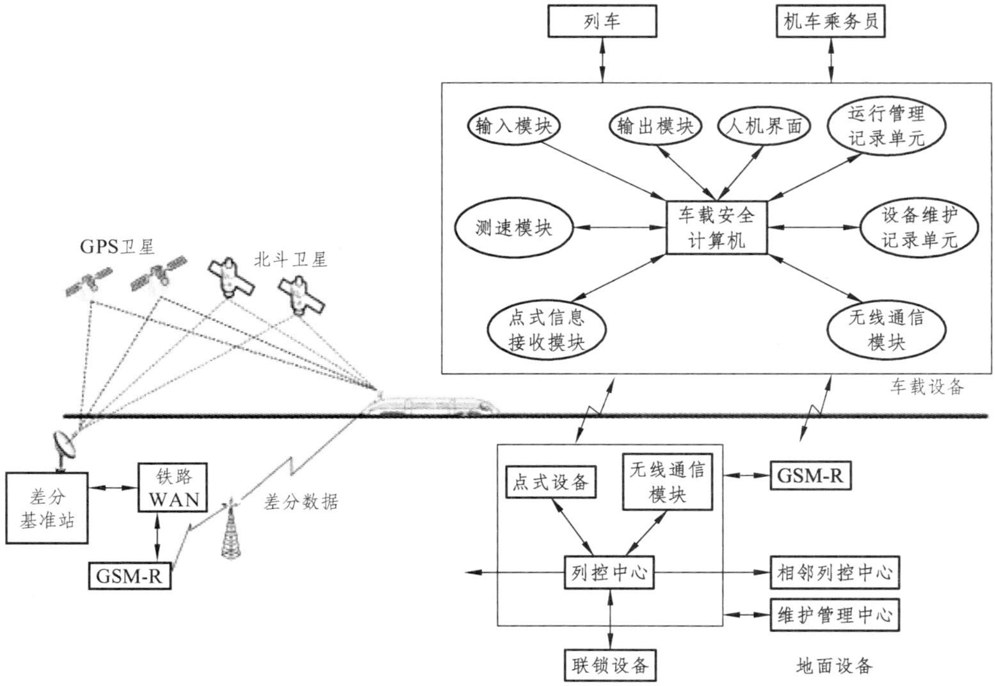

图 7-15　基于北斗卫星导航系统的列车安全定位系统框架

车载设备是列车定位的核心设备，定位的主要过程由其执行。车载设备主要由车载计算机、车载卫星定位单元、GSM-R 车载设备、点式信息接收模块、测速模块及其他类型的运动监测传感器、输出单元、人机界面和其他辅助设备组成。车载卫星定位单元通过卫星信号和当前区域的差分信息进行卫星定位的解算，是定位的主要依据；车载计算机根据卫星定位的结果结合其他辅助信息（包括点式设备、测速模块及其他运动监测传感器）确定列车精确位置，并在地图上标定，通过人机界面和输出单元返回位置信息。

地面设备在定位过程中主要起辅助作用。地面设备主要由定位服务中心、差分基准站、点式设备、GSM-R 地面设备及其他辅助设备组成。地面差分基准站根据定位需求和线路需要进行设置，一般设置在车站，负责生成所辖区域的定位差分信息；点式设备设置在线路关键点处，进行定位辅助；地面定位服务中心与 RBC 结合在一起，负责播发差分基准站生成的差分信息，并向列车提供线路的地图信息。

实现基于北斗卫星导航系统的列车安全定位，对于车载设备来说需要解决以下 3 个关键问题：一是要保证卫星定位的精确度；二是要保证定位的连续性，即在无法进行卫星定位的时候（如隧道中）能够持续获取位置信息，保证运行安全；三是保证系统的完好性，系统能够监测并评估故障，提出告警。

针对上述 3 个关键问题，以下方法被提出并应用于定位过程：一是北斗/GPS 的双模组合定位方法，主要用于辅助提高定位精度；二是多传感器定位信息融合方法，用于解决定位完整性的问题；三是组合系统的完好性监测方法，实现定位系统自主完好性监测。

所谓北斗与 GPS 的双模冗余组合，就是用一台卫星定位接收机同时接收北斗二代系统与 GPS 两种卫星信号，以便在我国铁路系统的任何地方、任何时间精确测出三维位置、三维速度、时间和姿态等相关参数。

北斗/GPS 双模组合定位要将北斗和 GPS 的定位功能组合在一个单元内，为铁路系统用户提供仅用 GPS 接收机或仅用北斗二代接收机无法获得的性能。由于北斗二代系统与 GPS 这两种星基导航系统在系统构置、导航定位机理、工作频段、调制方式、信号和星历数据结构等方面基本相同或相近，都以发射扩频测距码、测量卫星与用户之间的伪距来完成导航定位，所以就存在利用一部用户设备同时接收这两种卫星信号的可能性。

三、北斗系统

（一）天线设计

铁路车载北斗高精度一体化天线（简称 RNSS 天线）选用微带天线，其频段分成两个：① GPS L1 与 BDS B1 频段；② GPS L2 与 BDS B2、B3 频段。用两个微带天线来满足全部带宽要求。考虑到天线的低损耗、高增益要求，以及天线的带宽因素，参考以往的同类天线测试数据，确定 RNSS 微带天线的介电常数为 6，GPS L1 与 BDS B1 频段的介质板厚度为 4.5 mm，GPS L2 与 BDS B2、B3 频段的介质板厚度为 8 mm。RDSS 方面，北斗 S 和 L 频段微带天线的介电常数为 9.8，S 频段的介质板厚度为 4.5 mm，L 频段的介质板厚度为 4.5 mm。

（二）结构设计

天线外壳全部采用非金属透波材料，同时，天线外壳结构表面圆滑，外形设计为鲨鱼鳍流线形状，可以减少物体在高速运动时的风阻，如图 7-16 所示。天线的底座采用铝合金，可减少天线整体质量。天线底部安装了防水透气阀，可以保证天线内外压差，防止水汽结雾等现象的发生，延长整个天线的使用寿命。天线的底座与安装载体之间采用丁腈橡胶垫，能够缓冲日常使用过程中的振动。

图 7-16　北斗天线实物结构

（三）适应性设计

1. 电压适应性的设计

在天线的 LNA 内部设计保护电路和稳压电路，保护电路防止雷击等突发情况对 LNA 的影响，保证 LNA 能够稳定工作。

2. 耐高低温设计

选择对温度变化不敏感的材料；选择的电子元器件技术参数满足天线产品高低温的技术要求；电路板在生产、调试完成后做“三防”（防潮、防盐雾、防霉）处理，以降低或消除高低温环境对电子器件性能的不利影响。

3. 抗振动设计

电子元器件选择贴片式封装，贴片式器件抗振性好，形状简单，贴焊在电路板表面，可抗振动和冲击。

4. 抗盐雾防水设计

电路板在生产、调试完成后做“三防”处理，以降低或消除盐雾环境对电子器件性能的不利影响；采用抗盐雾能力强的材料和工艺，紧固件及连接器等配件均采用不锈钢材质；外壳金属件在氧化处理后，再喷漆处理；在天线的底部安装防水绝缘垫，之间采用密封设计，相互之间应通过胶体实现完全、无缝粘连，以保证其防水可靠性；为保证天线内外气压一致，天线底部采用防水透气阀。

（四）接口设计

天线输出为 3 个端口，端口 1（BDS S）、端口 2（BDS L）为 RDSS 天线接口，端口 3（GPS L1/L2、BDS B1/B2/B3）为 RNSS 天线接口。端口的连接器类型为 N-Female

型，且与射频线缆的互换性良好。连接器与金属之间用螺纹固定，并且用密封胶水密封，以防漏水。

（五）固件设计

为满足北斗天线的固定强度和外形结构要求，天线安装选用 4 颗螺钉固定。螺钉的材质选择为不锈钢，以满足防盐雾等环境要求，安装尺寸及端口说明如图 7-17 所示。

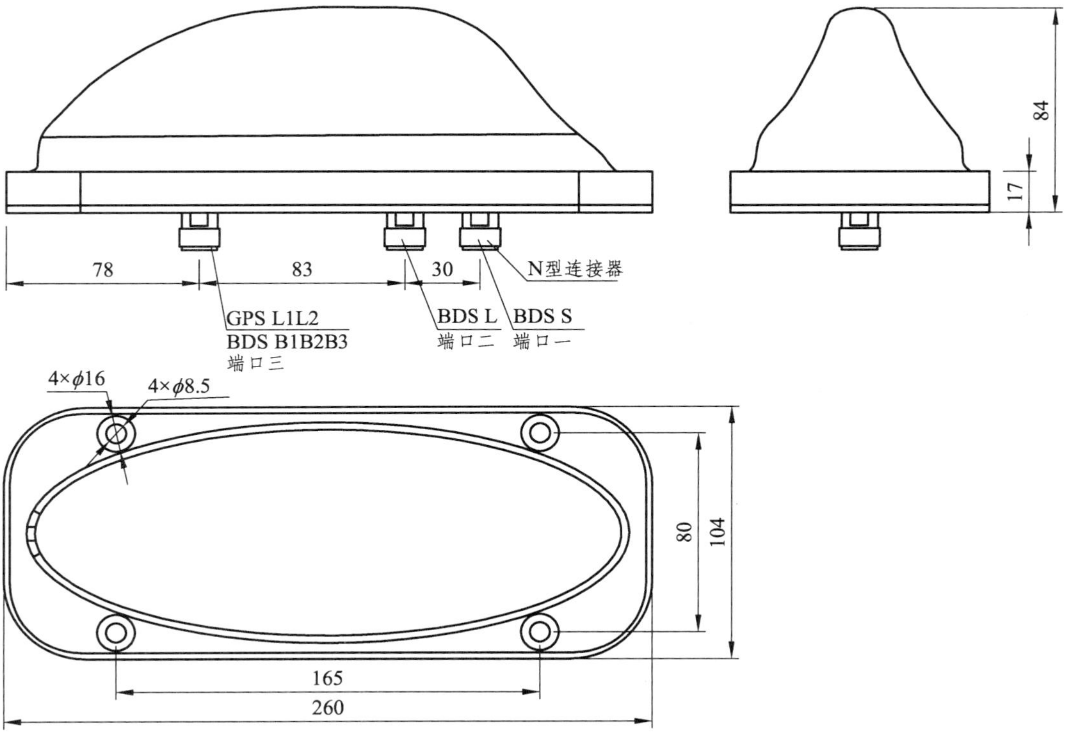

图 7-17　北斗天线安装尺寸（mm）

四、车载 GPS 信息接收装置

（一）车载 GPS 信息接收装置的组成

车载 GPS 信息接收装置由安装在机车车顶的 GPS 天线和安装在机车电器间的 GPS2000 控制盒两部分组成，如图 7-18 和图 7-19 所示。GPS 天线主要负责 GPS 信息的采集及传输，GPS-2000 控制盒主要负责对 GPS 天线采集信号的解析，并将有效数据按照协议发送到 CAN、RS485 输出。

（二）GPS 信息接收装置的功能

GPS 信息接收装置为监控记录装置提供了定位信息，支持定位、测速、校时等需要，监控装置在以下几个功能方面实现自动化：

图 7-18　GPS 天线

图 7-19　GPS-2000 控制盒

（1）在“开车对标”点实现自动开车对标功能。

（2）在全自动闭塞区间的信号机位置前 200 m，装置可进行位置及距离的自动粗略定位，在经过信号机时来进行过机校正。

（3）在半自动闭塞区间预告机前可以增加一个或多个“绝对校正”点实现装置的自动粗略定位，再根据预告信号机进行信号机过机校正。

（4）监控装置可利用 GPS 提供的速度信息，消除因为机车空转、轮滑而造成监控装置过大的位置误差。

（5）为机车监控自动校时。

（6）为地面提供准确的 GPS 定位。图 7-20 所示为车载 GPS 信息接收装置系统方案。

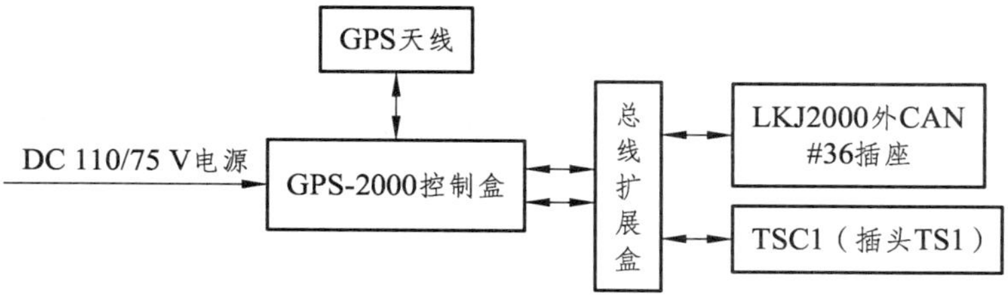

图 7-20　车载 GPS 信息接收装置系统方案

（三）GPS 天线的一般技术要求

1. 位置要求

为保证天线之间互相有一定的隔离度，GPS 天线与多频段天线之间的间距大于 0.5 m，GPS 天线与其他厂家的 GPS 天线之间距离在 1 m 以上。天线应置于机车顶部较高处，以紧贴机车顶部安装为最佳。天线安装处应选择离机车设备间较近处为宜，使馈线长度在 10 m 以内，馈线的弯曲半径大于 5 倍馈线外径。布放馈线时，要预留足够的活动馈线，以便馈线头可拉到车顶上进行天线的连接操作。

2. 环境要求

天线周围 1 m 以内不要有阻挡，不要有强电磁干扰源。

3. 出线方式

天线输入/输出端口从天线侧面或安装底盘下引到机车内，当有安装支架（一般由机车制造厂商提供）时，安装支架顶部面积不小于 500 mm × 500 mm，GPS 天线安装支架顶部面积不小于 200 mm × 200 m。安装支架结构应当牢固可靠，便于安装，造型美观；要考虑防振，注意考虑铁路限高（330 mm）要求。天线输入/输出端口等注意防水处理，天线的连接馈线要固定牢靠，注意不要贴在机车顶部的高温部分。有条件时，从走线槽布线或穿过防护管。

（四）GPS 天线外形及安装尺寸

贴机车顶安装时的注意事项：在接好射频电缆，上好安装螺丝后，测试正常的情况下再将上盖旋好，出线方式为下出线。天线外形尺寸为ϕ136 mm × 52 mm，GPS 天线自带三颗 M10 × 25 螺钉和螺母。安装尺寸：宽 76 mm，长 225 mm；四个ϕ7 mm 安装孔。车载 GPS2000 控制盒有四个固定孔，可以采用螺钉固定。控制盒的盒体应该保证良好的接地。

拓展知识

一、北斗系统

北斗卫星导航系统（BeiDou Navigation Satellite System，简称 BDS 或北斗系统）是我国自行研制的全球卫星导航系统，也是继 GPS、GLONASS 之后的第三个成熟的卫星导航系统。北斗卫星导航系统（BDS）和美国 GPS（全球定位系统）、俄罗斯 GLONASS、欧盟 GALILEO，是联合国卫星导航委员会已认定的供应商。

北斗系统是以双星定位原理为基础的有源三维卫星定位和通信系统。随着北斗一代卫星和二代卫星的发射成功，北斗系统已初具规模，能够针对民用和军用的不同要求，提供低精度的开放性民用服务和高精度的授权军用服务。与 GPS 相比，北斗系统从研发到投入运营的过程中完全是我国独立自主设计研制。系统采用高强度的加密算法，具有安全、稳定及可靠等优点；在设计时系统充分考虑了我国多高山的特殊地理环境，所以在定位时具有高仰角覆盖的优点，而 GPS 卫星采用轨道高度低的中低轨道卫星，在山区定位时会造成信号阻挡，可能接收不到定位信号；此外，虽然两种系统定位功能基本相似，但是北斗系统却能提供双向移动数据通信的功能；在首次定位耗时方面，GPS 需要 1 ~ 3 min 的响应，而北斗系统在其服务区能够提供更快速的响应，实现信号的处理和响应过程只需要几秒钟；在授时方面，北斗系统能够实现精密的授时，北斗系统能够向用户提供 20 ns 的同步时间进度。无论从性能还是战略的需要，北斗系统的使用符合当今大趋势。

北斗系统由空间段、地面段和用户段三部分组成，可在全球范围内全天候、全天时为各类用户提供高精度、高可靠定位、导航、授时服务，并且具备短报文通信能力，已经初步具备区域导航、定位和授时能力，定位精度为分米、厘米级别，测速精度 0.2 m/s，授时精度为 10 ns。

随着北斗系统建设和服务能力的发展，相关产品已广泛应用于交通运输、海洋渔业、水文监测、气象预报、测绘地理信息、森林防火、通信时统、电力调度、救灾减灾、应急搜救等领域，逐步渗透到人类社会生产和人们生活的方方面面，为全球经济和社会发展注入新的活力。

二、GPS 系统

GPS（Global Positioning System，全球定位系统），原名为“导航星”（NAVSTAR），是美国国防部于 1973 年 11 月授权开始研制的海陆空三军共用的第二代卫星导航系统，是美国继阿波罗登月飞船和航天飞机之后第三大航天工程。1994 年全面建成，历时 20 年，耗资 300 亿美元。

伴随 GPS 的发展应用，美国较早开展了卫星导航在铁路定位领域的研究，将 GPS 应用于铁路列车，最早的报道见于 1984 年美国伯林顿北方铁路公司和 Rockwell 公司的合作，于 20 世纪 80 年代开发的 ARES（Advanced Railroad Electronics System），并且已将 GPS 作为国家铁路标准精确定位系统。

GPS（全球定位系统）是一个无线电空间定位系统，GPS 空间部分使用 24 颗高度约 2.02×10^4 km 的卫星组成卫星星座，其中由 21 颗工作卫星和 3 颗在轨备用卫星组成，利用导航卫星和地面站为全球提供全天候、高精度、连续、实时的三维坐标（纬度、经度、海拔）、三维速度和定位信息。地球表面上任何地点均可以用它进行定位和导航。

在铁路上应用 GPS 定位技术的工作原理是机车上的接收装置从 24 颗在轨卫星中选出 4 颗最佳位置的卫星，卫星发出的时间信号好比一个精确的时钟信号，从而算出每颗卫星的半径距离，以卫星的位置利用三角定位原理定出机车的位置和高度，如图 7-21 所示。

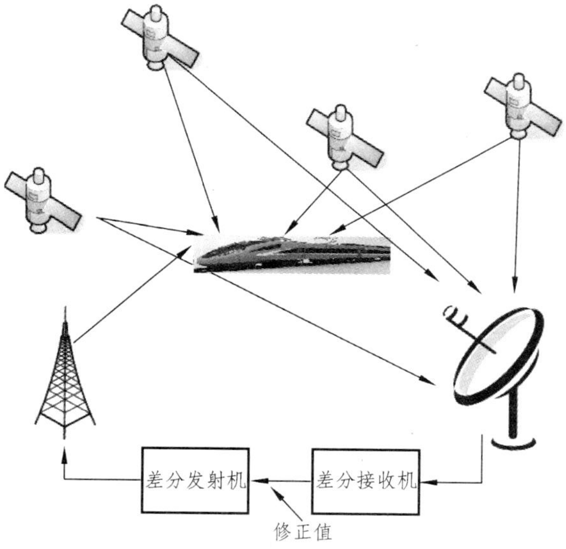

图 7-21　GPS 的工作原理

在实际应用中，由于机车运行于隧道或障碍物较多的地区（如山区）时，会出现接收不到 GPS 数据的情况，可根据里程计或应答器等装置来估算列车位置。现场有些单位采用在机车中安装可计算运行距离的里程计，同时在铁轨附近的关注点（如信号机、道岔、转辙机等地物坐标处）安装红外路标、辅助里程计来校验机车的方位。

该方案的优点在于首先可以解决 GPS 信号遮蔽的问题，其次也可以作为 GPS 定位的测量参考，提高测量精度。在布点足够的情况下，其也可以作为 GPS 测量系统之外的一个独立的定位系统，当 GPS 测量系统出现问题的时候，可以独立运作，大大提高了系统运行的可靠性。所使用的里程计和红外探头等价格低，是一种低成本的辅助定位方式。等到 GPS 接收机接收到数据后立刻恢复原来的判断方式对列车位置信息进行修正，以提供更准确的定位数据。

GPS-2000 控制盒技术参数：

部件质量：	≤2.5 kg；
电源功耗：	≤15 W；
可靠性：	MTBF≥5 000 h；
输入电源：	额定电压 DC 75 V/110 V；
GPS 跟踪能力：	可同时跟踪 12 颗卫星；
动态性能：	速度不大于 500 km/h；
首次定位时间（典型）：	热启动：15 s，温启动：45 s，冷启动：2 min；
捕获时间：	重捕获时间 < 5 s；
GPS 模块定位精度：	误差 15 m（CEP）；
GPS 模块定时精度：	1PPS 秒脉冲输出，精度 1 μs；

GPS-2000 控制盒外形尺寸：240 mm（长）×150 mm（宽）×66 mm（高）。

GPS 信息接收：GPS 接收模块以不小于 1 Hz 的频率对外输出标准的 GPS 信息，波特率为 9 600 b/s，输出格式采用 NMEA0183 标准；

GPS 信息传输：GPS 信号传输到 LKJ2000 型监控装置延迟不大于 200 ms；

系统校时精度：对监控系统精确校时，校时误差小于 100 ms；

通信接口：两路带隔离的 CAN 总线与监控装置接口，一路带隔离的 RS485 总线；

处理能力：主 CPU 采用 ARM7 系列 LPC2292，时钟频率 12 MHz。

铁路小故事

智慧北斗，护航中国铁路

中国北斗卫星导航系统（简称 BDS）是中国自行研制的全球卫星导航系统，是我国着眼于国家安全和经济社会发展需要，自主建设、独立运行的卫星导航系统，是为全球用户提供全天候、全天时、高精度的定位、导航和授时服务的国家重要空间基础设施。

北斗卫星导航系统为人民日常生活带来了便利，更为我国高铁的运行安全提供了有力保障。高铁轨道经常受到动车的运行冲击，地质运动、临近线路施工会造成高铁轨道沉降、扭曲等细微变化，如不及时发现处理将威胁行车安全。北斗卫星导航系统通过卫星对钢轨、轨枕等设备进行三维空间坐标定位，借助水准仪对轨道高程进行测量得到变化后的数据，将其与之前数据进行对比，及时发现问题所在，帮助铁路部门精准定位，按照标准处理，确保行车安全。借助北斗卫星导航系统等尖端科技，350 km/h 的智能型复兴号动车组在京张铁路上首次实现自动驾驶，区间自动运行、到站自动停车、停车自动开门。北斗卫星导航系统是由我国独立自主开发的，将其与高铁相结合，共同展现了新时代中国的风采和智慧，让铁路出行更加便捷安全，让中国技术创新更上一层楼。

复习思考题

1. 列车以太网的特点和不足有哪些？
2. 请对比分析 HXD3 型机车和 HXD3B 型机车的以太网技术参数。
3. 请说明机车整备场机房 WLAN 无线转储系统的构成和功能。
4. 简述 WLAN 连接具体流程。
5. 北斗系统和 GPS 装置各有哪些优缺点？
6. GPS 信息接收装置安装于机车时，需要注意什么？

参考文献 REFERENCES

[1] 郭世明. 机车检测与故障诊断技术[M]. 北京：中国铁道出版社，2011.

[2] 武新杰，段金辉. 行车安全装置操作与维护[M]. 北京：中国铁道出版社，2013.

[3] 潘京涛，张万成. 机车车载行车安全装备[M]. 北京：北京交通大学出版社，2019.

[4] 申瑞源，龚利. 中国机车远程监测与诊断系统（CMD 系统）总体方案研究[J]. 中国铁路，2017（3）：9-15.

[5] 杜志辉，林加根. 中国机车远程监测与诊断系统（CMD 系统）地面综合应用子系统[J]. 中国铁路，2017（4）：27-33.

[6] 张大勇，熊昱凯. 中国机车远程监测与诊断系统（CMD 系统）车载子系统[J]. 中国铁路，2017（3）：16-22.

[7] 张甬成. 车轮轮对动态检测装置-LY 系列轮对动态检测系统的研究[D]. 成都：西南交通大学，2008.

[8] 仇广民，赵磊，张彬. 浅析机车走行部动态监测系统应用状况[J]. 轨道交通装备与技术，2018（11）：46-52.

[9] 宫民峻. 浅谈受电弓及车顶动态检测系统在机车上的应用[J]. 铁道机车与动车，2018（10）：46-48.

[10] 赵磊. 受电弓及车顶动态检测系统应用分析[J]. 铁道机车车辆，2020（2）：94-97.

[11] 王克. 受电弓及车顶动态检测系统的研究应用[J]. 铁道机车与动车，2019（7）：46-48.

[12] 李科，仇广民，王克，等. 受电弓动态检测系统技术原理及应用分析［J］. 铁道机车与动车，2018（3）：34-36.

[13] 谢曲波，刘如保，何欣. 以太网在机车微机网络控制中的应用[J]. 铁路采购与物流，2014（4）：56-57.

[14] 张丽红. 工业以太网在 HXD_3 系列机车上的应用[J]. 电力机车与城轨车辆，2014（3）：18-21.

[15] 宋杨，蔡志伟，徐朝林，等. 实时以太网在 FXN3B 型调车机车中的应用[J]. 铁道机车与动车，2020（8）：17-18.

[16] 张丽红，杨守君，蔡志伟，等. FXD3-J 型动力集中动车组动力车网络控制系统[J]. 电力机车与城轨车辆，2020（2）：5-19.

[17] 曹红义，陈雷亮，郭衍建. 中国机车远程监测与诊断系统（CMD 系统）无线转储的 WLAN 技术应用[J]. 中国铁路，2017（4）：15-20.

[18] 孟川舒，赵晶，张吉峰. 铁路车载北斗高精度一体化天线设计与实现[J]. 铁路计算机应用，2019（10）：48-52.

[19] 王婷，赵柏阳，翟士述. 车辆检测技术[M]. 成都：西南交通大学出版社，2017.

[20] 《机车 6A 系统知识读本》编委会. 机车 6A 系统知识读本[M]. 北京：中国铁道出版社，2015.

[21] 铁路职工岗位培训教材编审委员会. 钢轨探伤工[M]. 北京：中国铁道出版社，2012.